2020年全国监理工程师（交通运输工程专业）
培训考试用书

公路工程监理案例分析

交通运输部职业资格中心　组织编写

人民交通出版社股份有限公司
北　京

内 容 提 要

本书为2020年全国监理工程师(交通运输工程专业)职业资格考试用书之一,内容包括基本知识点、案例分析例题及参考答案、往年考试真题解析三部分。

本书既可作为全国监理工程师(交通运输工程专业)职业资格考试培训用书,也可供交通运输工程建设、施工、监理(咨询)和项目管理等单位的专业技术人员学习参考。

图书在版编目(CIP)数据

2020年全国监理工程师(交通运输工程专业)培训考试用书. 公路工程监理案例分析 / 交通运输部职业资格中心组织编写. — 北京 : 人民交通出版社股份有限公司, 2020.7

ISBN 978-7-114-16664-8

Ⅰ. ①2… Ⅱ. ①交… Ⅲ. ①交通工程—交通监理—资格考试—自学参考资料②道路工程—案例—资格考试—自学参考资料 Ⅳ. ①U491.1②U41

中国版本图书馆CIP数据核字(2020)第112059号

2020 Nian Quanguo Jianli Gongchengshi (Jiaotong Yunshu Gongcheng Zhuanye) Peixun Kaoshi Yongshu Gonglu Gongcheng Jianli Anli Fenxi

书　　名: **2020年全国监理工程师(交通运输工程专业)培训考试用书　公路工程监理案例分析**
著 作 者: 交通运输部职业资格中心
责任编辑: 刘永超　李　沛
责任校对: 刘　芹
责任印制: 刘高彤
出版发行: 人民交通出版社股份有限公司
地　　址: (100011)北京市朝阳区安定门外外馆斜街3号
网　　址: http://www.ccpcl.com.cn
销售电话: (010)59757973
总 经 销: 人民交通出版社股份有限公司发行部
经　　销: 各地新华书店
印　　刷: 北京市密东印刷有限公司
开　　本: 787×1092　1/16
印　　张: 11.25
字　　数: 280千
版　　次: 2020年7月　第1版
印　　次: 2020年8月　第3次印刷
书　　号: ISBN 978-7-114-16664-8
定　　价: 60.00元

2020年全国监理工程师（交通运输工程专业）培训考试用书

编写人员

主　编：章剑青

副主编：苑芳圻　秦仁杰　秦志斌　顾新民

成　员：单煜辉　杨玉胜　罗　娜　娄忠应
赵宝军　倪良松

审定人员

主　审：黄　勇

成　员：卢　柯　周争菊　黄　波　邢　波
孔　军　习明星　黄汉昌　刘惠兴
张　毅

前 言

2020年2月，住房和城乡建设部、交通运输部、水利部、人力资源社会保障部联合印发了《监理工程师职业资格制度规定》和《监理工程师职业资格考试实施办法》。2020年5月，经人力资源社会保障部批准，交通运输部职业资格中心公布了《全国监理工程师职业资格考试基础科目和交通运输工程专业科目大纲》（以下简称《大纲》）。

为方便考生备考，部职业资格中心根据《大纲》组织了相关交通建设管理部门、企事业单位和高等院校等单位的专家，编写了2020年全国监理工程师（交通运输工程专业）培训考试用书。全套书包括《公路工程目标与质量控制》《公路工程费用与进度控制》《公路工程安全与环境监理》《公路工程监理案例分析》《公路工程监理相关法规文件汇编》《水运工程目标控制》共6册。

《公路工程监理案例分析》由章剑青、苑芳圻主编，娄忠应、顾新民、单煜辉、杨玉胜、罗娜、倪良松、赵宝军、黄汉昌参加编写。本书既可作为全国监理工程师（交通运输工程专业）职业资格考试培训用书，也可供交通运输工程建设、施工、监理（咨询）和项目管理等单位的专业技术人员学习参考。

《公路工程监理案例分析》审定时，黄勇、黄波、孔军等专家提出了许多富有建设性的意见和建议，在此表示感谢！

由于编写时间仓促，编者水平有限，纰漏在所难免，敬请批评指正。

交通运输部职业资格中心

2020年7月

目　录

第一部分　基本知识点

一、工程项目的建设程序

政府投资公路建设项目的实施，应当按照下列程序进行：①根据规划，编制项目建议书；②根据批准的项目建议书，进行工程可行性研究，编制可行性研究报告；③根据批准的可行性研究报告，编制初步设计文件；④根据批准的初步设计文件，编制施工图设计文件；⑤根据批准的施工图设计文件，组织项目招标；⑥根据国家有关规定，进行征地拆迁等施工前准备工作，并向交通运输主管部门申报施工许可；⑦根据批准的项目施工许可，组织项目实施；⑧项目完工后，编制竣工图表、工程决算和竣工财务决算，办理项目交、竣工验收和财产移交手续；⑨竣工验收合格后，组织项目后评价。政府投资公路工程建设程序流程如图 1-1 所示。

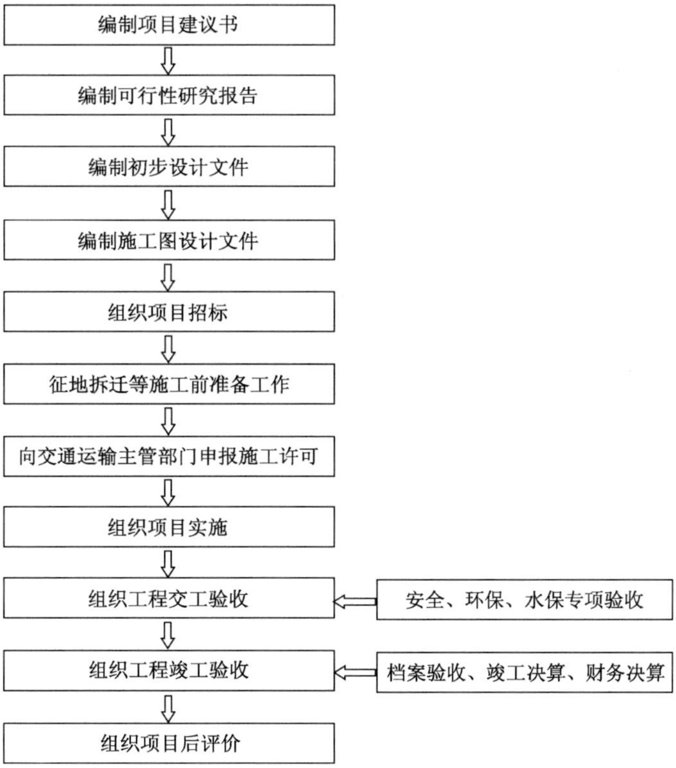

图 1-1　政府投资公路工程建设程序流程图

企业投资公路建设项目的实施，应当按照下列程序进行：①根据规划，编制工程可行性研究报告；②组织投资人招标工作，依法确定投资人；③投资人编制项目申请报告，按规定报项目审批部门核准；④根据核准的项目申请报告，编制初步设计文件，其中涉及公共利益、公众安全、工程建设强制性标准的内容应当按项目隶属关系报交通运输主管部门审查；⑤根据初步设计文件编制施工图设计文件；⑥根据批准的施工图设计文件组织项目招标；⑦根据国家有关规定，进行征地拆迁等施工前准备工作，并向交通运输主管部门申报施工许可；⑧根据批准的项目施工许可，组织项目实施；⑨项目完工后，编制竣工图表、工程决算和竣工财务决算，办理项目交、竣工验收；⑩竣工验收合格后，组织项目后评价。企业投资公路工程建设程序流程如图1-2所示。

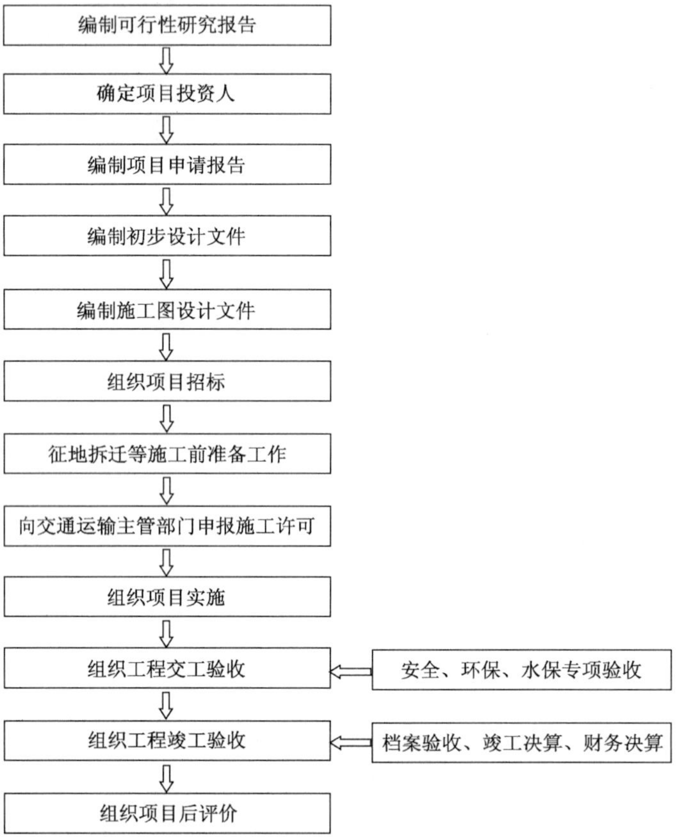

图1-2　企业投资公路工程建设程序流程图

二、工程监理招标和投标管理

1. 招标投标制度的特点、作用和原则

1）招标投标概念与特点

（1）是公路工程建设市场的交易方式；

（2）是市场竞争的表现形式；

(3)是公路工程的价格形成方式;

(4)是承包合同的订立方式;

(5)是一种法律行为。

2)招标投标的基本原则

《中华人民共和国招标投标法》(以下简称《招标投标法》)第五条规定招标投标活动应当遵循公开、公平、公正和诚实信用的原则。

3)招标投标的作用

(1)促使建设单位按基本建设程序办事;

(2)可以缩短建设工期;

(3)可以降低工程造价;

(4)可以提高工程质量;

(5)有利于采用、推广新技术和现代化的科学管理方法和经验;

(6)简化了经济结算手续,提高了工作效率;

(7)促进承包队伍素质的不断提高;

(8)国家、集体、个人的利益都得到保证,调动了各方面的积极性;

(9)促使向国际市场接轨。

2. 施工监理招标与招标单位应具备的条件

1)进行施工监理招标的项目应满足的条件

(1)初步设计文件应当履行审批手续,并已获得批准;

(2)建设资金已经落实;

(3)项目法人或者承担项目管理的机构已经依法成立。

2)招标人应具备的条件与要求

(1)工程施工监理招标人,应当是提出工程施工监理招标项目、进行招标的工程项目法人或者其他组织。

(2)招标人可以将整个工程项目的施工监理作为一个标段一次招标,也可以按不同专业、不同阶段分标段进行招标。招标人分标段进行施工监理招标的,标段划分应当充分考虑有利于对招标项目实施有效管理和监理企业合理投入等因素。

3. 施工监理招标方式

1)公开招标

公开招标属于非限制性竞争招标,其优点是能够充分体现招标信息公开性、招标程序规范性、投标竞争公平性,有助于打破垄断,实现公平竞争。公开招标可使建设单位有较大的选择范围,可在众多投标人中选择经验丰富、信誉良好、价格合理的工程监理单位,能够大大降低串标、围标、抬标和其他不正当交易的可能性。

公开招标的缺点是准备招标、资格预审和评标的工作量大,因此,招标时间长,招标费用较高。

2)邀请招标

邀请招标属于有限竞争性招标,也称为选择性招标。采用邀请招标方式,建设单位不需要发布招标公告，也不进行资格预审（但可组织必要的资格审查），使招标程序得到简化。这样，既可节约招标费用，又可缩短招标时间。

邀请招标虽然能够邀请到有经验和资信可靠的工程监理单位投标，但由于限制了竞争范围，选择投标人的范围和投标人竞争的空间有限，可能会失去技术和报价方面有竞争力的投标者，失去理想中标人，达不到预期竞争效果。

符合下列条件之一的项目，经有审批权的部门批准后，可以进行邀请招标：

（1）技术复杂或者有特殊要求的；

（2）符合条件的潜在投标人数量有限的；

（3）受自然地域环境限制的；

（4）公开招标的费用与工程监理费用相比，所占比例过大的；

（5）法律、法规规定不宜公开招标的。

4. 监理招标文件应包括的主要内容

（1）投标邀请书；

（2）投标须知（包括工程概况和必要的工程设计图纸，提交投标文件的起止时间、地点和方式，开标的时间和地点等）；

（3）资格审查要求及资格审查文件格式（适用于采用资格后审方式的）；

（4）公路工程施工监理合同条款；

（5）招标项目适用的标准、规范、规程；

（6）对投标监理企业的业务能力、资质等级及交通和办公设施的要求；

（7）根据招标对象是总监理机构还是驻地监理机构，提出对投标人投入现场的监理人员、监理设备的最低要求；

（8）是否接受联合体投标；

（9）各级监理机构的职责分工；

（10）投标文件格式，包括商务文件格式、技术建议书格式、财务建议书格式等；

（11）评标标准和办法。评标标准应当考虑投标人的业绩或者处罚记录等诚信因素，评标办法应当注重人员素质和技术方案。

5. 投标单位的条件

1）单独投标应符合的条件

（1）公路工程施工监理投标人是依法取得交通运输主管部门颁发的监理企业资质，响应招标、参加投标竞争的监理企业。

（2）与招标人存在利害关系可能影响招标公正性的法人、其他组织或者个人，不得参加投标。单位负责人为同一人或者存在控股、管理关系的不同单位，不得参加同一标段投标或者未划分标段的同一招标项目投标。

（3）投标人应当按照招标文件的要求编制投标文件，并对招标文件提出的实质性要求和条件做出响应。

（4）投标人发生合并、分立、破产等重大变化的，应当及时书面告知招标人。投标人不再具备资格预审文件、招标文件规定的资格条件或者其投标影响招标公正性的，其投标无效。

2)联合体形式投标应符合的条件

(1)联合体成员可以由两个及两个以上监理企业组成,联合体各方均应当具备承担招标项目的相应能力和招标文件规定的资格条件。由同一专业的监理企业组成的联合体,按照资质等级较低的企业确定资质等级。

(2)联合体各方应当签订共同投标协议,约定各方拟承担的工作和责任,并将共同投标协议连同投标文件一并提交招标人。联合体各方签订共同投标协议后,只能以一个投标人的身份投标,不得针对同一标段再以各自名义单独投标或者参加其他联合体投标。

6. 评标工作与评标报告

1)评标工作

(1)评标工作由招标人依法组建的评标委员会负责。

对国家和交通运输部重点公路建设项目,评标委员会的专家应当从交通运输部设立的监理专家库中随机抽取,或者根据交通运输部授权从省级交通运输主管部门设立的监理专家库中随机抽取;其他公路建设项目评标委员会的专家从省级交通运输主管部门设立的监理专家库中随机抽取。评标委员会中的技术、经济专家不得少于成员总数的2/3。

(2)评标委员会应当按照招标文件确定的评标标准和方法,对投标文件进行评审和比较。未列入招标文件的评标标准和方法,不得作为评标的依据。

(3)评标可以使用固定标价评分法、技术评分合理标价法、综合评标法以及法律、法规允许的其他评标方法。

(4)评标委员会成员应当客观、公正地履行职责,遵守职业道德,对所提出的评审意见承担个人责任。评标委员会成员及参加评标的有关工作人员不得私下接触投标人,不得收受商业贿赂。

2)评标报告

评标委员会完成评标后,应当向招标人提交书面评标报告。评标报告应当包括以下内容:

(1)评标委员会的成员名单;

(2)开标记录情况;

(3)符合要求的投标人情况;

(4)评标采用的标准、评标办法;

(5)投标人排序;

(6)推荐的中标候选人;

(7)需要说明的其他事项。

7. 施工监理招标的程序

(1)招标人确定招标方式。采用邀请招标的,应当履行审批手续。

(2)招标人编制招标文件,并按照项目管理权限报县级以上地方交通运输主管部门备案;采用资格预审方式的,同时编制投标资格预审文件,预审文件中应当载明提交资格预审申请文件的时间和地点。

(3)发布招标公告。采用资格预审方式的,同时发售投标资格预审文件;采用邀请招标的,招标人直接发出投标邀请,发售招标文件。

资格预审文件和招标文件的发售时间不得少于 5 个工作日。

（4）采用资格预审方式的，对潜在投标人进行资格审查，并将资格预审结果通知所有参加资格预审的潜在投标人，向通过资格预审的潜在投标人发出投标邀请书和发售招标文件。

采用资格预审的招标项目，潜在投标人编制资格预审申请文件的时间，自开始发售资格预审文件之日起至提交资格预审申请文件截止之日止，不得少于 14 日。

（5）必要时组织投标人考察招标项目工程现场，召开标前会议。

（6）接受投标人的投标文件。

投标人编制投标文件的时间，自发售招标文件之日起至提交投标文件截止之日止不得少于 20 日。

（7）公开开标。

（8）采用资格后审方式的，招标人对投标人进行资格审查。

（9）组建评标委员会评标，编写评标报告，推荐中标候选人。

（10）确定中标人并进行公示。招标人应当自确定中标人之日起 15 日内，将招标投标情况的书面报告报对该项目有招标监督职责的交通运输主管部门备案。

（11）招标人发出中标通知书。

（12）招标人与中标人签订公路工程施工监理合同。

招标人应当在与中标人签订合同后的 5 个工作日内，向中标人和未中标的投标人退还投标保证金。

8. 资格审查的方式和方法

（1）资格审查方式分为资格预审和资格后审。

①资格预审是招标人在发布招标公告后，发出投标邀请书前对潜在投标人的资质、信誉和能力进行的审查。招标人只向通过资格预审的潜在投标人发出投标邀请书和发售招标文件。

②资格后审是招标人在收到投标人的投标文件后，对投标人的资质、信誉和能力进行审查。

（2）资格审查方法分为强制性条件审查法和综合评分审查法。

①强制性条件审查法是指招标人只对投标人或者潜在投标人的资格条件是否满足招标文件规定的投标资格、信誉要求等强制性条件进行审查，并得出“通过”或者“不通过”的审查结论，不对投标人或潜在投标人的资格条件进行具体量化评分的资格审查方法。

②综合评分审查法是指在投标人或者潜在投标人的资格条件满足招标文件规定的最低资格、信誉要求的基础上，招标人对投标人或者潜在投标人的施工监理能力、管理能力、履约情况和施工监理经验等进行量化评分，并按照分值进行筛选的资格审查方法。

9. 监理财务建议书的构成

1）投标函

2）监理服务费用清单

（1）报价清单说明

（2）监理服务费报价表

表 1　监理服务费用报价汇总表

表2 监理人员服务费报价表
表3 监理工程师办公设施费报价表
表4 监理工程师交通设施费报价表
表5 监理试验设施费报价表
表6 监理工程师生活设施费报价表
表7 监理服务费用支付估算表
附件1 监理人员工作计划安排表
附件2 监理设施进出场时间表

10.投标文件作为废标处理的情况

(1)无单位盖章并无法定代表人或法定代表人授权的代理人签字或盖章的;

(2)未按规定的格式填写,内容不全或关键字迹模糊、无法辨认的;

(3)投标人递交两份或多份内容不同的投标文件,或在一份投标文件中对同一招标项目报有两个或多个报价,且未声明哪一个有效,按招标文件规定提交备选投标方案的除外;

(4)投标人名称或组织机构与资格预审时不一致的;

(5)未按招标文件要求提交投标保证金的;

(6)联合体投标未附联合体各方共同投标协议的。

11.监理评标的主要评标方法

评标可以使用固定标价评分法、技术评分合理标价法、综合评估法以及法律、法规允许的其他评标方法。

(1)固定标价评分法,是指由招标人按照价格管理规定确定监理招标标段的公开标价,对投标人的商务文件和技术建议书进行评分,并按照得分由高至低排序,确定得分最高者为中标候选人的方法。

(2)技术评分合理标价法,是指对投标人的商务文件和技术建议书进行评分,并按照得分由高至低排序,确定得分前两名中的投标价较低者为中标候选人的方法。

(3)综合评估法,是指对投标人的商务文件、技术文件和报价文件进行评分,按照综合得分由高到低排序,推荐中标候选人。评标价的评分权重不宜超过10%,评标价得分应当根据评标价与评标基准价的偏离程度进行计算。

《公路工程建设项目招标投标管理办法》(交通运输部令2015年第24号)第四十三条规定施工监理招标,应当采用综合评估法进行评标。

12.监理投标文件的组成

(1)投标文件应采用双信封形式,第一个信封(商务及技术文件):

①投标函;

②授权委托书或法定代表人身份证明;

③联合体协议书;

④投标保证金;

⑤资格审查资料;

⑥技术建议书;

⑦投标人须知前附表规定的其他资料。

(2)第二个信封(报价文件):

①投标函;

②监理服务费用清单。投标人在评标过程中作出的符合法律法规和招标文件规定的澄清确认,构成投标文件的组成部分。

(3)监理技术文件的主要内容:

①工程概述:主要对拟投监理标段的工程总体概况进行简单描述。

②监理工作范围:依据监理招标文件规定的监理服务要求和范围,对拟投监理标段的监理工作安排、主要监理人员的岗位职责进行必要的阐述。

③现场监理机构设置与人员安排:通过框图形式,明确拟投监理标段的组织机构设置。

④监理仪器、设备和设施的配备:投标人根据拟投监理标段的现场工作需要,对其拟投入本工程的监理仪器、设备和设施的配备等情况做简要介绍。

⑤监理工作程序:结合监理工作的阶段划分,对工程质量控制、进度控制、施工安全控制、施工环境保护、费用控制、合同及其他事项管理、文件资料管理等方面进行监理工作方法与流程的简要阐述。

⑥监理大纲(或监理方案)和措施。

⑦本工程监理工作的重点与难点分析:根据招标文件及现场考察,对本工程监理工作需要特别给予重视的问题逐一论述并给出解决方法。

⑧对本工程建议:为更好地完成本工程的监理工作,监理单位可根据以往的经验,对本工程监理工作提出建议。

三、工程监理合同及管理

我国《公路工程标准施工监理招标文件》(2018年版)的主要内容:

(1)公路工程施工监理合同协议书;

(2)公路工程施工监理合同通用条件;

(3)公路工程施工监理专用条件;

(4)附件(A监理服务的形式范围与内容、B业主提供的监理工作条件、C监理服务的费用与支付);

(5)《公路工程施工监理规范》合同事项管理。

四、工程监理机构、监理人员、监理工作制度及监理工作程序管理

1.监理机构设置

(1)监理机构的组织形式和规模,可根据公路工程的特点、规模、技术复杂程度、环境等因素确定。

(2)高速公路和一级公路可设置两级监理机构,即总监办和驻地办。《公路工程施工监理规范》(JTG G10—2016)第3.0.3条,"公路工程项目监理均应设总监办,100km以上的高速公路、一级公路工程可设驻地办"。因此,公路工程项目监理机构最多设置两级,也可以根据实

际情况设置为一级。

(3)监理机构一般应建立工地试验室。公路工程具有路线长、交通不便、远离城镇等特点，一般情况下公路工程项目监理机构应建立工地试验室。当工程建设规模较小时，也可不建立工地试验室，采取“见证取样送检 + 试验外委”的方式来完成试验检测工作。

(4)监理组织四种组织模式。即直线式监理组织；职能式监理组织；直线职能式监理组织；矩阵式监理组织。

2. 监理人员配备及职责

1)监理人员配备

监理机构的监理人员应由总监理工程师、驻地监理工程师、专业监理工程师、试验检测人员和必要的监理员等组成。监理人员的数量和专业结构，应根据监理内容、工程规模、合同工期和施工阶段等因素，并保证有效监理的原则确定。

高速公路、一级公路等宜按每年每 7500 万元建安费配备监理工程师 1 名。根据工程特点和实际需要，上述配置可在 0.8～1.2 的系数范围内调整。其他等级公路，根据实际调整配备。

总监办应配备 1 名总监理工程师和若干名专业监理工程师。

驻地办应根据工程复杂程度配备 1 名驻地监理工程师和若干名专业监理工程师。

监理工程项目无论大小，均需设置总监办统一组织实施监理工作。只设总监办、不设驻地办的，总监办应同时履行现行《公路工程施工监理规范》(JTG G10)规定的驻地办职责。在此情形下，监理机构即为总监办。

(1)监理工程师

具有公路工程监理工程师或专业监理工程师资格、从事监理工作的人员。

(2)总监理工程师

简称“总监”，具有公路工程监理工程师资格，主持监理机构工作，全面负责履行监理职责的管理者。公路工程项目监理工作实行总监负责制。总监是总监办的负责人和管理者，是监理机构的最高职务。

(3)驻地监理工程师

具有公路工程监理工程师资格，经总监理工程师授权的驻地监理机构负责人。

驻地监理工程师任职条件要符合规范与招标文件的规定，要求从业登记在中标单位，不得随意变更。

(4)专业监理工程师

具有公路工程监理工程师或专业监理工程师资格，经总监理工程师或驻地监理工程师授权，负责实施某一专业或某一岗位监理工作的监理工程师。

专业监理工程师具体负责实施某一专业或某一岗位的监理工作，具体分为路基、路面、桥梁、隧道、计量、测量、安全、试验、环保绿化等监理工程师。

在监理机构专业监理工程师监理岗位设置和人员配备时，应充分考虑监理工程师从业经历、资格证书专业与之相适应。

(5)试验检测工程师

通过相应的试验检测工程师执业资格考试认定，经总监理工程师或驻地监理工程师授权，负责试验检测工作的工程师。

（6）监理员

通过相应的监理业务水平认定、从事具体监理工作的人员。

监理员是在专业监理工程师直接指导下在施工现场从事旁站等具体监理工作的人员，不同于项目监理机构中其他辅助人员。

监理员需经过监理业务培训，经考试合格，取得相关主管部门认定的监理员培训证书。

（7）试验员

通过相应的试验检测业务水平认定、从事试验检测工作的人员。

试验员是从事具体试验检测工作的人员，要求具有一定的试验检测操作技能。工地试验室的具体操作工作和现场检测见证等环节，一般由试验员完成。

（8）监理人员

从事监理工作的专业技术人员的统称。监理人员包括总监理工程师、驻地监理工程师、专业监理工程师、监理员，其中专业监理工程师负责某一具体专业或合同段的监理工作，以巡视为主；监理员配合监理工程师做好日常监理工作，以旁站为主。

2）监理人员职责

（1）总监及总监办的主要职责：

①确定监理机构岗位职责及人员，建立工地试验室；

②主持编制监理计划，审批监理细则；

③主持召开第一次工地会议、监理交底会；

④审批施工组织设计及总体进度计划，审验主要原材料和混合料；

⑤签发工程开工令、支付证书、单位工程和合同段的停工令及复工令；

⑥组织检查施工单位质量、安全和环保等管理体系的建立及运行情况；

⑦审查交工验收申请，评定工程质量，参加交、竣工验收；

⑧审核工程分包、工程变更、工程延期和费用索赔等；

⑨参与或配合工程质量、安全事故的调查和处理；

⑩组织编写监理月报和监理工作报告，编制监理竣工资料；

⑪提供建设单位委托的其他工程管理咨询服务。

（2）驻地监理工程师及驻地办的主要职责：

①主持编制监理细则；

②主持召开工地会议；

③审批月进度计划，审查一般原材料和混合料；

④审批分部分项工程开工申请，签发分部分项工程停工令及复工令；

⑤核查施工单位测量、施工放线成果并进行复测；

⑥采取巡视、旁站、抽检和验收等方式，检查施工质量、安全和环保等情况；

⑦组织分项工程（中间）交工质量检验评定，进行分部工程质量评定；

⑧核算工程量清单，对已完工程进行计量；

⑨组织填写监理日志，编写监理工作报告，归集监理资料。

（3）专业监理工程师的主要职责：

①总监办专业监理工程师参与编制监理计划，驻地办专业监理工程师参与编写监理细则；

②审查施工单位提交的涉及责任岗位范围内的报审文件,并向总监理工程师或驻地监理师工程报告;

③检查进场的工程材料、构配件的质量;

④分项工程验收;

⑤进行工程计量;

⑥承担相应的安全监理职责,处理发现的质量问题及安全隐患,发现较大问题应及时向总监理工程师或驻地监理工程师报告;

⑦巡视检查,填写巡视记录,参与编写监理日志、安全监理日志和监理月报;

⑧指导、检查监理员工作,定期向总监理工程师或驻地监理工程师报告责任岗位范围内的工作。

(4)监理员(含试验员)的主要职责:

①旁站监理;

②配合专业监理工程师做好巡视工作;

③常规的检验、测量工作;

④专业监理工程师授权的工序检查;

⑤核查施工单位投入工程的人力、主要设备的使用及运行情况;

⑥发现问题,及时指出并向专业监理工程师报告。

3. 监理工作制度及监理工作程序管理

(1)公路工程监理企业应公平、诚信、科学、自律地开展监理与相关服务活动。

(2)监理工作的基本要求:处理问题要公平,履约要诚信,监理的方法和手段要科学,从业人员要廉洁自律。

(3)监理机构应依据监理、施工合同文件,设计文件和施工设计图纸,国家法律、法规、相关政策以及标准、规范、规程实施监理工作;同时,在施工监理进程中产生或发生的设计变更文件、会议纪要、工程签证单、工程量清单调整文件、工程结算书、工程索赔文件等其他有关工程管理文件也是开展监理工作的依据。

(4)监理机构在监理过程中发现施工存在质量问题或安全事故隐患的,应按照经建设单位批准的监理计划或监理细则制定的程序和方法及时处理,并进行闭环管理。

①监理过程包括事前的审查、审批,事中的巡视、旁站、指令、抽检,事后的签认、验收(检验评定)等。

②在监理过程中发现施工存在质量问题或安全事故隐患的,应要求施工单位整改。

③未整改或整改不合格的,不得进行下一道工序施工,不得进行计量支付。

④施工单位拒不整改的,监理机构应及时向建设单位或建设工程主管部门报告。

4. 公路水运工程监理工程师登记管理

《公路水运工程监理工程师登记管理办法》关于从业登记的规定:

下列情形,省级质监机构不得予以登记:

(1)申请人通过虚假手段获得监理资格证书的;

(2)提供虚假登记资料的;

(3)违反规定同时受聘于两家以上企业的;

(4)信用评价周期内从业承诺履行状况很差(信用评价累计扣分大于或等于24分)的;

(5)仍在刑事、行政处罚期内的,或在职的国家公职人员,省级质监机构不得予以登记。

五、监理计划、监理细则、监理月报和监理工作报告内容

1. 监理计划的内容

(1)工程概况。简述工程项目的名称、性质、等级、建设地点、自然条件与外部环境;工程项目组成及规模、特点;工程项目建设目的。

(2)监理工作的依据、范围、内容和目标。

①监理主要依据。列出开展监理工作所依据的法律、法规、规章,国家及部门颁发的有关技术标准,批准的工程建设文件,以及有关合同文件、设计文件等的名称、文号等。

②监理工程范围和内容。发包人委托监理的工程范围和服务内容等。

③工程项目的监理工作目标。工程质量、进度、费用、安全、环保等监理工作的目标。

(3)监理机构组织、监理人员岗位职责、监理人员和设备及进退场计划。

①监理机构组织包括现场监理机构的组织形式与部门设置、部门分工与协作,以及主要监理人员的配置和岗位职责等。

②根据监理机构组织结构,明确监理人员岗位职责。包括监理机构的管理岗位、专业技术岗位与辅助工作岗位。

③根据工程项目工期要求与施工单位的进度计划,合理安排监理人员和设备的进退场计划。

(4)制定技术文件审核与审批、工程质量检验、工程计量与付款签证、会议、施工现场紧急情况处理、工作报告、工程验收等方面的监理工作具体方法和制度,制定监理工作基本程序,编制监理工作用表。

(5)工程质量、安全、环保、费用和进度等监理工作方案,应明确巡视、旁站、抽检和验收等具体计划要求,如巡视人员、在不同情况下巡视的频次、巡视的范围和重点等具体的计划和要求。

①工程质量控制。

a)质量控制的原则。

b)质量控制的内容。根据监理合同,明确监理机构质量控制的主要工作内容和任务。

c)质量控制的措施。明确质量控制程序和质量控制方法,并明确质量控制点、质量控制要点与难点。

d)明确监理机构所应制定的质量控制制度。

②施工安全控制。

施工安全控制的原则;施工安全控制的措施。

③环境保护与水土保持控制。

环境保护与水土保持控制的原则;环境保护与水土保持控制的措施。

④工程投资控制。

a)投资控制的原则。

b)投资控制的内容。依据监理合同,明确投资控制的主要工作内容和任务。

c)投资控制的措施。明确工程计量方法、程序和工程支付程序以及分析方法;明确监理机构所需制定的工程支付与合同管理制度。

⑤工程进度控制。

a)进度控制的原则。

b)进度控制的内容。根据监理合同,明确监理机构在施工中进度控制的主要工作内容。

c)进度控制的措施。明确合同项目进度控制程序、控制制度和控制方法。

⑥根据工程项目的组成、规模、特点,结合工程质量、安全、进度等的目标,明确监理巡视、旁站、抽检和验收等具体计划要求。

(6)合同管理和信息管理工作方案。

①合同事项管理。

a)变更的处理程序和监理工作方法;

b)违约事件的处理程序和监理工作方法;

c)索赔的处理程序和监理工作方法;

d)担保与保险的审核和查验;

e)分包管理的监理工作内容与程序;

f)争议的调解原则、方法与程序;

g)清场与撤离的监理工作内容。

②信息管理。

a)信息管理程序、制度及人员岗位职责;

b)文档清单及编码系统;

c)计算机文档管理系统;

d)文件信息流管理系统;

e)文件资料归档系统;

f)现场记录的内容、职责和审核;

g)现场指令、通知、报告内容和程序。

(7)监理设施等。

保证监理机构正常、高效运行,监理人员高质量工作所必需的监理设施设备配置情况。

2. 监理细则的内容

《公路工程施工监理规范》(JTG G10—2016)第4.1.2条规定:对技术复杂、专业性较强的分部分项工程,尚应编制专项监理细则,并报总监审批。监理过程中,监理细则应根据工程实际变化情况进行补充、修改。

《危险性较大的分部分项工程安全管理规定》(住房和城乡建设部令第37号)第十八条:

监理单位应当结合危大工程专项施工方案编制监理实施细则,并对危大工程施工实施专项巡视检查。

监理细则应包括下列主要内容:

(1)工程内容和特点;

(2)监理工作流程;

(3)监理工作要点;

(4)监理工作方法和措施;

(5)巡视、旁站和抽检等计划。

监理细则是针对技术复杂、专业性较强的分部分项工程编制的,所以监理细则的内容不涉及其他分部分项工程。监理工作流程、要点、方法和措施仅是就编制监理细则的分部分项工程,需要具体明确、详细、操作性强。巡视的频次、旁站的分项、部位,抽检的项目、频率、数量以及监理人员安排要具体明确。监理细则应服从于同一工程项目监理计划的总体安排。

3. 监理月报、监理工作报告的内容

1)监理月报

监理月报应包括下列主要内容:

(1)当月工程实施情况;

(2)当月监理工作情况;

(3)当月工程质量、安全、环保、费用、进度监理和合同事项管理等情况统计;

(4)发现施工存在的主要问题及处理情况;

(5)下月监理工作重点。

2)监理工作报告

监理工作报告应包括下列主要内容:

(1)工程概况;

(2)监理工作概况,包括组织机构、人员、设备和设施情况等;

(3)监理工作成效,包括质量、安全、环保、费用和进度监理及合同事项管理等措施,施工过程中检查情况,工程质量评定情况及问题和事故处理情况等;

(4)交工验收时存在的问题及处理情况;

(5)监理工作体会、说明和建议。

六、工程目标控制、施工及监理风险管理

1. 工程项目质量、安全、环保、进度和费用五大目标间的关系

工程项目的质量目标、进度目标和费用目标这三大目标之间存在既对立又统一的关系,有矛盾的一面,又有统一的一面。

费用与进度的关系:加快进度往往要增加投资;加快进度提前项目运用时间,则可增加收入,提高投资效益。

进度与质量的关系:加快进度可能影响质量;严格控制质量,避免返工,进度则会加快。

费用与质量的关系:质量好,可能要增加费用;严格控制质量,可以减少经常性的维护费用,延长工程使用年限,则又提高了投资效益。

安全管理的水平与工程质量、进度、费用密切相关。安全性高可以保障人、材、机的工作状态,保障工程质量和进度,工程质量高,进度合理有序,人、材、机的工作环境安全水平就高。安全水平的提高,需增加较少的安全措施费,但可以避免或降低安全事故造成的巨大损失。工程

项目的安全目标是工程项目管理综合目标得以实现的保障。

环境保护管理与质量、进度、费用、安全目标关系紧密。良好的工程环境，可以保障工作状态，提高工作效率，进而保证工程的质量、进度、安全，降低返工成本和停工损失。质量达标，进度合理，费用较少，安全性高，可以减少或消除外部干扰和破坏环境的因素，为环境管理提供良好的条件。工程项目的环保目标是工程项目管理的根本。

公路工程项目由于具有规模大、工期长、多野外露天施工、高空作业多、流动性大等特点，在建设过程中会遇到各种不安全因素。如果不能有效地进行安全管理，就难以保障生命、健康和财产安全，一旦发生事故，将影响工程的顺利完成，甚至导致工程停工。因此，公路工程建设管理需增设安全管理目标。同时，在工程建设过程中会产生污染，对周边环境造成生态破坏和环境污染，还会给社会环境带来消极影响，进而影响工程的顺利进行。因此，环保目标已成为工程管理必不可少的目标。

2. 目标控制的概念、任务和几种常见的控制类型

(1)目标控制的概念：对现实目标过程中出现或可能出现的偏差进行纠正，以保证目标实现的活动。

控制是管理的一种重要职能，但更重要的是，它是一种机制，能够接收管理对象内外部的有关信息，并依据既定的目标和标准对管理对象的活动进行检查、对比和监督，一旦发现偏差，就采取纠偏措施，确保目标的实现。

(2)三大目标任务：质量、进度、费用的控制。

(3)控制可分为两大类，即主动控制和被动控制。

控制的步骤和要点：

①步骤：确定目标→检查成效→纠正偏差。

②要点：控制是一定的主体为实现一定的目标而采取的一种行为。要实现最优化控制，必须首先满足两个条件：一是要有一个合格的主体；二是要有明确的系统目标。

③控制是按事先拟定的计划目标值进行的。控制活动就是检查实际发生的情况与计划目标值是否存在偏差，偏差是否在允许范围之内，是否应采取控制措施及采取何种措施以纠正偏差。

④控制的方法是检查、分析、监督、引导和纠正。

⑤控制是针对被控系统而言的，既要对被控系统进行全过程控制，又要对其所有要素进行全面控制。

⑥控制是动态的。提倡主动控制为主，辅之以被动控制的方法。

⑦对工程项目的控制应强调目的性、及时性、有效性。

⑧控制是一个大系统，控制系统包括组织、程序、手段、措施、目标和信息六个分系统，其中信息分系统贯穿于项目实施的全过程。

3. 公路工程施工监理的目标

公路工程监理的目标：以合同为依据，采取技术、经济、组织、合同等措施，对工程质量、施工安全、施工环境保护、进度、费用实施有效的监理，从而确保工程项目总体目标最合理地实现，使之达到合同文件规定的要求。

对一个工程项目而言，最重要的是质量、安全、进度和费用，只有确定了质量、费用、进度和安全目标值，监理单位才能采取有效措施和手段，对工程项目进行有效的监督管理。在监理目标值确定之后，即可进一步制订计划，采取各种控制协调措施，力争实现监理目标值。

4.风险的概念、要素及管理

1）风险

风险是指不利事件发生的不确定性，强调不期望发生事件的客观不确定性。

2）工程风险

工程项目作为集经济、技术、管理、组织为一体的综合性社会活动，在各个方面都存在着不确定性。这些事先不能确定的内部和外部的干扰因素，称为工程风险。

3）风险的要素

（1）风险事件：发生什么情况使项目受损或受益；

（2）事件的不确定性：发生的可能性；

（3）损失/受益的大小，事件若发生，对项目的影响程度；

（4）风险可以表达为：风险 $=f$（不确定性，事件带来的损失和收益）；

（5）综合考虑两个要素，风险量的大小一般分为五个等级：VL、L、M、H、VH。

4）风险管理的目标、流程和风险控制对策

（1）目标可以具体表述为：①决算投资不超过概算投资；②实际工期不超过计划工期；③实际质量满足合同要求质量；④建设过程无重大安全事故。

（2）流程：风险识别、风险评价与分析、风险应对措施、风险控制等。其中风险识别是通过对经验数据的分析、风险调查、专家咨询以及试验论证等方式，认识工程风险，建立工程风险清单。

（3）控制对策：①回避；②损失控制（预防损失和减少损失等）；③自留；④转移，如保险、非保险（担保、分包、转让）。

七、工程质量控制

（一）质量监理的任务、目标和职责

1.质量监理的任务

施工阶段建设工程质量监理的主要任务是通过对施工投入、施工、安装过程和产出品进行全过程控制，以及对参加施工的单位和人员的资源、材料和设备、施工机械和机具、施工方案和方法、施工环境实施全面控制，以期按标准达到预定的施工质量目标。

2.质量监理的目标

通过监理工程师对工程施工全过程的质量进行控制和管理，使工程各部位都在合同规定的工期和费用内完成，并达到设计文件、合同文件和技术规范的规定和要求，从而保证公路建成后能安全、舒适、高效地投入使用。

3.监理工程师在工程质量监理方面的主要职责

（1）确定监理机构岗位职责和人员，建立工地试验室；

(2)主持编制监理计划和监理实施细则；
(3)主持召开工地会议、专题会议、监理交底会；
(4)审批施工组织设计和进度计划,审查原材料和混合料；
(5)签发工程开工令,审批单位,分部分项工程开工申请,签发工程停工令及复工令；
(6)组织检查施工单位质量管理体系的建立及运行情况；
(7)核查施工单位测量、施工放线成果并进行复测；
(8)采取巡视、旁站、抽检和验收等方式,检查施工质量情况；
(9)组织分项工程(中间)交工质量检验评定,进行工程质量评定；
(10)签认中间交工验收、审查交工验收申请,评定工程质量,参加交、竣工验收；
(11)参与或配合工程质量事故的调查和处理；
(12)组织编写监理工作报告,填写监理日志,归集监理资料,编制监理竣工资料；
(13)提供建设单位委托的其他工程管理服务。

(二)质量监理的依据和方法

公路工程实行"政府监督、法人管理、社会监理和企业自检"的质量保证体系。

1.公路工程质量监理的依据

(1)国家和地方法律、法规；
(2)国家和地方行业有关标准、规范、规程；
(3)监理合同；
(4)施工合同；
(5)工程前期有关文件；
(6)工程设计文件和图纸；
(7)工程实施过程中有关的函件。

2.公路工程质量的监理方法

(1)旁站,指监理人员在施工现场对某一具体的工序、工艺或部位施工全过程进行的监理。

(2)巡视,指监理人员在工程施工过程中对施工现场进行的经常性巡回检查活动。

(3)测量,指监理人员对施工各部位的平面位置、高程、几何尺寸等进行的检查和控制手段。

(4)试验与抽检,试验是监理工程师确认各种原材料和工程部位质量监理的主要依据。监理工程师按合同规定的抽检频率进行独立抽样试验。

(5)指令文件是监理工程师对施工单位发出的指示和要求的书面文件,用以向施工单位提出或指出施工单位存在的问题,或者要求和指示施工单位应做什么或如何做。

(6)随机抽查,是指工程项目的监理人员为了支付已完成工程的费用,对工程质量进行复核的一种方式。

(7)检查核实,指监理人员在工程项目施工的全过程中,需要经常对施工单位的施工情况、所报送的各类报表、试验结果、质量数据进行检查核算和现场核实。

(8)关键工序控制,指在工程项目施工过程中对关键的工序进行的质量监理活动。

（9）计量和支付控制，即只有施工质量达到规定的标准和要求时，监理工程师才可进行计量并签发支付证书，否则可拒绝计量并拒签支付证书。

3. 质量监理的监理工作程序

（1）审查工程分包。主要为按照合同规定审查《工程分包计划》；按照合同规定审查《分包协议》；审查分包单位的资质、业绩及履约情况等；发现非法分包、转包，应指令施工单位纠正并报告建设单位及有关单位。

（2）审批施工测量放线。主要为检查施工单位测量仪器是否按照规定进行了校准；审查施工单位提交的施工测量数据、图表及放线成果并予以批复；复测施工单位从基准点引出的控制桩。

（3）审批原材料与混合料。主要为审查施工单位申报的原材料、混合料试验资料，对原材料独立取样进行平行试验；应在施工单位基础上对混合料进行试验验证，必要时做标准试验；按规定进行独立抽检。

（4）审批施工组织与人员配备。主要为审查分项工程的施工组织及配备，包括项目负责人、技术负责人及施工管理人员、自检人员是否符合合同要求并满足施工需要；审查施工操作人员的配备是否符合合同要求并满足施工需要。

（5）审批施工机械设备。主要为审查施工单位进场的施工机械是否满足合同要求，重点审查机械设备是否满足施工质量、安全、环保、进度等要求；施工单位如果使用合同约定以外的施工机械设备，应要求施工单位另行提出使用申请，解释原因、对拟使用设备进行充分说明。

（6）审查施工方案及主要工艺。主要为审查施工单位提交的分部分项工程的施工方案及主要施工工艺是否符合有关技术标准；对技术复杂或采用新技术、新工艺、新材料、新设备的工程，应进行论证或根据试验结果进行审批。

（7）审批分项工程的开工申请。主要审查施工单位上报的开工准备情况是否满足开工要求，有设备、人员、材料、测量、方法等。

（8）验收构、配件或设备。主要有外购或委托用于永久工程的构、配件或设备，应要求施工单位提交产品合格证和自检报告；可采用常规仪器设备检测的，监理工程师应按不低于施工单位自检频率的20%进行抽检，合格后准予使用。

（9）巡视、检查工序施工。主要有正在施工的分部分项工程是否已经批准；质量检测、安全管理人员是否到岗；特种作业人员是否持证上岗；现场使用的原材料或混合料、外购设备、施工机械设备、施工方法与工艺是否与批准的一致；质量、安全、环保设施是否到位；试验仪器、设备是否按规定进行了投入和校准；是否按规定进行了施工自检和工序交接等。

（10）旁站关键工序和部位施工。监理人员应对试验工程、重要隐蔽工程、完工后无法检测其质量或者返工会造成较大损失的工程进行旁站，旁站项目见《公路工程施工监理规范》（JTG G10—2016）附录；旁站应重点对项目的工艺过程进行监督；当可能危及质量、安全、环境时，应予制止并及时向驻地监理工程师或总监理工程师报告；旁站人员应按监理规范如实、准确、详细做好旁站记录；旁站项目完工后，监理工程师组织检查验收，验收合格方可进行下道工序施工。

（11）抽检与检测试验工作。重点对施工过程使用的水泥、钢材、沥青、石灰、粉煤灰、砂砾、碎石等主要原材料及各种混合料进行抽检，抽检频率不低于施工单位自检频率的10%，其余材料不低于10%。对已经完成工程实体质量的抽检频率不低于施工单位自检频率的20%。

(12)关键工序签认。对关键工序工程完工后无法再进行检验的关键工序,施工单位自检合格后监理工程师应检查验收,合格后予以签认。

(13)质量缺陷、隐患和质量事故处理。当发生属于监理机构处理的质量缺陷、质量隐患时,应立即发出暂时停工指令,并要求施工单位立即书面报告质量缺陷、质量隐患的发生时间、部位、原因及已经采取的措施和进一步处理方案;监理工程师应对处理方案进行审核后报建设单位批准,对处理方案的实施进行监理并予以验收,处理合格、隐患消除的可发复工指令;发生不属于监理机构处理的质量事故时,监理工程师要求施工单位按照规定上报有关部门。总监办应建立专门台账,记录质量事故发生、处理、返工验收的过程和结果。

(14)分项工程交工验收与质量检验评定。监理工程师收到施工单位报送的中间交工申请后,应检查各道工序的施工自检记录、交接单及监理工程师签认的关键工序交验单,检查质量保证资料的完整性,检查分项工程的质量自检和质量等级评定资料,监理工程师根据要求进行评定,评定合格后,签认中间交工证书。

(三)公路工程施工质量监理的阶段划分与内容

公路工程施工质量监理划分为施工准备阶段、施工阶段、交工验收与缺陷责任期阶段。

1.施工准备阶段

主要是指监理合同签订之日起到合同工程开工之日。

1)施工准备阶段监理的准备工作

(1)配备试验检测设备,建立工地试验室;

(2)熟悉合同文件;

(3)调查施工环境和条件;

(4)编制监理计划和监理细则;

(5)按规定填写工程质量责任登记表;

(6)按合同要求约定提供必要的工作、生活等设施。

2)施工准备阶段工作内容

(1)参加设计交底;

(2)审核工程划分;

(3)初审施工单位的工程质量登记表,对施工单位的技术、质量等体系进行审查;

(4)审核工地试验室;

(5)审批施工组织设计;

(6)基准点复测,地面线抽查,核查工程量清单;

(7)召开监理交底会;

(8)签署开工预付款支付证书;

(9)召开第一次工地会议;

(10)签发合同工程开工令。

2.施工阶段

指合同工程开工之日起至合同工程交工验收申请受理之日。

施工阶段监理工作内容:

(1)审批施工单位提交的分部工程和主要分项工程开工申请;

(2)审查施工测量成果和放线;

(3)审批工程原材料与混合料;

(4)巡视、旁站和抽检;

(5)验收外购和委托生产的构配件或设备;

(6)验收隐蔽工程;

(7)中间交工验收;

(8)质量评定;

(9)质量问题处理。

3. 交工验收与缺陷责任期阶段

缺陷责任期是在监理工程师签发交工证书后,因需继续完成工程剩余的工作项目,并检查本工程的使用质量所规定的期限。它从合同工程交工验收申请受理之日起,至缺陷责任终止证书签发之日,一般为2年。

(1)监理机构应按规定审查施工单位提出的合同段交工验收申请,审核施工单位编制的竣工图,应根据监理工作情况及工程质量评定结果,对是否同意交工验收进行审查并签署意见。

(2)监理机构应按工程验收办法等规定完成合同段工程质量评定、归集整理工程监理资料、编写监理工作报告,并提交建设单位。

(3)监理机构应参加交工验收工作,协助建设单位检查施工合同执行情况,并接受对监理合同执行情况的检查。

(4)合同段交工证书签发后,监理机构应审核施工单位提交的合同段交工结账单,并在规定期限内签认合同段交工结账证书,报建设单位审批。

(5)在缺陷责任期,监理机构应检查施工单位遗留问题整改情况;应检查工程质量,要求施工单位对工程质量缺陷进行修复,并调查缺陷产生的原因,确认责任和修复费用。

(6)在合同缺陷责任期结束、收到施工单位提交的终止缺陷责任申请后,监理机构应进行审查。对符合合同约定的,总监办应在规定期限内签发合同缺陷责任终止证书,并向建设单位提交缺陷责任期监理工作总结。

(7)监理机构应参加竣工验收工作,提交监理工作报告和工程监理资料,配合竣工验收检查。

(四)监理试验室

1. 监理试验室的任务与职责

(1)按监理合同规定,监理机构配备试验监理人员和试验仪器设备,建立监理试验室。监理试验室须报政府质监部门检查验收和备案。

(2)监理试验室应按照工程情况,编制监理试验计划或监理试验细则。

(3)监理试验室应检查施工单位试验室建设情况,对施工单位试验室备案材料进行审核和签署意见。

(4)监理试验室应审批施工单位申报的原材料和混合料试验资料。

(5)在整个工程实施阶段，监理试验室要经常不定期检查施工单位试验室运行情况，检查施工单位试验项目、试验方法、检验频率是否符合要求。

(6)监理试验室要对施工单位申报的各项标准试验进行验证，对原材料、工程构配件和分项工程中的有关项目进行抽检。

(7)监理试验室要检查施工单位的试验资料，归集整理监理试验资料。

2. 监理试验室的基本试验工作

监理试验室的基本试验工作包括验证、标准、工艺、抽样和验收试验。

(1)验证试验是对材料或商品构件进行预先鉴定，以决定是否可以用于工程。

(2)标准试验是对各项工程的内在品质进行施工前的数据采集，以作为施工的科学依据；标准试验包括各种标准击实试验、集料的级配试验、混合料的配合比试验、结构的强度试验等。

(3)工艺试验是指在项目开工之前对路基、路面、桥梁等及某些分项工程的施工工艺进行的预先试验。

(4)抽样试验是对各项工程实施中的内在品质进行符合性的抽样检查。

(5)验收试验是对已完工程的工程实体进行全面验收和评定。

(五)公路工程质量问题、缺陷和工程质量事故

1. 公路工程质量问题和缺陷

公路工程质量问题和缺陷一般包括路基工程个别部位超标沉陷、沥青路面的早期破坏和车辙、半刚性基层的过渡开裂、结构物的端部沉陷、钢筋加工的几何尺寸不标准、隧道衬砌不实和渗水、桥面铺装的早期开裂、桥梁支座安装质量缺陷、小型预制构件表面缺陷、混凝土工程表面缺陷等，分为施工单位原因造成的和非施工单位原因造成的两种情况。

工程质量缺陷以监理指令或文件形式书面要求施工单位进行修复，监理工程师对修复过程采用巡视、旁站、平行检验等方式实施监理；工程质量缺陷修复完成经施工单位自检合格后，监理工程师应进行验收，验收合格后，再报请建设单位、接养单位等相关单位现场验收。

监理机构应调查分析造成工程质量缺陷的原因，提出监理意见：

(1)施工单位原因造成的工程质量缺陷，由施工单位承担修复和查验费用。

(2)非施工单位原因造成的工程质量缺陷，修复发生的费用，由建设单位组织施工单位、监理机构召开协调会议，确定工程计量与计价方法，由监理机构核算工程量、支付价格，经建设单位批准后，向施工单位支付工程缺陷修复和查验费用及合理的利润。

2. 工程质量事故

1)公路工程质量事故的分类与分级

(1)公路工程质量事故的含义。

根据交通运输部办公厅印发的《公路水运建设工程质量事故等级划分和报告制度》第三条的规定，公路水运建设工程质量事故，是指公路水运建设工程项目在缺陷责任期结束前，由于施工或勘察设计等原因使工程不满足技术标准及设计要求，并造成结构损毁或一定直接经济损失的事故。

(2)质量事故的等级划分、质量问题的界定。

根据交通运输部《公路水运建设工程质量事故等级划分和报告制度》第四条规定，根据直接经济损失或工程结构损毁情况（自然灾害所致除外），公路水运建设工程质量事故分为特别重大质量事故、重大质量事故、较大质量事故和一般质量事故四个等级；直接经济损失在一般质量事故以下的为质量问题。

①特别重大质量事故，是指造成直接经济损失1亿元以上的事故；

②重大质量事故，是指造成直接经济损失5000万元以上1亿元以下，或者特大桥主体结构垮塌、特长隧道结构坍塌，或者大型水运工程主体结构垮塌、报废的事故；

③较大质量事故，是指造成直接经济损失1000万元以上5000万元以下，或者高速公路项目中桥或大桥主体结构垮塌、中隧道或长隧道结构坍塌、路基（行车道宽度）整体滑移，或者中型水运工程主体结构垮塌、报废的事故；

④一般质量事故，是指造成直接经济损失100万元以上1000万元以下，或者除高速公路以外的公路项目中桥或大桥主体结构垮塌、中隧道或长隧道结构坍塌，或者小型水运工程主体结构垮塌、报废的事故。

上述所称的“以上”包括本数，“以下”不包括本数。

（3）质量事故的报告与处理。

工程项目交工验收前，施工单位为工程质量事故报告的责任单位；自通过交工验收至缺陷责任期结束，由负责项目交工验收管理的交通运输主管部门明确项目建设单位或管养单位作为工程质量事故报告的责任单位。

一般及以上工程质量事故均应报告。事故报告责任单位应在应急预案或有关制度中明确事故报告责任人。事故报告应及时、准确，任何单位和个人不得迟报、漏报、谎报或瞒报。

事故发生后，现场有关人员应立即向事故报告责任单位负责人报告。事故报告责任单位应在接报2小时内，核实、汇总并向负责项目监管的交通运输主管部门及其工程质量监督机构报告。接收事故报告的单位和人员及其联系电话应在应急预案或有关制度中予以明确。

重大及以上质量事故，省级交通运输主管部门应在接报2小时内进一步核实，并按工程质量事故快报统一报交通运输部应急办转部工程质量监督管理部门；出现新的经济损失、工程损毁扩大等情况的应及时续报。省级交通运输主管部门应在事故情况稳定后的10日内汇总、核查事故数据，形成质量事故情况报告，报交通运输部工程质量监督管理部门。

对特别重大质量事故，交通运输部将按《交通运输部突发事件应急工作暂行规范》由交通运输部应急办会同部工程质量监督管理部门及时向国务院应急办报告。

工程质量事故发生后，事故发生单位和相关单位应按照应急预案规定及时响应，采取有效措施防止事故扩大。同时，应妥善保护事故现场及相关证据，任何单位和个人不得破坏事故现场。因抢救人员、防止事故扩大及疏导交通等原因需要移动事故现场物件的，应做出标识，保留影像资料。

2）质量事故处理的原则

质量事故处理实行“四不放过”原则：

（1）事故原因没有查清不放过；

(2)事故责任人没有严肃处理不放过;

(3)事故责任者和群众没有受到教育不放过;

(4)防范措施落实不到位不放过。

3)质量事故的监理处理程序

(1)指令暂停施工,并采取安全措施;

(2)要求施工单位进行调查,提交质量事故报告,并报告业主;

(3)审批施工单位处理方案,并提出处理意见,要求相关单位完善处理方案;

(4)技术方案批准后,监督施工单位严格按照方案施工;

(5)事故处理完成后,具备复工条件的,监理工程师审查并报建设单位同意后,签发复工令及时复工。

(六)公路工程施工质量评定和验收

1. 质量检验评定

公路工程质量检验评定应按分项工程、分部工程、单位工程合同段、建设项目逐级进行。

1)公路工程质量检验评定规定

分项工程完工后,根据标准进行检验,对工程质量进行评定,隐蔽工程在隐蔽前检查合格;分部工程、单位工程完工后,应汇总评定所属分项工程、分部工程质量资料,检查外观质量,对工程质量进行评定。

2)分项工程的评定

分项工程应按基本要求、实测资料、外观质量和质量保证资料等检验项目分别检查。

(1)分项工程质量应在所使用的原材料、半成品、成品及施工控制要点等符合基本要求的规定,无外观质量缺陷且质量保证资料真实齐全时,方可进行检验评定。

(2)基本要求的检查要对分项工程所列逐项分别进行,分项工程所用的各种原材料的品种、规格、质量及混合料配合比和半成品、成品应符合有关技术标准并符合设计要求。

(3)实测项目要按规定的检查方法和频率进行随机抽样检验并计算合格率。

(4)检测项目合格率的判断主要为:关键项目的合格率应不低于95%(机电工程100%);一般项目的合格率应不低于80%;有规定极限值的检查项目,任一检测值不应突破规定极值;所有按规定方法进行评定的检查项目都应满足要求,否则该检查项目不合格。

(5)外观质量检查应全面进行,并满足要求,否则该检验项目为不合格。

(6)工程应有真实、准确、齐全、完整的原始记录、试验检测数据、质量检验结果等质量保证资料。

(7)检验评定项目为不合格的,应进行整修或返工处理直至合格,否则应判定该项工程不合格。

3)工程质量等级的判定

(1)工程质量等级分为合格与不合格。

(2)分项工程质量评定合格应符合:检验记录应完整;实测项目应合格;外观质量应满足要求。

(3)分部工程质量评定合格应符合:评定资料应完整;所含分项工程及实测项目应合格;

外观质量应满足要求。

（4）单位工程质量评定合格应符合：评定资料应完整；所含分部工程应合格；外观质量应满足要求。

（5）评定分项工程、分部工程、单位工程，经返工、加固、补强或调测，满足设计要求后，可重新进行检验评定。

（6）所含单位工程合格，该合同段评定为合格；所含合同段合格，该建设项目评定为合格。

2. 工程验收

公路工程验收分为交工验收和竣工验收两个阶段，交工验收又有中间交工验收。

1）交工验收与竣工验收的组织

交工验收由项目法人组织进行，属于项目管理机构行为。交工验收是检查施工合同的执行情况，评价工程质量是否符合技术标准及设计要求，是否可以移交下一阶段施工或是否满足通车要求，对各参建单位工作进行初步评价。

竣工验收由交通运输主管部门按项目管理权限负责，竣工验收是综合评价工程建设成果，对工程质量、参建单位和建设项目进行综合评价。

2）交工验收应具备的条件

（1）合同约定的各项内容已完成；

（2）施工单位按《公路工程质量检验评定标准》及相关规定的要求对工程质量自检合格；

（3）监理工程师对工程质量的评定合格；

（4）质量监督机构按规定的公路工程质量鉴定办法对工程质量进行检测，并出具检测意见；

（5）竣工文件已按规定的内容编制完成；

（6）施工单位、监理单位已完成本合同段的工作总结；

（7）公路工程各合同段符合交工验收条件后，经监理工程师同意，由施工单位向项目法人提出申请，项目法人应及时组织对该合同段进行交工验收。

3）交工验收的主要工作内容

（1）检查合同执行情况；

（2）检查施工自检报告、施工总结报告及施工资料；

（3）检查监理单位独立抽检资料、监理工作报告及质量评定资料；

（4）检查工程实体，审查有关资料，包括主要产品质量的抽（检）测报告；

（5）核查工程完工数量是否与批准的设计文件相符，是否与工程计量数量一致；

（6）对合同是否全面执行、工程质量是否合格作出结论，按交通运输主管部门规定的格式签署合同段交工验收证书；

（7）按交通运输部规定的办法对设计单位、监理单位、施工单位的工作进行初步评价。

4）竣工验收应具备的条件

（1）通车试运营 2 年后；

（2）交工验收提出的工程质量缺陷等遗留问题已处理完毕，并经项目法人验收合格；

（3）工程决算已按规定的办法编制完成，竣工决算已经审计，并经交通运输主管部门或其授权单位认定；

(4)竣工文件已按合同规定的内容完成；

(5)对需进行档案、环保等单项验收的项目，已经有关部门验收合格；

(6)各参建单位已按规定的内容完成各自的工作报告；

(7)质量监督机构已按规定的公路工程质量鉴定办法对工程质量检测鉴定合格，并形成工程质量鉴定报告。

5)竣工验收的主要工作内容

(1)成立竣工验收委员会；

(2)听取项目法人、设计单位、施工单位、监理单位的工作报告；

(3)听取质量监督机构的工作报告及工程质量鉴定报告；

(4)检查工程实体质量、审查有关资料；

(5)按规定的办法对公路工程质量进行评分，并确定工程质量等级；

(6)按规定的办法对参建单位进行综合评价；

(7)对建设项目进行综合评价；

(8)形成并通过竣工验收鉴定书。

八、工程进度控制

1. 进度计划的编制、审批、检查与调整

1)进度计划的内容

(1)工程项目的合同工期；

(2)完成各单位工程及各施工阶段所需要的工期、最早开始和最迟完成时间；

(3)各单位工程及各施工阶段所需完成的工程量及现金流量S曲线图；

(4)各单位工程及各施工阶段所需配备的人力和机械数量；

(5)总单位工程或分部工程的施工方案和施工方法等。

2)进度计划的编制要求

进度计划应有文字说明、进度图表和保证措施等。总体进度计划的编制可采用横道图、斜条图、进度曲线或网络计划图，但无论采用什么方法，都应反映上述内容。

3)进度计划的编制原则

(1)合理安排施工顺序，保证在劳动力、材料物资以及资金消耗量最少的情况下，按规定工期完成拟建工程施工任务。

(2)采用可靠的施工方法，确保工程项目的施工在连续、稳定、安全、优质、均衡的状态下进行。

(3)节约施工成本。

4)进度计划的编制依据

(1)工程项目承包合同及招标投标书；

(2)工程项目全部设计施工图纸及变更洽商；

(3)工程项目所在地区位置的自然条件和技术经济条件；

(4)工程项目设计概算和预算资料、劳动定额及机械台班定额等；

(5)工程项目拟采用的主要施工方案及措施、施工顺序、流水段划分等;

(6)工程项目需用的主要资源,主要包括劳动力状况、机具设备能力、物资供应来源条件等;

(7)建设方及上级主管部门对施工的要求;

(8)现行规范、规程和技术经济指标等有关技术规定。

2. 公路工程施工组织的基本方法及其特点

(1)顺序作业法:按人为的固定程序组织施工。

特点:工期长、专业队施工不连续、大部分工作面空闲。

(2)平行作业法:若干个施工班组分别同时按工艺顺序施工。

特点:工期短、工作面利用合理、但资源用量集中。

(3)流水作业法:相同工序顺序进行,不同工序平行进行。

特点:工期适中,工作面充分利用,专业队施工连续,资源用量均衡。

(4)施工组织其他方法:

平行施工组织通常有三种方法:不同工序在不同施工段平行作业;同工序在不同施工段平行作业;不同工序在同一施工段平行作业。

平行流水作业法:具有平行及流水的优点,工程实际中广泛应用。

平行顺序作业法:实质是增加资源供应来达到缩短工期的目的。

立体交叉平行作业法:工作面小时充分利用工作面。

3. 公路工程施工计划管理的特点、作用及工作程序

1)公路工程施工计划管理的特点

计划的被动性;计划的多变性;计划的不均衡性。

2)公路工程施工计划管理的作用

通过计划下达任务;为有关专业部门编制资源供应计划提供数据;保证项目正常开工;项目实施过程按计划进行,确保项目工期按时完成;可促使提高项目管理水平。

3)施工计划管理的工作程序

编制施工计划→计划的执行检查→计划的调整等循环进行。

(1)编制施工计划。

编制的基础是施工定额,编制的方式一般用横道图、斜条图、进度曲线及网络图。

(2)计划的执行检查。

承包人对照原计划自查,监理工程师对计划的实施予以合理的监控。

(3)计划的调整。

发现偏差较大时,监理工程师应要求承包人对原计划予以调整。

4. 流水施工组织原理

公路工程施工中主要的施工方法是流水作业法。流水作业参数的确定与计算,以空间、工艺、时间三类参数表达空间和时间展开情况。

1)空间参数的确定

施工段(m):在组织流水施工时,通常把施工对象划分为劳动量相等或大致相等的若干

段，这些段称为施工段。每一个施工段在某一段时间内只供给一个施工过程使用。

通过自然形成及人为划分，施工段的数目过多会引起资源集中，过少会拖延工期。

一般要求施工段数目大于或等于工序数（或专业队数），以利于同一时间能进入工作面流水作业。

工作面（A）：某专业工种在加工建筑产品时所必须具备的活动空间，称为该工种的工作面。

工作面是表明施工对象上可能安置一定工人操作或布置施工机械的空间大小，所以，工作面是用来反映施工过程（工人操作、机械布置）在空间上布置的可能性。

工作面的大小要求紧前工序，结束后能为紧后工序提供工作面。

2）工艺参数的确定

施工过程数（工序数）（n）：是施工组织中不可分割的、施工技术上相同的施工过程。工序划分应使各道工序的持续时间相差不致太大，以利于专业队分工比较合理。

流水强度（流水能力）（v）：单位时间完成的工程数量。

流水能力等于专业队的工人数或机械台数与产量定额的乘积。

3）时间参数的计算

流水节拍（t）：指某道工序在施工段上完成工序操作的持续时间。

流水节拍计算的三种方法：①根据投入的劳动力或机械数量计算；②根据合同分解的阶段工期要求确定；③根据有关定额和施工经验或实际的劳动生产率确定。

流水步距（K）：指相邻专业队相继投入同一施工段开始操作的时间间隔。流水步距数 = 工序数 - 1。

流水步距的计算采用累计数列错位相减取大差法：采用相邻两施工工序在每个施工段的持续时间（即流水节拍）累加数列错位相减，取最大值作为流水步距的方法。

5. 工程进度监理的基本方法

1）横道图法（甘特图）

以时间为横坐标，以各分项工程或施工工序为纵坐标，按一定的先后施工顺序和工艺流程，用带时间比例的水平横道线表示对应项目或工序持续时间的施工进度计划图表。

可以采用不同的线形来反映各工序的进度执行状况。

2）工程进度曲线

工程进度曲线又称现金流动曲线或 S 曲线。

工程进度曲线是针对横道图不能反映工程整体进度的不足而产生的。

工程进度曲线是以工期为横轴，以累计完成的工程费用的百分比或累计完成的工程量的百分比为纵轴的图表化曲线。

3）斜条图法

又称垂直图法或垂直坐标表示法。以工期为纵坐标，以里程或工程位置为横坐标。各分项工程或施工工序的施工进度则应相应地以不同形式的斜条线表示。

由于时间为纵轴，所以图上曲线斜率越大，则施工进度越慢。

4）网络计划图法

一项工程，可以分解为若干工序，而这些工序之间又存在着错综复杂的逻辑关系。由于技术或其他原因,有些工序必须在其他工序完成后才能开工,而每一工序的完成都需要一定的时间。显然,完成每个工序所用的时间都会影响到整个工程的进度。

网络计划图是以加注工作持续时间的箭线和节点组成的有向、有序的网状流程图表示的施工进度计划。

网络图分为四类:双代号网络图;单代号网络图;时标网络图;单代号搭接网络图。

(1)网络计划技术。

原理:根据工作间的相互关系及工作先后顺序流程绘制工程项目施工进度计划网络图;通过计算找出计划中的关键工作及关键线路,通过不断调整、改善网络计划,选择最优的方案付诸实施。

(2)网络计划方法。

关键线路法(CPM)、计划评审方法(PERT)、流水作业网络计划、搭接网络计划、图例评审法。

(3)网络计划的应用及特点。

①能够充分反映各工作间相互制约、相互依赖的关系;

②可以区分关键及非关键工作,并能找关键路线,且反映出各项工作的机动时间,可以更好地调配和使用工、料、机等各种资源;

③便于计算机计算;

④能够进行计划的优选比较,从而选择最佳方案;

⑤不仅可用于控制项目施工进度,还可用于控制工程费用,如一定费用下工期最短及一定工期内费用最低等的网络计划优化;

⑥计划复杂,更适合于大型且复杂的工程。

网络图的分类及网络计划在工程进度监理中的作用如下:

(1)网络图的分类。

①按箭线和节点表达的含义不同:

双代号网络图:每项工作均由一根箭线和两个节点表示,其中箭线代表工作,节点表示工作间的逻辑关系;

单代号网络图:每项工作由一个节点组成,以节点代表工作,箭线表示工作间的逻辑。

②在双代号网络图中,按箭线长度与工作持续时间的关系:一般双代号网络图(简称双代号网络图)和时间坐标网络图(简称时标网络图);

③按计划目标的多少:单目标网络图及多目标网络图;

④按工程项目的组成及应用范围:分项工程网络图、分部工程网络图、单位工程网络图、单项工程网络图及工程项目总体网络图等。

(2)网络计划在工程进度监理中的作用:进度控制、压缩工期、资源计划、工期索赔。

单代号网络计划图的构成及绘制如下:

(1)单代号网络计划图的构成。

节点表示具体的工作,箭线表示工作之间的相互关系。基本符号包括节点、箭线、代号。

①节点:所表达工作的名称、持续时间和代号一般都标注在圆圈或方框内。

虚拟始节点、虚拟终节点,保证一张网络图只有一个起点和一个终点。

②箭线:不存在虚箭线。

③代号及编号规则:同双代号。

④线路、关键线路和关键工作:同双代号。

(2)单代号网络计划图的绘制。

同双代号的本质区别是箭线和节点所表示的意义不同。绘制过程同双代号。

①工作逻辑关系的表示方法。

②绘制的基本原则。

a)一张网络图只允许一个起始节点和一个终止节点;

b)一对节点间只允许有一条箭线;

c)不允许出现闭合回路;

d)不允许出现线段、双向箭头,应避免使用反向箭线;

e)布局应合理,尽量避免箭线交叉。

(3)单代号网络计划图的特点。

①比双代号简单;

②相互关系容易表达;

③没有虚工作;

④无法绘成时标图。

网络计划优化的概念及优化的类型如下:

(1)网络计划优化:是在既定的条件下,对初步拟定的网络计划方案,利用时差不断调整和改善,使之达到工期最短,成本最低,资源最优的目的。

(2)网络计划优化的类型:

①网络计划的时间优化;

②网络计划工期与成本优化;

③网络计划的资源优化:工期一定资源均衡;资源有限工期最短。

双代号网络计划图的构成、工作关系的表示方法及绘制时必须遵循的基本规则如下:

(1)双代号网络计划图的构成要素。

①箭线。

a)表示一项工作(广义的);

b)凡占时间的施工过程均应按一项工作看待;

c)在无时标图中,形状长短及粗细与工作持续时间无关,应用水平直线或折线绘制;

d)方向表示工作进行方向,箭尾表示工作开始,箭头表示工作结束;

e)紧前工作、本工作、紧后工作的概念;

f)虚箭线(不占时间,不耗资源,无工作名称)。

②节点。

a)表示工作间的衔接关系;

b)节点具有瞬时性;

c)内向箭线(汇集节点)及外向箭线(分枝节点);

d)起始节点,中间节点,终止节点。

③节点编号规则。

编号不得重复,箭头节点编号应大于箭尾节点编号。

④节点编号方法。

水平编号法;垂直编号法;删除箭线法。

⑤线路与关键线路及关键工作。

线路:由网络图起点按箭线方向到终点能够通行的路线。

关键线路:网络图所有线路中总持续时间最长的线路。

关键工作:关键线路上的工作。

关键工作连成的线路称为关键线路。

(2)工作关系的表示方法。

①工作逻辑关系的表示方法。

工作逻辑关系:工作进行时客观存在的一种先后顺序关系。

a)本工作必须在哪些工作之前进行;

b)本工作必须在哪些工作之后进行;

c)本工作可以与哪些工作平行进行。

②虚箭线的应用。

a)用于解决工作间逻辑关系的连接;

b)用于解决工作关系的逻辑断路问题;

c)当两项或两项以上的工作同时开始和同时结束时的应用;

d)不同工程项目之间工作有联系时的应用。

(3)绘制双代号网络图的基本规则。

①一张网络图只允许一个起始节点和一个终止节点;

②一对节点间只允许有一条箭线;

③不允许出现闭合回路;

④不允许出现线段、双向箭头,应避免使用反向箭线;

⑤布局应合理,尽量避免箭线交叉。

时间坐标网络图及其特点如下:

(1)时间坐标网络图的概念。

在一般双代号网络计划的横向增加时间坐标。箭线的长短即表示该工作的持续时间,使网络计划图易于理解、方便应用,并有利于分析和优化。

(2)时间坐标网络图的特点。

既是横道图,又是网络图;能直接反映出各项工作时间参数及关键线路;能清楚地反映出哪些工作同时进行;便于进行资源优化。

(3)流水网络图结构的特殊性。

①流水网络图与一般网络图相比较的结构特殊之处:流水施工应满足施工的连续性,即不窝工,而一般网络图会存在施工的不连续(窝工)。要使用网络计划满足流水作业的要求,只要把流水步距的概念引入网络计划方法中,就能使流水作业和网络计划的优点兼而备之。

②引入流水步距后流水网络图可简化表示。在双代号图中可去掉虚箭线，简化后的流水网络图应在相邻工序间的第1个施工段开工之前增加一道流水步距值的工序。双代号图为流水步距值的时距箭线（杆），单代号图为流水步距值的节点。

网络计划时间参数的计算如下：

(1)时间参数分类。

①控制性时间参数。

a)最早时间系列参数：

工作的最早可能开始时间（ES），工作的最早可能完成时间（EF）；

节点的最早可能实现时间（ET）。

b)最迟时间系列参数；

工作的最迟必须开始时间（LS），工作的最迟必须完成时间（LF）；

节点的最迟必须实现时间（LT）。

②协调性时间参数。

工作的总时差（TF），工作的局部时差（自由时差）（FF）。

(2)时间参数的计算假定。

①工作的持续时间是已知的；

②工作的所有时间均以单位时间终了时刻为计算标准。

(3)时间参数计算方法。

图算、机算及表算。

(4)关键线路及其确定。

①线路枚举法（总持续时间最长的线路）。

一张网络图至少有一条最长的线路，此线路中没有任何机动时间，是网络计划按期完成的关键。

②关键工作法（关键工作组成的线路）。

关键线路上的工作称为关键工作。其没有任何机动时间，工作的总时差为零。

③关键节点法（关键工作组成的线路）。

时间坐标网络图的绘制方法如下：

(1)时间坐标网络图。

以时间为横坐标，绘制各项工作的箭线，使箭线的长度直接反映相应工作持续时间的长短，且在图上直接显示出各项工作的开始时间和完成时间及工作的机动时间、关键线路等。

(2)时间坐标网络图的绘制方法。

①早时标图的绘制步骤：

a)计算双代号网络图的节点时间参数并确定关键线路；

b)以计算出的T为横轴，做出时间坐标，并把关键线路放在时标图中的适当位置；

c)按节点的ET值标画节点；按长度表示工作持续时间的长短标画实箭线，工作的机动时间用虚线（或波折线）表示，补在实线的右边，实虚之间加一节止短线作为分界线。

虚工作仍以虚箭线表示。

②迟时标图的绘制步骤:

a)计算双代号网络图的节点时间参数并确定关键线路;

b)以计算出的T为横轴,做出时间坐标,并把关键线路放在时标图中的适当位置;

c)按节点的LT值标画节点;按长度表示工作持续时间的长短标画实箭线,工作的机动时间用虚线(或波折线)表示,补在实线的左边,实虚之间加一节止短线作为分界线。

虚工作仍以虚箭线表示。

6. 工程进度监理的控制目标

1)确定合理的工期

在施工单位编制及监理工程师审批施工进度计划时,编制计划应依据的资料:

(1)本工程项目的工程承包合同中有关工期的规定,是确定计划工期的基本依据;合同规定的工程开工、竣工日期,必须通过进度计划落到实处。

(2)材料和设备的供应计划。如果已经编制了材料和设备的供应计划,施工进度计划必须与其相协调。

(3)已建成的同类工程或相似项目的实际工程进度情况是编制本项目施工进度计划的重要参考资料。

(4)投标书中确定的项目施工方案及工程进度计划。

(5)施工单位的施工人员技术素质及机具设备能力。

(6)施工现场的特殊环境及气候条件等。

2)执行检查偏差情况

监理工程师在实施进度监理时,及时发现实际进度与计划进度的误差。

实施过程中的检查。

3)调整计划

调整内容:如果出现工期延误及实际进度的其他变化,则应将执行中的进度计划予以部分或全部地修改与调整。调整的工作内容及其调整期限,应依据工程项目实际情况确定。

调整进度计划的目的是使其符合变化了的实际情况,以保证施工进度计划的顺利实现。

确保合同工期的实现,发现偏差后的处理。

4)工程施工中的进度检查方法

计划执行中跟踪检查;数据的加工处理。

实际进度检查方式:前锋线法,文字符号等。

7. 监理工程师对进度计划的审查步骤和审查内容

1)监理工程师对进度计划的审查步骤

(1)阅读文件、列出问题、进行调查了解;

(2)提出问题,与承包人进行讨论或澄清;

(3)对有问题的部分进行分析,向承包人提出修改意见;

(4)审查批准承包人修改后的进度计划。

2)监理工程师对进度计划的审查内容

工期和时间安排的合理性,施工准备的可靠性,计划目标与施工能力的适应性。

8.进度延误的处理方法

(1)根据延误的影响分为发生在关键线路上的延误(包括新关键线路)和非关键线路上的延误。

(2)如果由于非承包人原因造成的承包人延误,且这种延误造成误期,承包人必须提出延期申请,并在规定的时间内,提出延期具体资料,以供监理审查处理。延期获得批准必须同时符合以下条件:符合合同规定,事件发生在关键线路上,或发生在非关键线路上但延误时间超过总时差会造成进度计划的拖延,符合实际情况。

(3)如果由于承包人自身原因引起的误期,则监理工程师不能批准其延期。对承包人原因造成的延误处理包括:停止付款、对承包人收取一定金额的拖期违约损失偿金、终止雇佣等。

(4)进度计划的调整方法。关键线路调整方法,非关键线路时差的调整方法,增减工作,调整逻辑关系,调整工作持续时间,调整资源投入。

(5)措施:组织措施,技术措施,经济措施,合同措施。

九、工程费用控制

(一)建筑安装工程费用项目组成与计算

1.建筑安装工程费的组成

1)直接费的组成与计算

直接工程费是指施工过程中耗费的构成工程实体和有助于工程形成的各项费用。

包括人工费、材料费、施工机械使用费。

人工费、材料费、施工机械使用费三项,是工程造价中的主要组成部分,按实物法计算。

直接工程费既取决于计价定额所规定的人工、材料、施工机械台班消耗标准,还取决于人工、材料、施工机械台班的预算价格。

2)其他工程费计算

其他工程费是指除直接工程费以外施工过程中发生的直接用于工程的费用。包括冬季施工增加费、雨季施工增加费、夜间施工增加费、特殊地区施工增加费、行车干扰工程施工增加费、安全及文明施工措施费、临时设施费、施工辅助费、工地转移费等九项。

公路工程中的水、电费及因场地狭小等特殊情况而发生的材料二次搬运等其他工程费已包括在概、预算定额中,不再另计。

(1)冬季施工增加费。

冬季施工增加费是指按照《公路工程施工及验收规范》所规定的冬季施工要求,为保证工程质量和安全生产所需采取的防寒保温设施、工效降低和机械作业率降低以及技术操作过程的改变等所增加的有关费用。

冬季施工增加费的计算方法,是根据各类工程的特点,规定各气温区的取费标准。为了简化计算手续,采用全年均摊的方法。

计算基数:直接工程费。

(2)雨季施工增加费:同冬季。

(3)特殊地区施工增加费。

特殊地区施工增加费包括高原地区施工增加费、风沙地区施工增加费和沿海地区施工增加费三项。

(4)临时设施费。

临时设施费是指施工企业为进行建筑安装工程施工所必需的生活和生产用的临时建筑物、构筑物和其他临时设施的费用等,但不包括定额中的临时工程。

临时设施包括:临时生活及居住房屋,文化福利及公用房屋,生产、办公房屋,工地范围内的各种临时的工作便道、人行便道,工地临时用水、用电的水管直线和电线支线,临时构筑物以及其他小型临时设施。

临时设施费用内容包括:临时设施的搭设、维修、拆除费或摊销费。

计算基数:直接工程费。

(5)施工辅助费。

包括生产工具用具使用费、检验试验费和工程定位复测、工程点交、场地清理等费用。

①生产工具用具使用费是指施工所需不属于固定资产的生产工具、检验用具、试验用具及仪器、仪表等的购置、摊销和维修费,以及支付给生产工人自备工具的补贴费。

②检验试验费是指施工企业对建筑材料、构件和建筑安装工程进行一般鉴定、检查所发生的费用,包括自设试验室进行试验所耗用的材料和化学药品的费用,以及技术革新和研究试验费。但不包括新结构、新材料的试验费和建设单位要求对具有出厂合格证明的材料进行检验、对构件破坏性试验及其他特殊要求检验的费用。

计算基数:直接工程费。

3)间接费的组成与计算

间接费由规费和企业管理费两项组成。

(1)规费:养老保险费;失业保险费;医疗保险费;住房公积金;工伤保险费。

计算基数:人工费。

(2)企业管理费。

企业管理费由基本费用、主副食运费补贴、职工探亲路费、职工取暖补贴和财务费用五项组成。

①基本费用。

管理人员工资、办公费、差旅交通费、固定资产使用费、工具用具使用费、劳动保险费、工会经费、保险费、工程保修费、工程排污费、税金。

其他:包括技术转让费、技术开发费、业务招待费、绿化费、广告费、投标费、公证费、定额测定费、法律顾问费、审计费、咨询费等。

②主副食运费补贴。

③职工探亲路费。

④职工取暖补贴。

⑤财务费用。

财务费用是指施工企业为筹集资金而发生的各项费用,包括企业经营期间发生的短期贷款利息净支出、汇兑净损失、调剂外汇手续费、金融机构手续费,以及企业筹集资金发生的其他财务费用。

计算基数:直接费。

4)利润

利润是指施工企业完成所承包的工程应取得的盈利。利润按直接费与间接费之和扣除规费的7%计算。

计算基数:直接费+间接费-规费。

5)税金

税金是指按国家税法规定应计入建筑安装工程造价内的营业税、城市维护建设税及教育费附加等。

计算基数:直接费+间接费+利润。

建安费计算:

(1)直接工程费=人工费+材料费+机械费;

(2)其他工程费=直接工程费×综合费率Ⅰ+(人工费+施工机械使用费)×综合费率Ⅱ;

(3)直接费=直接工程费+其他工程费;

(4)间接费=人工费×规费费率+直接费×企业管理费综合费率;

(5)利润=(直接费+间接费-规费)×利润率(7%);

(6)税金=(直接费+间接费+利润)×综合税率;

(7)建筑安装工程费=直接费+间接费+利润+税金。

2. 其他费用

1)设备购置费

设备购置费是指为满足公路的营运、管理、养护需要,购置的达到固定资产标准的设备和虽低于固定资产标准但属于设计明确列入设备清单的设备的费用。

设备购置费=设备原价+运杂费(运输费+装卸费+搬运费)+运输保险费+采购及保管费。

2)建设项目管理费

建设项目管理费包括建设单位(业主)管理费、工程监理费、设计文件审查费和竣(交)工验收试验检测费。

建设单位(业主)管理费:由施工企业代建设单位(业主)办理"土地、青苗等补偿费"的工作人员所发生的费用,应在建设单位(业主)管理费项目中支付。

当建设单位(业主)委托有资质的单位代理招标时,其代理费应在建设单位(业主)管理费中支出。

计算基数:建安费。

3)建设期贷款利息

建设期贷款利息是指建设项目中分年度使用国内贷款或国外贷款部分,在建设期内应归还的贷款利息。费用内容包括各种金融机构贷款、企业集资、建设债券和外汇贷款等利息。

建设期贷款利息=Σ(年初付息贷款本息累计+本年度付息贷款额÷2)×年利率。

4)基本预备费

(1)在进行技术设计、施工图设计和施工过程中,在批准的初步设计和概算范围内所增加的工程费用。

(2)在设备订货时,由于规格、型号改变的价差;材料货源变更、运输距离或方式的改变以及因规格不同而代换使用等原因发生的价差。

(3)由于一般自然灾害所造成的损失和预防自然灾害采取的措施费用。

(4)在项目主管部门组织竣(交)工验收时,验收委员会(或小组)为鉴定工程质量必须开挖和修复隐蔽工程的费用。

(5)投保的工程根据工程特点和保险合同发生的工程保险费用。

(二)工程量清单的组成及其应用

招标单位按照有关规定将工程进行分解,所形成的工程数量表。

作用:便于招标单位编制标底(招标控制价);为所有的投标人提供一个报价计算的共同基础;标价后的工程量清单:合同价格,是办理中期支付和结算以及处理工程变更计价、索赔的依据。

组成:工程量清单说明;投标报价说明;计日工说明;其他说明;工程量清单。

招标文件部分规定:工程量清单中所列工程数量是估算的或设计的预计数量,仅作为投标报价的共同基础,不能作为最终结算与支付的依据。

工程量清单中所列工程量的变动,不会降低或影响合同条款的效力,也不免除承包人按规定的标准进行施工和修复缺陷的责任。

图纸中所列的工程数量表及数量汇总表仅是提供资料,不是工程量清单的外延。当图纸与工程量清单所列数量不一致时,以工程量清单所列数量作为报价的依据。

(三)评标价或评标基准价的确定

1.合理低价法

(1)评标方法:评标委员会对满足招标文件实质性要求的投标文件,按照规定的评分标准进行打分,并按得分由高到低顺序推荐中标候选人,或根据招标人授权直接确定中标人,但投标报价低于其成本的除外。综合评分相等时,以投标报价低的优先;投标报价也相等的,招标人可采用被招标项目所在地省级交通运输主管部门评为较高信用等级的投标人优先或递交投标文件时间较前的投标人优先或其他方法确定第一中标候选人。

(2)评标价的确定:

方法一:评标价=投标函文字报价;

方法二:评标价=投标函文字报价-暂估价-暂列金额(不含计日工总额)。

(3)评标价平均值的计算:

除按投标人须知第5.2.2项规定开标现场被宣布为废标的投标报价之外,所有投标人的评标价去掉一个最高值和一个最低值后的算术平均值即为评标价平均值(如果参与评标价平均值计算的有效投标人少于5家,则计算评标价平均值时不去掉最高值和最低值)。

(4)评标基准价的确定:

方法一:将评标价平均值直接作为评标基准价;

方法二:将评标价平均值下浮____%,作为评标基准价;

方法三:招标人设置评标基准价系数,由投标人代表或监标人现场抽取,评标价平均值乘以现场抽取的评标基准价系数作为评标基准价。

如果投标人认为某一标段的评标基准价计算有误，有权在开标现场提出，经监标人当场核实确认之后，可重新宣布评标基准价。确认后的评标基准价在整个评标期间保持不变，不随通过初步评审和详细评审的投标人的数量发生变化。

除技术特别复杂的特大桥和长大隧道工程外，公路工程施工招标评标一般应当使用合理低价法。

2. 技术评分最低标价法

(1)评标方法：评标价相等时，以投标报价低的投标人优先；被招标项目所在地省级交通运输主管部门评为较高信用等级的投标人优先；商务和技术得分较高的投标人优先。

(2)评标价的确定：

评标价 = 修正后的投标报价 - 暂估价 - 暂列金额(不含计日工总额)。

3. 综合评分法

(1)评标方法：综合评分相等时，以投标报价低的投标人优先；被招标项目所在地省级交通运输主管部门评为较高信用等级的投标人优先；商务和技术得分较高的投标人优先。

(2)评标价的确定：

方法一：评标价 = 投标函文字报价；

方法二：评标价 = 投标函文字报价 - 暂估价 - 暂列金额(不含计日工总额)。

(3)评标价平均值的计算：

除按投标人须知第 5.2.2 项规定开标现场被宣布为废标的投标报价之外，所有投标人的评标价去掉一个最高值和一个最低值后的算术平均值即为评标价平均值(如果参与评标价平均值计算的有效投标人少于 5 家，则计算评标价平均值时不去掉最高值和最低值)。

(4)评标基准价的确定：

方法一：将评标价平均值直接作为评标基准价；

方法二：将评标价平均值下浮____%，作为评标基准价；

方法三：招标人设置评标基准价系数，由投标人代表现场抽取，评标价平均值乘以现场抽取的评标基准价系数作为评标基准价。

4. 经评审的最低投标价法

(1)评标方法：评标价相等时，以投标报价低的投标人优先；被招标项目所在地省级交通运输主管部门评为较高信用等级的投标人优先。

(2)评标价的确定：

评标价 = 修正后的投标报价 - 暂估价 - 暂列金额(不含计日工总额)。

(四)工程计量的类型、依据、程序、内容、时间、方式与方法

1. 类型

监理人单独计量；承包人独立计量；监理人与承包人联合计量。

2. 依据

(1)质量合格证书；

(2)工程量清单前言和工程量计量规则;
(3)设计图纸;
(4)测量数据。

3. 程序

(1)提交计量申请;
(2)发出计量通知;
(3)进行工程计量;
(4)复核工程计量结果;
(5)业主付款。
业主收到监理签认的支付证书后,按规定的时间支付费用给承包人。

4. 内容

(1)工程量清单中的全部项目;
(2)合同文件中规定的项目;
(3)工程变更项目。

5. 时间

一般情况下,单价子目按月计量;总价子目计量周期按照批准的支付分解报告确定。

6. 方式与方法

工程实地测量与实地勘察、图纸计算、现场记录资料和监理工程师的签认,三者结合。
(1)断面法:用于取土坑和路堤土方的计量;
(2)图纸法:混凝土体积、钢筋长度、钻孔灌注桩的桩长等;
(3)钻孔取样法:主要用于道路面层结构计量;
(4)分项计量法:根据工序或部位将一个项目分成若干子项,对完成的各子项计量支付;
(5)均摊法:对清单中合同价按合同工期每月平均计量,适用于临时道路、桥梁的修建和养护,办公室的维修;
(6)凭证法:根据合同中要求承包人提供的票据进行计量支付。

7. 公路工程各类分项工程的计量规则

《公路工程标准施工招标文件》(2018年版)第三册明确规定了工程计量规则。

(五)工程费用支付

1. 费用支付的基本原则

(1)支付必须以工程计量为基础;
(2)支付必须以技术规范和报价单为依据;
(3)支付必须及时;
(4)支付必须以日常记录和合同条款为依据;
(5)支付必须遵循严格的程序。

2. 付款证书和支付时间

(1)进度付款证书和支付时间:

14 天内完成核查,28 天内将进度应付款支付给承包人,违约金支付时间从应付而未付该款额之日算起(不计复利)。

(2)交工付款证书及支付时间:

14 天内完成核查、审核完毕、将应支付款支付给承包人,不按期支付的,按合同向承包人支付违约金。

(3)最终结清证书和支付时间:

14 天内完成核查、审核完毕、将应支付款支付给承包人。

3. 进度付款证书的最低金额

根据项目招标文件专用条款的规定进行。

4. 支付方法

按合同规定应增加和扣减的金额主要包括:增加和扣减的变更金额、增加和扣减的索赔金额、预付款和扣减的返还预付款、扣减和退还的质量保证金、根据合同应增加和扣减的其他金额。

5. 监理工程师在费用支付中的职责与权限

1)职责

监理工程师的主要职责就是核查付款申请单和出具付款证书。

一方面,监理工程师必须按时核查承包人的付款申请单,以便承包人能够及时获得各种应收的款项;另一方面,监理工程师必须根据合同文件的要求和原则进行核查,向业主证明承包人在每一阶段所完成各项工作的实际价值,为业主所支付的每一笔资金严格把关。总之,监理工程师只有站在公正的立场才能确保业主和承包人双方的利益。

2)权限

(1)核查承包人提交的各类付款申请单、向承包人出具经业主签认的付款证书;

(2)对付款证书中存在错、漏或重复的,有权予以修正;

(3)对不符合技术规范和合同条款要求的工程子目和施工活动,有权暂时拒绝支付;

(4)复核需要进行价格调整的材料的单价和采购数量;

(5)商定或确定变更单价和索赔所产生费用;

(6)其他有关支付方面的权力,例如,指示使用计日工、指令动用暂列金额以及有关质量保证金、按合同条款规定对工程量清单中所列的专业工程进行估价等。

6. 常用支付表格的样式和使用方法

中期支付证书、付款申请、清单支付报表、合同工程月计量申报表、工程计量申请书、中间计量支付汇总表及其清单外支付项目的计算、汇总表等。

7. 费用支付的清单支付项目和合同支付项目

清单支付项目:单价子目的支付;总价子目的支付;暂估价;暂列金额;计日工。

合同支付项目:开工预付款;材料设备预付款;质量保证金;工程变更费用;索赔费用;价格调整;逾期交工违约金;提前竣工奖金;逾期付款违约金。

1)开工预付款

开工预付款是一项由业主提供给承包人用作开工费用的提前付款。

承包人签订了合同协议书并提交了预付款保函后,在当期支付证书中支付预付款的70%,在承诺的主要设备进场后,再支付30%。

除专用合同条款另有约定外,承包人应在收到预付款的同时向发包人提交预付款保函。

开工预付款在期中支付证书的累计金额未达到合同价格的30%之前不予扣回,在达到合同价格30%之后开始按工程进度以固定比例(即每完成合同价格的1%,扣回开工预付款的2%)分期从各月的期中支付证书中扣回,全部金额在期中支付证书的累计金额达到合同价格的80%时扣完。

2)工程变更

除专用合同条款另有约定外,在履行合同中发生以下情形之一,应按照通用合同条款第15条的规定进行变更。

(1)取消合同中任何一项工作,但被取消的工作不能转由发包人或其他人实施,由于承包人违约造成的情况除外;

(2)改变合同中任何一项工作的质量或其他特性;

(3)改变合同工程的基线、高程、位置或尺寸;

(4)改变合同中任何一项工作的施工时间或改变已批准的施工工艺或顺序;

(5)为完成工程需要追加的额外工作。

3)索赔

索赔是指在合同的履行过程中,作为合同中合法的权利一方,因对方不履行或未能正确履行合同所规定的义务而受到损失,向对方提出赔偿要求的过程。

索赔分为时间索赔和费用索赔。

十、工程安全生产管理的监理工作

(一)安全监理基本知识

1.我国建设工程安全监理的相关法律法规和方针政策

1)法律法规

(1)安全生产法;

(2)建设工程安全生产管理条例;

(3)公路水运工程安全生产监督管理办法;

(4)安全生产事故隐患排查治理暂行规定;

(5)生产经营单位安全培训规定;

(6)生产安全事故应急预案管理办法;

(7)公路桥梁和隧道施工安全风险评估指南,高速公路路堑高边坡工程施工安全风险评估指南;

(8)特种设备安全监察条例等。

2)方针政策

(1)方针:"安全第一,预防为主,综合治理";

(2)三同时:安全设施必须与主体工程同时设计、同时施工、同时投入生产和使用;

(3)四不放过:事故原因未查清不放过;事故责任人未受到处理不放过;事故责任人和周围群众没有受到教育不放过;事故没有制订切实可行的整改措施不放过。

3)规章制度

(1)安全生产许可制度;

(2)安全生产责任制度;

(3)安全生产教育培训制度;

(4)安全生产费用保障制度;

(5)安全生产管理机构和专职人员制度;

(6)特种作业人员持证上岗制度;

(7)安全技术措施制度;

(8)专项施工方案审查制度;

(9)安全生产技术交底制度;

(10)消防安全责任制度;

(11)防护用品及设备管理制度;

(12)起重机械和设备设施验收登记制度;

(13)三类人员考核任职制度;

(14)意外伤害保险制度;

(15)安全事故应急救援制度;

(16)安全事故报告制度;

(17)安全生产重大事故隐患报告制度;

(18)安全隐患排查治理制度;

(19)工艺、设备、材料的淘汰制度。

2. 建设单位、勘察设计单位、施工单位的安全责任

1)建设单位的安全责任

(1)建设单位应当向施工单位提供施工现场及毗邻区域内供水、排水、供电、供气、供热、通信、广播电视等地下管线资料,气象和水文观测资料,相邻建筑物和构筑物、地下工程的有关资料,并保证资料的真实、准确、完整。

建设单位因建设工程需要,向有关部门或者单位查询前款规定的资料时,有关部门或者单位应当及时提供。

(2)建设单位不得对勘察、设计、施工、工程监理等单位提出不符合建设工程安全生产法律、法规和强制性标准规定的要求,不得压缩合同约定的工期。

(3)建设单位在编制工程概算时,应当确定建设工程安全作业环境及安全施工措施所需费用。

(4)建设单位不得明示或者暗示施工单位购买、租赁、使用不符合安全施工要求的安全防护用具、机械设备、施工机具及配件、消防设施和器材。

(5)建设单位在申请领取施工许可证时,应当提供建设工程有关安全施工措施的资料。

(6)建设单位应当将拆除工程发包给具有相应资质等级的施工单位。

2)勘察设计单位的安全责任

(1)勘察单位应当按照法律、法规和工程建设强制性标准进行勘察,提供的勘察文件应当

真实、准确，满足建设工程安全生产的需要。

勘察单位在勘察作业时，应当严格执行操作规程，采取措施保证各类管线、设施和周边建筑物、构筑物的安全。

（2）设计单位应当按照法律、法规和工程建设强制性标准进行设计，防止因设计不合理导致生产安全事故的发生。

设计单位应当考虑施工安全操作和防护的需要，对涉及施工安全的重点部位和环节在设计文件中注明，并对防范生产安全事故提出指导意见。

采用新结构、新材料、新工艺的建设工程和特殊结构的建设工程，设计单位应当在设计中提出保障施工作业人员安全和预防生产安全事故的措施建议。

3）施工单位的安全责任

（1）施工单位从事建设工程的新建、扩建、改建和拆除等活动，应当具备国家规定的注册资本、专业技术人员、技术装备和安全生产等条件，依法取得相应等级的资质证书，并在其资质等级许可的范围内承揽工程。

（2）施工单位主要负责人依法对本单位的安全生产工作全面负责。施工单位应当建立健全安全生产责任制度和安全生产教育培训制度，制定安全生产规章制度和操作规程，保证本单位安全生产条件所需资金的投入，对所承担的建设工程进行定期和专项安全检查，并做好安全检查记录。

施工单位的项目负责人应当由取得相应执业资格的人员担任，对建设工程项目的安全施工负责，落实安全生产责任制度、安全生产规章制度和操作规程，确保安全生产费用的有效使用，并根据工程的特点组织制定安全施工措施，消除安全事故隐患，及时、如实报告生产安全事故。

（3）施工单位对列入建设工程概算的安全作业环境及安全施工措施所需费用，应当用于施工安全防护用具及设施的采购和更新、安全施工措施的落实、安全生产条件的改善，不得挪作他用。

（4）施工单位应当设立安全生产管理机构，配备专职安全生产管理人员。

专职安全生产管理人员负责对安全生产进行现场监督检查。发现安全事故隐患，应当及时向项目负责人和安全生产管理机构报告；对违章指挥、违章操作的，应当立即制止。

3. 工程安全监理的依据和工作内容

1）相关依据

（1）法律法规及建设工程相关标准；

（2）建设工程勘察设计文件；

（3）建设工程监理合同及其他合同文件；

（4）行业工程施工安全技术规范。

2）工程安全监理的工作内容

（1）工程开工前，监理工程师应审查施工单位编制的施工组织设计中的安全技术措施或专项施工方案是否符合工程建设强制性标准，对危险性较大工程的专项施工方案需要专家进行论证、审查的，应检查施工单位组织专家审查论证情况，审查合格后方可同意工程开工。

（2）监理工程师应审查分包合同中是否明确了施工单位与分包单位各自在安全生产方面

的责任，监理工程师应检查施工单位安全生产责任制、安全生产规章制度的建立和落实情况，以及重大危险源安全管理和生产安全事故隐患排查治理情况；核查施工单位项目负责人、专职安全生产管理员和特种作业人员资格，以及施工机械设备和设施的安全许可验收手续。

(3)监理工程师在巡视、旁站过程中应监督施工单位按专项施工方案组织施工。若发现施工单位未按有关安全法律、法规和工程强制性标准施工，违规作业时，应予以制止。对危险性较大的工程作业等要定期巡视检查，如发现安全事故隐患，应立即书面指令施工单位整改；情况严重的应签发工程暂停令要求施工单位暂停施工，并及时报告建设单位。施工单位拒不整改或者不停止施工的，监理工程师应及时向有关主管部门报告。

(4)督促施工单位进行安全生产自查工作、落实施工生产安全技术措施；参加施工现场的安全生产检查。

(5)建立施工安全监理台账。监理机构应建立施工安全监理台账，并由专人负责。监理人员应将每次巡视、检查、旁站中，发现的涉及施工安全的情况、存在的问题、监理的指令及施工单位处理的措施和结果及时记入台账。总监理工程师和驻地监理工程师应定期检查施工安全监理台账记录情况。

4. 我国安全生产的方针、管理原则和应处理好的五种关系

1)方针

安全生产管理，坚持“安全第一、预防为主、综合治理”的方针。

2)原则

(1)管生产必须管安全；

(2)目标管理；

(3)预防为主；

(4)动态安全管理；

(5)安全具有否决权；

(6)事故处理“四不放过”。

3)我国安全生产应处理好的五种关系

(1)安全与危险并存；

(2)安全与生产的统一；

(3)安全与质量的包涵；

(4)安全与速度互保；

(5)安全与效益的兼顾。

5. 监理单位应建立的五项安全管理制度

(1)安全技术措施监理审查制度；

(2)专项施工方案审查制度；

(3)安全隐患督促整改制度；

(4)重大安全隐患报告制度；

(5)法律法规与强制性标准实施监理制度。

6.《建设工程安全生产管理条例》规定的监理单位的安全责任

工程监理单位应当审查施工组织设计中的安全技术措施或者专项施工方案是否符合工程建设强制性标准。

工程监理单位在实施监理过程中,发现存在安全事故隐患的,应当要求施工单位整改;情况严重的,应当要求施工单位暂时停止施工,并及时报告建设单位。施工单位拒不整改或者不停止施工的,工程监理单位应当及时向有关主管部门报告。

工程监理单位和监理工程师应当按照法律、法规和工程建设强制性标准实施监理,并对建设工程安全生产承担监理责任。

(二)安全风险管理

1. 危险源、事故、损失、安全风险的概念

危险源指可能导致人身伤害和(或)健康损害和(或)财产损失的根源、状态或行为,或它们的组合。

事故指造成死亡、疾病、伤害、损坏或者其他损失的意外情况。

损失是指由于一个或多个意外事件的发生,在某一特定条件和特定企业内外产生的多种损失的综合。

安全风险是指生产安全事故或健康损害事件发生的可能性和后果的组合。

2. 事故五要素及其引发事故时的七种组合

引发事故的五个基本要素:不安全状态、不安全行为、起因物、致害物、伤害方式。

E-型:不安全状态,不安全行为,起因物,致害物,伤害方式。

D-1 型:不安全状态,起因物,致害物。

D-2 型:不安全行为,起因物,致害物,伤害方式。

D-3 型:不安全状态,不安全行为,起因(致害)物,伤害方式。

C-1 型:不安全状态,起因(致害)物,伤害方式。

C-2 型:不安全行为,起因(致害)物,伤害方式。

B-型:不安全行为(起因、致害物),伤害方式。

3. 预防建设工程安全事故的基本方法

(1)三级预防;

(2)用人单位负责制;

(3)健康促进;

(4)安全技术对策。

4. 安全事故应急预案体系的构成及各类应急预案的主要内容

1)综合应急预案

综合应急预案是从总体上阐述事故的应急方针、政策,应急组织结构及相关应急职责,应急行动、措施和保障等基本要求和程序,是应对各类事故的综合性文件。

2)专项应急预案

专项应急预案是针对具体的事故类别(如基坑开挖、脚手架拆除等事故)、危险源和应急保

障而制定的计划或方案，是综合应急预案的组成部分，应按照综合应急预案的程序和要求组织制定，并作为综合应急预案的附件。专项应急预案应制定明确的救援程序和具体的应急救援措施。

3）现场处置方案

现场处置方案是针对具体的装置、场所或设施、岗位所制定的应急处置措施。现场处置方案应具体、简单、针对性强。现场处置方案应根据风险评估及危险性控制措施逐一编制，做到事故相关人员应知应会、熟练掌握，并通过应急演练，做到迅速反应、正确处置。

5. 公路水运工程生产安全事故等级标准

公路水运工程生产安全事故，是指在列入国家或地方基本建设计划的公路水运基础设施新建、改建、扩建、拆除和加固活动中发生的生产安全事故。事故按照人员伤亡、涉险人数、经济损失等因素，一般分为四级：特别重大（Ⅰ级）事故、重大（Ⅱ级）事故、较大（Ⅲ级）事故和一般（Ⅳ级）事故。

根据生产安全事故（以下简称事故）造成的人员伤亡或者直接经济损失，事故一般分为以下等级：

（1）特别重大事故，是指造成30人以上死亡，或者100人以上重伤（包括急性工业中毒，下同），或者1亿元以上直接经济损失的事故；

（2）重大事故，是指造成10人以上30人以下死亡，或者50人以上100人以下重伤，或者5000万元以上1亿元以下直接经济损失的事故；

（3）较大事故，是指造成3人以上10人以下死亡，或者10人以上50人以下重伤，或者1000万元以上5000万元以下直接经济损失的事故；

（4）一般事故，是指造成3人以下死亡，或者10人以下重伤，或者1000万元以下直接经济损失的事故。

上述所称的“以上”包括本数，所称的“以下”不包括本数。

6. 事故隐患的分级、排查和治理

安全生产事故隐患（简称事故隐患）是指违反安全生产法律、法规、规章、标准、规程和安全生产管理制度的规定，或者因其他因素在生产经营活动中存在可能导致重大事故发生的物的危险状态、人的不安全行为和管理上的缺陷。

事故隐患分为一般事故隐患和重大事故隐患。

一般事故隐患是指危害和整改难度较小，发现后能够立即整改排除的隐患。重大事故隐患是指危害和整改难度较大，应当全部或者局部停产停业，并经过一定时间整改治理方能排除的隐患，或者因外部因素影响致使生产经营单位自身难以排除的隐患。

隐患排查是指生产经营单位组织安全生产管理人员、工程技术人员和其他相关人员对本单位的事故隐患进行排查，并对排查出的事故隐患，按照事故隐患的等级进行登记，建立事故隐患信息档案。

隐患治理就是指消除或控制隐患的活动或过程。对排查出的事故隐患，应当按照事故隐患的等级进行登记，建立事故隐患信息档案，并按照职责分工实施监控治理。对于一般事故隐患，由于其危害和整改难度较小，发现后应当由生产经营单位（企业、项目、班组等）负责人或者有关人员立即组织整改或者限期整改隐患。对于重大事故隐患，由生产经营单位主要负责人组织制定并实施事故隐患治理方案,在没有完成治理前,还要有临时性的措施和应急预案,治理完成后还有书面申请并接受审查。

7. 工程安全事故处理的依据和调查处理程序

1)工程安全事故处理的依据

(1)中华人民共和国安全生产法;

(2)建设工程安全生产管理条例;

(3)安全生产许可证条例;

(4)公路水运工程安全生产监督管理办法。

2)工程安全事故调查处理程序

(1)事故发生及时报告;

(2)迅速抢救伤员并保护事故现场;

(3)组织事故调查组;

(4)现场勘查;

(5)分析事故原因、确定事故性质;

(6)写出事故调查报告;

(7)事故审理与结案。

(三)安全监理程序和主要内容

1. 施工单位应编制安全专项施工方案的危险性较大的工程

(1)基坑开挖、支护、降水工程;

(2)滑坡处理和填、挖方路基工程;

(3)基础工程;

(4)大型临时工程;

(5)桥涵工程;

(6)隧道工程;

(7)起重吊装工程;

(8)拆除、爆破工程。

监理工程师应对危险性较大的分部分项工程施工前的安全生产条件进行审核批复,并将审核结果报送建设单位。

危险性较大的工程[《公路工程施工安全技术规范》(JTG F90—2015)]

序号	类别	需编制专项施工方案	需专家论证、审查
1	基坑开挖、支护、降水工程	(1)开挖深度不小于3m的基坑(槽)开挖、支护、降水工程。 (2)深度小于3m但地质条件和周边环境复杂的基坑(槽)开挖、支护、降水工程	(1)深度不小于5m的基坑(槽)的土(石)方开挖、支护、降水。 (2)开挖深度虽小于5m,但地质条件、周围环境和地下管线复杂,或影响毗邻建(构)筑物安全,或存在有毒有害气体分布的基坑(槽)的土方开挖、支护、降水工程

续上表

序号	类别	需编制专项施工方案	需专家论证、审查
2	滑坡处理和填、挖方路基工程	(1)滑坡处理。 (2)边坡高度大于20m的路堤或地面斜坡坡率陡于1:2.5的路堤,或不良地质地段、特殊岩土地段的路堤。 (3)土质挖方边坡高度大于20m、岩质挖方边坡高度大于30m,或不良地质、特殊岩土地段的挖方边坡	(1)中型及以上滑坡体处理。 (2)边坡高度大于20m的路堤或地面斜坡坡率陡于1:2.5的路堤,且处于不良地质地段、特殊岩土地段的路堤。 (3)土质挖方边坡高度大于20m、岩质挖方边坡高度大于30m且处于不良地质地段、特殊岩土地段的挖方边坡
3	基础工程	(1)桩基础。 (2)挡土墙基础。 (3)沉井等深水基础	(1)深度不小于15m的人工挖孔桩或开挖深度不超过15m,但地质条件复杂或存在有毒有害气体分布的人工挖孔桩工程。 (2)平均高度不小于6m且面积不小于1200m^{2}的砌体挡土墙的基础。 (3)水深不小于20m的各类深水基础
4	大型临时工程	(1)围堰工程。 (2)各类工具式模板工程。 (3)支架高度不小于5m;跨度不小于10m,施工总荷载不小于10kN/m^2;集中线荷载不小于15kN/m。 (4)搭设高度24m及以上的落地式钢管脚手架工程;附着式整体和分片提升脚手架工程;悬挑式脚手架工程;吊篮脚手架工程;自制卸料平台、移动操作平台工程;新型及异型脚手架工程。 (5)挂篮。 (6)便桥、临时码头。 (7)水上作业平台	(1)水深不小于10m的围堰工程。 (2)高度不小于40m墩柱、高度不小于100m索塔的滑模、爬模、翻模工程。 (3)支架高度不小于8m;跨度不小于18m,施工总荷载不小于15kN/m^2;集中线荷载不小于20kN/m。 (4)50m及以上落地式钢管脚手架工程。用于钢结构安装等满堂承重支撑体系,承受单点集中荷载7kN以上。 (5)猫道、移动模架
5	桥涵工程	(1)桥梁工程中的梁、拱、柱等构件施工。 (2)打桩船作业。 (3)施工船作业。 (4)边通航边施工作业。 (5)水下工程中的水下焊接、混凝土浇注等。 (6)顶进工程。 (7)上跨或下穿既有公路、铁路、管线施工	(1)长度不小于40m的预制梁的运输与安装,钢箱梁吊装。 (2)跨度不小于150m的钢管拱安装施工。 (3)高度不小于40m的墩柱、高度不小于100m的索塔等的施工。 (4)离岸无掩护条件下的桩基施工。 (5)开敞式水域大型预制构件的运输与吊装作业。 (6)在三级及以上通航等级的航道上进行的水上水下施工。 (7)转体施工

续上表

序号	类别	需编制专项施工方案	需专家论证、审查
6	隧道工程	（1）不良地质隧道。 （2）特殊地质隧道。 （3）浅埋、偏压及邻近建筑物等特殊环境条件隧道。 （4）Ⅳ级及以上软弱围岩地段的大跨度隧道。 （5）小净距隧道。 （6）瓦斯隧道	（1）隧道穿越岩溶发育区、高风险断层、沙层、采空区等工程地质或水文地质条件复杂地质环境；V级围岩连续长度占总隧道长度10%以上且连续长度超过100m；VI级围岩的隧道工程。 （2）软岩地区的高地应力区、膨胀岩、黄土、冻土等地段。 （3）埋深小于1倍跨度的浅埋地段；可能产生坍塌或滑坡的偏压地段；隧道上部存在需要保护的建筑物地段；隧道下穿水库或河沟地段。 （4）1V级及以上软弱围岩地段跨度不小于18m的特大跨度隧道。 （5）连拱隧道；中夹岩柱小于1倍隧道开挖跨度的小净距隧道；长度大于100m的偏压棚洞。 （6）高瓦斯或瓦斯突出隧道。 （7）水下隧道
7	起重吊装工程	（1）采用非常规起重设备、方法，且单件起吊重量在10kN及以上的起重吊装工程。 （2）采用起重机械进行安装的工程。 （3）起重机械设备自身的安装、拆卸	（1）采用非常规起重设备、方法，且单件起吊重量在100kN及以上的起重吊装工程。 （2）起吊重量在300kN及以上的起重设备安装、拆卸工程
8	拆除、爆破工程	（1）桥梁、隧道拆除工程。 （2）爆破工程	（1）大桥及以上桥梁拆除工程。 （2）一级及以上公路隧道拆除工程。 （3）C级及以上爆破工程、水下爆破工程

2. 施工准备阶段对施工单位审查的内容

工程开工前，监理工程师应审查施工单位编制的施工组织设计中的安全技术措施或专项施工方案是否符合强制性标准规定，审查合格后方可同意开工，审查的重点包括：

（1）安全管理和安全保证体系的组织机构，包括项目经理、专职安全管理人员、特种作业人员配备的数量及安全资格培训持证上岗情况。

（2）是否制定了施工安全生产责任制、安全管理规章制度、安全操作规程。

（3）施工单位的安全防护用具、机械设备、施工机具是否符合国家有关安全规定。

（4）是否制订了施工现场临时用电方案的安全技术措施和电气防火措施。

（5）施工现场布置是否符合有关安全要求。

（6）生产安全事故应急救援预案的制订情况，针对重点部位和重点环节制订的工程项目危险源监控措施和应急预案。

（7）施工人员安全教育计划、安全交底安排。

（8）安全技术措施费用的使用计划。

3. 施工阶段日常安全监理的工作程序和内容

（1）监督施工单位按照施工组织设计中的安全技术措施和专项施工方案组织施工，及时制止违规施工作业。

(2)定期巡视检查施工过程中的危险性较大工程专项施工方案的实施情况。

(3)核查施工现场施工起重机械、整体提升脚手架、模板等自升式架设设施和安全设施的验收手续。

(4)检查施工现场各种安全标志和安全防护措施是否符合强制性标准要求,并检查安全生产费用的使用情况。

(5)检查施工单位的安全事故隐患排查治理情况,督促施工单位进行安全自查工作,并对施工单位自查情况进行抽查,参加建设单位组织的安全生产专项检查。

(6)由专人负责建立安全监理台账,将每次巡视、检查、旁站中发现的涉及施工安全的情况、存在的问题、监理的指令及施工单位处理的措施和结果及时记入台账。

4.监理工程师每天对施工过程巡视检查作业的重点

(1)检查施工单位在工程项目上的安全生产规章制度和安全监督机构的建立健全及专职安全生产管理人员配备情况,督促施工单位检查各分包单位的安全生产规章制度的建立情况。

(2)定期巡视检查施工过程中的危险性较大工程作业情况。

(3)核查施工现场施工起重机械、整体提升脚手架、模板等自升式架设设施和安全设施等验收记录,并由安全监理人员签收备案。

(4)检查施工现场各种安全标志和安全防护措施是否符合强制性标准要求,并检查安全生产费用的使用情况。

(5)监督施工单位按照施工组织设计中的安全技术措施和专项施工方案的组织施工,及时制止违章、违规施工作业。

(6)督促施工单位进行安全自查工作,抽查施工单位自查情况,参加建设单位组织的安全生产专项检查。

(7)定期检查监理规划、监理实施细则、旁站方案中所确定的工程安全生产的关键部位、关键环节,特别是可能发生高空坠落、坍塌、物体打击、机具伤害、触电的施工作业情况。

5.监理计划中安全监理部分的编制及主要内容

公路工程安全监理计划是开展建设工程安全监理活动的纲领性文件,是指导项目监理机构开展安全监理工作的指导性文件,直接指导项目监理机构的监理业务工作。

安全监理计划在监理合同签订及收到工程设计文件后,由项目总监理工程师负责组织编制,在合同约定的时间内编制完成,并经工程监理单位技术负责人或公司安全总监审核批准后,在第一次工地会议前报送建设单位。

在安全监理计划的指导下,为具体指导安全监理进行,还需结合建设工程的实际情况,制定相应的安全监理实施细则。对中型及以上或危险性大、技术复杂、专业性较强的工程项目,总监理工程师应组织专业监理工程师编制安全监理实施细则。主要内容包括:

(1)工程概况;

(2)监理依据;

(3)安全监理服务范围和目标;

(4)安全监理组织机构及监理岗位职责;

(5)安全监理工作制度;

（6）安全监理工作计划；

（7）安全监理人员与设备设施的配备、进退场计划；

（8）安全监理控制清单，监理方法与措施；

（9）监理程序及表格。

6. 安全监理实施细则的编制及主要内容

安全监理实施细则是根据安全监理规划，由专业监理工程师编写，并经总监理工程师批准，针对工程项目中某一专业或某一方面安全监理工作的操作性文件。安全监理实施细则应结合工程项目的专业特点，做到详细具体，具有可操作性。

1）编制依据

（1）已批准的安全监理计划；

（2）与专业工程相关的标准、规范、规程、设计文件和技术资料；

（3）施工组织设计，专项施工方案。

2）编制程序

（1）安全监理实施细则应根据安全监理规划的总要求，确定专业监理的监理标准，分阶段编写，但必须在相应工程施工开始前编制完成，用以指导专业监理的操作。

（2）安全监理实施细则应由专业监理工程师组织项目监理机构中该专业的监理人员编制，并必须经总监理工程师批准。

（3）在监理工作实施过程中，安全监理实施细则应根据实际情况进行补充、修改和完善。

3）安全监理实施细则的主要内容

（1）危险性较大的分部分项工程安全监理工作的特点和施工现场环境状况；

（2）危险性较大分部分项工程安全监理工作的流程和监理人员安排与分工；

（3）安全监理工作的方法及措施；

（4）针对性的安全监理检查、控制点；

（5）相关过程的检查记录（表）和资料目录。

十一、施工环境保护监理

1. 施工环境保护监理的概念及任务

施工环境保护监理是指监理单位受建设单位的委托，依据法律法规、环境影响评价文件、监理合同等，依法对施工单位在施工过程中影响环境的活动进行监督管理，确保各项环保措施满足公路施工环境保护的要求。

任务：对污染环境、破坏生态的行为进行监督管理（环保达标）；对配套环保工程进行监理。

2. 公路施工期对环境的影响因素

（1）对生态环境的影响因素：水土流失、植被破坏；

（2）对声环境的影响因素：夜间机械噪声，行车噪声；

（3）对水环境的影响因素：生活、施工水污染；

（4）对大气环境的影响因素：扬尘、废气等；

（5）对社会环境的影响因素：城镇公路施工围挡、文明施工措施、绿化工程、临时用地、农田设施破坏等。

3. 施工环境保护监理的工作内容及方式

环保监理人员对施工活动中的环境保护工作按照施工进程实施动态监理。工程环境监理的工作方式以日常巡视为主,以便及时调整环保监控力度。环保工程监理从合同、计量到支付等都与其他工程的监理相似,工作方式主要以工程监理的方式进行。

监理过程中如发现环境污染和生态破坏等情况,监理工程师应立即通知施工单位限期整改。

一般性或操作性的问题,可以采取口头通知形式。口头通知无效或有污染隐患时,应签发书面的监理通知,要求施工单位整改,并根据施工单位的书面回复检查整改结果,严重的环境问题,还应同时向建设单位汇报。如整改情况不理想,可以发布停工指令。

4. 施工环境保护监理的工作制度

(1)日常工作制度;

(2)例会制度;

(3)报告制度(月报或年报);

(4)文件审核、审批制度;

(5)函件来往制度;

(6)人员培训制度;

(7)工作记录制度。

5. 公路施工环境保护监理文件

施工环境保护监理文件的构成:

(1)施工环境保护监理计划(规划);

(2)施工环境保护监理实施细则;

(3)施工环境保护监理总结报告。

6. 监理工程师对施工环境保护的监理

(1)施工准备阶段的环境保护监理工作:

①参加设计交底,熟悉环评报告和设计文件,了解工程建设项目的具体环保目标;

②审查施工单位的施工组织设计和开工报告,对环保实施方案提出审查意见;

③审查施工单位的临时用地方案是否符合环保要求,临时用地的恢复计划是否可行;

④审查施工单位的环保管理体系是否责任明确,切实有效;

⑤参加第一次工地会议,对工程建设项目的环保目标和环保措施提出要求。

(2)施工阶段的环境保护监理工作:

监理工程师在巡视、旁站中,应随时检查施工单位制定的环境保护措施的落实情况,如发现施工中存在违反有关环保规定、未按合同要求落实环保措施的情况,监理工程师应书面指令施工单位整改;情况严重的应签发工程暂停令要求施工单位暂时停工,并及时报告建设单位。

(3)交、竣工阶段及缺陷责任期的环境保护监理工作:

交、竣工阶段监理单位应该负责的工作:

①整理施工环境保护监理竣工资料;

②编制工程环境保护监理总结报告;

③提出工程试运行前所需的环保部门的各种批件，并予以协助办理；

④收集保存竣工环保验收时所需的资料。

缺陷责任期监理工作：

①监理工程师定期检查施工单位对环保遗留问题整改计划的实施，并根据工程具体情况建议施工单位对整改计划进行调整；

②监理工程师检查已实施的环保达标工程和环保工程，对交工验收后发生的环保问题或工程质量缺陷及时进行调查和记录，并指示施工单位进行环境恢复或工程修复；

③监理工程师督促施工单位按合同及有关规定完成环保施工资料。

（4）环境监测：

施工期的环境监测工作由建设单位委托有资质的环境监测单位开展，也称外部监督监测；环保监理工程师有时候需要即时的监测数据，对常规污染因子及突发污染事故进行监测，也称内部监理监测。

一般定期监测的项目：空气质量，包括二氧化氮（NO_2）、一氧化碳（CO）、总悬浮颗粒物（TSP）三项，必要时可以监测二氧化硫（SO_2）。

（5）对绿化工程、声屏障工程、城镇公路施工围挡等环保工程施工质量进行检查、验收。

（6）其他环保措施的监理。

十二、工程文件档案管理、交（竣）工资料编制

1.基本要求

监理资料应随监理过程及时归集，系统化排列，按规定组卷、编列案卷目录。

监理资料是过程记录，因此规定随着工程实施进展，在监理工作过程中及时完整、系统地归集、整理，以免等完工后集中匆忙收集。

监理资料的分类、系统化排列、卷内目录和案卷目录等参照有关档案管理规定。

（1）监理机构监理资料专职人员随工程监理过程及时按监理资料类别、具体资料名称进行梳理。

（2）按照类别归集监理资料，涉及工程的监理资料，按照要求以合同段、单位工程、分部工程、分项工程划分，施工顺序等进行系统排列。

（3）公路工程监理资料包括《公路工程施工监理规范》（JTG G10—2016）第9.1.1条规定的全部内容。根据《公路工程竣工文件材料立卷归档管理办法》第九条保管期限的规定，将组成的案卷划分为永久、长期、短期三种保管期限，并依据交通运输部有关保密规定，标明案卷密级；按《公路工程竣工文件材料立卷归档管理办法》的要求及公路工程建设主管部门或建设单位编制的工程资料管理办法进行组卷、编列案卷目录。

（4）卷内文件材料按以下要求进行排列：

①管理型文件材料按问题或重要程度排列；

②技术文件材料按管理、依据、施工记录、检测试验、评定、证明顺序排列；

③设备文件材料按依据、设备开箱验收、随机图样、设备安装调试和设备运行维修等材料排列；

④竣工图按里程、专业、图号排列；

⑤卷内文件材料一般文字材料在前,图样在后。

(5)案卷应由案卷封面和卷脊、卷内文件目录、卷内文件及备考表组成。

(6)案卷封面由下列项目组成:

①案卷题名,应包括公路工程建设项目的名称、起讫里程。单位工程(含分部分项工程)名称及文件名称,如属桥梁、隧道等工程项目,还应同时标明结构、部位的名称。案卷题名应能准确反映出案卷的基本内容;

②编制单位,是指案卷形成单位;

③编制日期,是指案卷形成日期;

④保管期限,填写其划定的保管期限;

⑤密级,依据保密规定填写;

⑥档号,填写档案分类号和案卷顺序号。

(7)卷内文件目录由下列项目组成:

①顺序号,填写文件排列的顺序号,用阿拉伯数字从1起依次标注;

②文件编号或图样图号,填写文件材料的原始编号或图号;

③责任者,填写文件材料的直接形成部门或主要责任人,可采取通用的标准简称;

④文件题名,应填写文件材料标题的全称,没有标题的或标题不能说明文件材料内容的,应自拟标题;

⑤日期,是指文件材料的形成日期;

⑥页次,填写每份文件首页上标注的页号,最终件注起止号。页号的编号方法是在有文字或图样材料正面的右下角、反面的左下角填写页号。如所归档文件属符合档案保管要求的成本成册的材料,已编有页号的只需在卷内文件目录页次中填写册数。

(8)卷内目录排列在卷内文件材料的首页之前。

(9)备考表排列在卷内文件材料的尾页之后。其内容应标明卷内文件材料的件数、页数以及在组卷和案卷使用过程中需要说明的问题。

(10)归档文件材料,必须书写工整,字迹、线条清楚,纸张便于长期保管,格式统一。禁止使用圆珠笔、铅笔等字迹不易长久保存的书写工具书写。凡由易褪色书写材料制成的文件材料应复印保存。

2. 监理档案的存放、保管和移交

监理资料移交时间参见公路工程验收办法、建设项目文件材料立卷归档管理办法等的规定,以及交、竣工验收和档案专项验收的要求。

1)监理档案存放和保管

(1)监理资料管理人员应经过专业培训,具备相应专业知识与工作能力。

(2)监理资料管理人员调离该岗位之前,必须进行工作交接,留有交接记录,确保监理资料文件管理的延续性。

(3)监理资料应保存在固定地点,环境适宜,防止损坏和丢失。保存地点如需调整,总监理工程师应安排专人在监理资料转移前后分别对监理资料进行清点并留存记录。

2)监理档案移交

(1)监理单位应将工程监理资料按合同约定的时间、套数移交给建设单位,并办理移交手续。

(2)属于档案馆接收范围的工程监理档案文件,由建设单位汇总,监理单位参加由档案管理部门对工程监理档案资料进行的预验收。

3. 未列入监理资料归档的其他监理文件

监理工作中,尚有许多过程记录、管理文件和影像资料等没有列入监理资料要求进行归档和提交,因此规定监理单位负责分类整理保存,并根据需要在竣工前移交建设单位保管。

1)未列入监理资料归档的监理资料整理

按照《公路工程竣工文件材料立卷归档管理办法》及《交通文件材料立卷归档办法》的相关要求对未列入监理资料归档的监理资料进行分类整理。

2)监理资料提交

监理单位将整理的未列入监理资料归档的监理资料,按时向建设单位提交,并办理移交手续。

4. 公路工程项目文件归档范围(监理部分)

(1)监理管理文件。

(2)工程质量控制文件:质量控制措施、规定及往来文件;监理独立抽检资料;交工验收工程质量评定资料。

(3)工程进度计划管理文件。

(4)工程合同管理文件。

(5)其他文件。

(6)其他资料,如监理日志,安全监理日志,测量原始记录,会议记录、纪要,工程照片,音像资料。监理机构及人员情况,各级监理人员的工作范围、责任划分、工作制度等。

十三、工程施工招标投标要求、投标报价

1. 施工招标投标的基本程序

1)建设工程必须招标范围

《招标投标法》第三条:

在中华人民共和国境内进行下列工程建设项目包括项目的勘察、设计、施工、监理以及与工程建设有关的重要设备、材料等的采购,必须进行招标:

(一)大型基础设施、公用事业等关系社会公共利益、公众安全的项目;

(二)全部或者部分使用国有资金投资或者国家融资的项目;

(三)使用国际组织或者外国政府贷款、援助资金的项目。

前款所列项目的具体范围和规模标准,由国务院发展计划部门会同国务院有关部门制订,报国务院批准。

法律或者国务院对必须进行招标的其他项目的范围有规定的,依照其规定。

《招标投标法实施条例》第二条:

招标投标法第三条所称工程建设项目,是指工程以及与工程建设有关的货物、服务。

前款所称工程,是指建设工程,包括建筑物和构筑物的新建、改建、扩建及其相关的装修、拆除、修缮等;所称与工程建设有关的货物,是指构成工程不可分割的组成部分,且为实现工程

基本功能所必需的设备、材料等;所称与工程建设有关的服务,是指为完成工程所需的勘察、设计、监理等服务。

2)建设工程必须招标的规模标准

《必须招标的工程项目规定》第五条:

本规定第二条至第四条规定范围内的项目,其勘察、设计、施工、监理以及与工程建设有关的重要设备、材料等的采购达到下列标准之一的,必须进行招标:

(一)施工单项合同估算价在400万元人民币以上的;

(二)重要设备、材料等货物的采购,单项合同估算价在200万元人民币以上的;

(三)勘察、设计、监理等服务的采购,单项合同估算价在100万元人民币以上的。

同一项目中可以合并进行的勘察、设计、施工、监理以及与工程建设有关的重要设备、材料等的采购,合同估算价合计达到前款规定标准的,必须招标。

3)不招标情形

《招标投标法》第六十六条:

涉及国家安全、国家秘密、抢险救灾或者属于利用扶贫资金实行以工代赈、需要使用农民工等特殊情况,不适宜进行招标的项目,按照国家有关规定可以不进行招标。

《招标投标法实施条例》第九条:

除招标投标法第六十六条规定的可以不进行招标的特殊情况外,有下列情形之一的,可以不进行招标:

(一)需要采用不可替代的专利或者专有技术;

(二)采购人依法能够自行建设、生产或者提供;

(三)已通过招标方式选定的特许经营项目投资人依法能够自行建设、生产或者提供;

(四)需要向原中标人采购工程、货物或者服务,否则将影响施工或者功能配套要求;

(五)国家规定的其他特殊情形。

招标人为适用前款规定弄虚作假的,属于招标投标法第四条规定的规避招标。

4)建设工程招标程序

(1)履行项目审批手续;

(2)招标准备工作;

(3)编制招标文件,发布招标公告;

(4)资格审查(资格预审、资格后审);

(5)开标、评标;

(6)定标、签订合同。

5)公路工程施工招标程序

《公路工程建设项目招标投标管理办法》第十一条:

公路工程建设项目采用资格预审方式公开招标的,应当按照下列程序进行:

(一)编制资格预审文件;

(二)发布资格预审公告,发售资格预审文件,公开资格预审文件关键内容;

(三)接收资格预审申请文件;

(四)组建资格审查委员会对资格预审申请人进行资格审查,资格审查委员会编写资格审

查报告;

(五)根据资格审查结果,向通过资格预审的申请人发出投标邀请书;向未通过资格预审的申请人发出资格预审结果通知书,告知未通过的依据和原因;

(六)编制招标文件;

(七)发售招标文件,公开招标文件的关键内容;

(八)需要时,组织潜在投标人踏勘项目现场,召开投标预备会;

(九)接收投标文件,公开开标;

(十)组建评标委员会评标,评标委员会编写评标报告、推荐中标候选人;

(十一)公示中标候选人相关信息;

(十二)确定中标人;

(十三)编制招标投标情况的书面报告;

(十四)向中标人发出中标通知书,同时将中标结果通知所有未中标的投标人;

(十五)与中标人订立合同。

采用资格后审方式公开招标的,在完成招标文件编制并发布招标公告后,按照前款程序第(七)项至第(十五)项进行。

采用邀请招标的,在完成招标文件编制并发出投标邀请书后,按照前款程序第(七)项至第(十五)项进行。

2.投标单位资格审查的形式、程序和评审方法

资格审查是用来衡量投标人一旦中标,是否有能力履行施工合同的一种重要手段,一般有两种做法,资格预审或资格后审。

1)资格预审的主要作用

(1)有利于保证施工单位主体的合法性;

(2)有利于保证施工单位具有相应的履约能力;

(3)有利于减小评标难度;

(4)有利于抑制低价抢标现象。

2)资格审查的内容

(1)营业执照;

(2)资质等级证书;

(3)法人证书或法定代表人授权书及公证书;

(4)主要施工经历;

(5)技术力量简况;

(6)资金或财务状况;

(7)在建项目情况;

(8)相关联企业的情况。

3)资格预审的程序

(1)招标人编制资格预审文件;

(2)发布资格预审通告;

(3)发售资格预审文件,每套资格预审文件售价只计工本费,最高不超过1000元人民币;

(4)潜在投标人编制并递交资格预审文件；
(5)对资格预审文件进行评审；
(6)编写资格预审评审报告,报上一级交通运输主管部门审定；
(7)向通过资格预审的投标申请人发出投标邀请。
4)资格预审文件的构成
(1)资格预审公告；
(2)申请人须知；
(3)资格审查办法；
(4)资格预审申请文件格式；
(5)项目建设概况。
5)资格预审申请文件应包括的内容
(1)资格预审申请函；
(2)法定代表人身份证明及授权委托书；
(3)联合体协议书；
(4)申请人基本情况表；
(5)近年财务状况表；
(6)近年完成的类似项目情况表；
(7)正在施工和新承接的项目情况表；
(8)近年发生的诉讼及仲裁情况；
(9)初步施工组织计划；
(10)其他材料。

3. 招标文件的组成及基本内容

1)招标文件
(1)招标公告(或投标邀请书)；
(2)投标人须知；
(3)评标办法；
(4)合同条款及格式；
(5)工程量清单；
(6)图纸；
(7)技术规范；
(8)投标文件格式；
(9)投标人须知前附表规定的其他材料。
2)相关规定
《公路工程施工招标投标管理办法》第十九条：
招标文件应当载明以下主要内容：
(一)投标邀请书；
(二)投标人须知；
(三)公路工程施工合同条款；

(四)招标项目适用的技术规范;

(五)施工图设计文件;

(六)投标文件格式,包括投标书格式及投标书附录格式、投标书附表格式、工程量清单格式、投标担保文件格式、合同格式等。

投标人须知应当载明以下主要内容:

(一)评标标准和方法;

(二)工期要求;

(三)提交投标文件的起止时间、地点和方式;

(四)开标的时间和地点。

招标公告、投标邀请书应当载明下列内容:

(一)招标人的名称和地址;

(二)招标项目的名称、技术标准、规模、投资情况、工期、实施地点和时间;

(三)获取资格预审文件或者招标文件的办法、时间和地点;

(四)对潜在投标人的资质要求;

(五)招标人认为应当公告或者告知的其他事项。

对投标人具有法律约束力的招标文件内容包括资格预审须知;招标公告;投标人须知;招标人的答疑函等。

4. 投标文件的组成

投标文件应包括下列内容:

(1)投标函及投标函附录;

(2)法定代表人身份证明或附有法定代表人身份证明的授权委托书;

(3)联合体协议书;

(4)投标保证金;

(5)已标价工程量清单;

(6)施工组织设计;

(7)项目管理机构;

(8)拟分包项目情况表;

(9)资格审查资料;

(10)承诺函;

(11)调价函及调价后的工程量清单(如有);

(12)投标人须知前附表规定的其他材料。

若采用双信封形式,投标文件应包括下列内容:

第一个信封(商务及技术文件):

(1)投标函及投标函附录;

(2)法定代表人身份证明或附有法定代表人身份证明的授权委托书;

(3)联合体协议书;

(4)投标保证金;

(5)施工组织设计;

(6)项目管理机构;
(7)拟分包项目情况表;
(8)资格审查资料;
(9)承诺函;
(10)投标人须知前附表规定的其他材料。
第二个信封(投标报价和工程量清单):
(1)投标函;
(2)已标价工程量清单;
(3)调价函及调价后的工程量清单(如有)。

公路工程施工投标过程中,投标报价由施工成本、利润和税金、风险费用等组成。

5. 评标委员会的组建

(1)评标委员会依法组建,负责评标活动,向招标人推荐中标候选人或者根据招标人的授权直接确定中标人。评标委员会由招标人负责组建。

(2)评标委员会成员名单一般应于开标前确定。

(3)评标委员会成员名单在中标结果确定前保密。

(4)评标委员会由招标人或其委托的招标代理机构熟悉相关业务的代表,以及有关技术、经济等方面的专家组成,成员人数为五人以上单数,其中技术、经济等方面的专家不得少于成员总数的三分之二。

(5)确定评标专家,可以采取随机抽取或者直接确定的方式。

6. 评标办法

《公路工程建设项目招标投标管理办法》第四十四条:

公路工程施工招标,评标采用综合评估法或者经评审的最低投标价法。综合评估法包括合理低价法、技术评分最低标价法和综合评分法。

合理低价法,是指对通过初步评审的投标人,不再对其施工组织设计、项目管理机构、技术能力等因素进行评分,仅依据评标基准价对评标价进行评分,按照得分由高到低排序,推荐中标候选人的评标方法。

技术评分最低标价法,是指对通过初步评审的投标人的施工组织设计、项目管理机构、技术能力等因素进行评分,按照得分由高到低排序,对排名在招标文件规定数量以内的投标人的报价文件进行评审,按照评标价由低到高的顺序推荐中标候选人的评标方法。招标人在招标文件中规定的参与报价文件评审的投标人数量不得少于3个。

综合评分法,是指对通过初步评审的投标人的评标价、施工组织设计、项目管理机构、技术能力等因素进行评分,按照综合得分由高到低排序,推荐中标候选人的评标方法。其中评标价的评分权重不得低于50%。

经评审的最低投标价法,是指对通过初步评审的投标人,按照评标价由低到高排序,推荐中标候选人的评标方法。

公路工程施工招标评标,一般采用合理低价法或者技术评分最低标价法。技术特别复杂的特大桥梁和特长隧道项目主体工程,可以采用综合评分法。工程规模较小、技术含量较低的工程，可以采用经评审的最低投标价法。

《公路工程建设项目招标投标管理办法》第四十五条：

实行设计施工总承包招标的，招标人应当根据工程地质条件、技术特点和施工难度确定评标办法。

设计施工总承包招标的评标采用综合评分法的，评分因素包括评标价、项目管理机构、技术能力、设计文件的优化建议、设计施工总承包管理方案、施工组织设计等因素，评标价的评分权重不得低于50%。

7. 公路工程施工招标的法定招标方式

（1）招标方式分为公开招标和邀请招标。

公开招标，是指招标人以招标公告的方式邀请不特定的法人或者其他组织投标。

邀请招标，是指招标人以投标邀请书的方式邀请特定的法人或者其他组织投标。

（2）相关规定。

《招标投标法》第十一条：

国务院发展计划部门确定的国家重点项目和省、自治区、直辖市人民政府确定的地方重点项目不适宜公开招标的，经国务院发展计划部门或者省、自治区、直辖市人民政府批准，可以进行邀请招标。

《招标投标法实施条例》第八条：

国有资金占控股或者主导地位的依法必须进行招标的项目，应当公开招标；但有下列情形之一的，可以邀请招标：

（一）技术复杂、有特殊要求或者受自然环境限制，只有少量潜在投标人可供选择；

（二）采用公开招标方式的费用占项目合同金额的比例过大。

有前款第二项所列情形，属于本条例第七条规定的项目，由项目审批、核准部门在审批、核准项目时作出认定；其他项目由招标人申请有关行政监督部门作出认定。

《工程建设项目招标范围和规模标准规定》第九条：

依法必须进行招标的项目，全部使用国有资金投资或者国有资金投资占控股或者主导地位的，应当公开招标。

招标投标活动不受地区、部门的限制，不得对潜在投标人实行歧视待遇。

《招标投标法实施条例》第七条：

按照国家有关规定需要履行项目审批、核准手续的依法必须进行招标的项目，其招标范围、招标方式、招标组织形式应当报项目审批、核准部门审批、核准。项目审批、核准部门应当及时将审批、核准确定的招标范围、招标方式、招标组织形式通报有关行政监督部门。

《公路工程施工招标投标管理办法》第十条：

公路工程施工招标分为公开招标和邀请招标。

采用公开招标的，招标人应当通过国家指定的报刊、信息网络或者其他媒体发布招标公告，邀请具备相应资格的不特定的法人投标。

采用邀请招标的，招标人应当以发送投标邀请书的方式，邀请三家以上具备相应资格的特定的法人投标。

《公路工程施工招标投标管理办法》第十一条：

公路工程施工招标应当实行公开招标,法律、行政法规和本办法另有规定的除外。

符合下列条件之一,不适宜公开招标的,依法履行审批手续后,可以进行邀请招标:

(一)项目技术复杂或有特殊技术要求,且符合条件的潜在投标人数量有限的;

(二)受自然地域环境限制的;

(三)公开招标的费用与工程费用相比,所占比例过大的。

8. 招标人必须具备的条件

1)招标条件

(1)招标人是依照《招标投标法》规定提出招标项目、进行招标的法人或者其他组织。

(2)招标人条件:具有法人资格,即具有民事权利能力和民事行为能力;具有与招标工程相适应的经济、技术、管理人员;具有组织编制招标文件的能力;具有审查投标单位资质的能力;具有组织开标、评标、定标的能力。

2)施工招标应具备的条件

(1)初步设计文件已被批准;

(2)建设资金已经落实;

(3)项目法人已经确定,并符合项目法人资格标准要求。

3)相关规定

《招标投标法》第十二条:

招标人有权自行选择招标代理机构,委托其办理招标事宜。任何单位和个人不得以任何方式为招标人指定招标代理机构。

招标人具有编制招标文件和组织评标能力的,可以自行办理招标事宜。任何单位和个人不得强制其委托招标代理机构办理招标事宜。

依法必须进行招标的项目,招标人自行办理招标事宜的,应当向有关行政监督部门备案。

《公路工程建设项目招标投标管理办法》第七条:

公路工程建设项目招标人是提出招标项目、进行招标的项目法人或者其他组织。

《公路工程建设项目招标投标管理办法》第八条:

对于按照国家有关规定需要履行项目审批、核准手续的依法必须进行招标的公路工程建设项目,招标人应当按照项目审批、核准部门确定的招标范围、招标方式、招标组织形式开展招标。

公路工程建设项目履行项目审批或者核准手续后,方可开展勘察设计招标;初步设计文件批准后,方可开展施工监理、设计施工总承包招标;施工图设计文件批准后,方可开展施工招标。

施工招标采用资格预审方式的,在初步设计文件批准后,可以进行资格预审。

《公路工程建设项目招标投标管理办法》第九条:

有下列情形之一的公路工程建设项目,可以不进行招标:

(一)涉及国家安全、国家秘密、抢险救灾或者属于利用扶贫资金实行以工代赈、需要使用农民工等特殊情况;

(二)需要采用不可替代的专利或者专有技术;

(三)采购人自身具有工程施工或者提供服务的资格和能力,且符合法定要求;

(四)已通过招标方式选定的特许经营项目投资人依法能够自行施工或者提供服务;

（五）需要向原中标人采购工程或者服务，否则将影响施工或者功能配套要求；

（六）国家规定的其他特殊情形。

招标人不得为适用前款规定弄虚作假，规避招标。

9. 招标前期准备工作

（1）要研究招标策略，确定招标方式和范围，进而明确任务和目标，责任要落实到机构和人。

（2）要疏通各方渠道，收集有关信息、情报资料，调查了解可能参加投标单位的情况，包括投标资格、承包能力、企业信誉、技术质量等，作为准备邀请参加投标的对象。

（3）拟定招标文件（含标底/招标控制价）。可委托编制，也可自行编制。填写招标申请书，一并报主管部门审批，同时报建设银行备案，向公证机关申请公证。

（4）落实招标条件。

10. 招标代理的有关规定

招标代理一般是指招标代理机构（公司）按照相关法律规定，受招标人的委托或授权办理招标事宜的行为。

只有招标人具有编制招标文件和组织评标能力的，才可以自行办理招标事宜。

依法必须进行招标的项目，招标人自行办理招标事宜的，应当向有关行政监督部门备案。

《招标投标法》第十三条：

招标代理机构是依法设立、从事招标代理业务并提供相关服务的社会中介组织。

招标代理机构应当具备下列条件：

（一）有从事招标代理业务的营业场所和相应资金；

（二）有能够编制招标文件和组织评标的相应专业力量；

《招标投标法》第十四条：

招标代理机构与行政机关和其他国家机关不得存在隶属关系或者其他利益关系。

11. 评标委员会的责任

（1）招标人组建的评标委员会应按照招标文件中规定的评标标准和方法进行评标工作，对招标人负责，从投标竞争者中评选出最符合招标文件各项要求的投标者，最大限度地实现招标人的利益。

（2）能够认真、公正、诚实、廉洁地履行职责。遵守职业道德，对所提出的评审意见承担个人责任。

（3）评标委员会成员不得与任何投标人或者与招标结果有利害关系的人进行私下接触，不得收受投标人、中介人、其他利害关系人的财物或者其他好处。

（4）评标委员会成员和与评标活动有关的工作人员不得透露对投标文件的评审和比较、中标候选人的推荐情况以及与评标有关的其他情况。

12. 评标定标的原则、评标程序

1）评标定标的原则

公平原则、公正原则、科学原则、择优原则。

2）评标程序及工作步骤

（1）组建清标工作组；

(2)组建评标委员会;

(3)初步评审;

(4)详细评审;

(5)撰写评标报告。

13. 中标与合同生效

(1)除投标人须知前附表规定评标委员会直接确定中标人外,招标人依据评标委员会推荐的中标候选人确定中标人。

(2)在规定的投标有效期内,招标人以书面形式向中标人发出中标通知书,同时将中标结果通知未中标的投标人。

(3)中标人不能按要求提交履约担保的,视为放弃中标,其投标保证金不予退还,给招标人造成的损失超过投标保证金数额的,中标人还应当对超过部分予以赔偿。即投标人发生在投标有效期内撤销投标文件行为时,招标人可视为其严重违约而没收投标保证金。

(4)招标人和中标人应当自中标通知书发出之日起30天内,根据招标文件和中标人的投标文件订立书面合同。

14. 废标情形

评标评审中,发生投标文件中承诺的质量检验标准低于招标文件或国家强制性标准的要求,对投标报价错误进行算术修正后投标人不接受修正价,投标文件中提供的施工业绩及履约信誉证明材料虚假等情形,按废标处理。

《公路工程施工招标投标管理办法》第四十九条:

属于下列情况之一的,应当作为废标处理:

(一)投标文件未经法定代表人或者其授权代理人签字,或者未加盖投标人公章;

(二)投标文件字迹潦草、模糊,无法辨认;

(三)投标人对同一标段提交两份以上内容不同的投标文件,未书面声明其中哪一份有效;

(四)投标人在招标文件未要求选择性报价时,对同一个标段,有两个或两个以上的报价;

(五)投标人承诺的施工工期超过招标文件规定的期限或者对合同的重要条款有保留;

(六)投标人未按招标文件要求提交投标保证金;

(七)投标文件不符合招标文件实质性要求的其他情形。

《招标投标法实施条例》第五十一条:

有下列情形之一的,评标委员会应当否决其投标:

(一)投标文件未经投标单位盖章和单位负责人签字;

(二)投标联合体没有提交共同投标协议;

(三)投标人不符合国家或者招标文件规定的资格条件;

(四)同一投标人提交两个以上不同的投标文件或者投标报价,但招标文件要求提交备选投标的除外;

(五)投标报价低于成本或者高于招标文件设定的最高投标限价;

(六)投标文件没有对招标文件的实质性要求和条件作出响应;

(七)投标人有串通投标、弄虚作假、行贿等违法行为。

十四、施工合同订立及履行管理

《公路工程标准施工招标文件》(2018年版)相关内容。

十五、工程合同其他事项的管理

(一)工程变更处理

监理机构应按下列规定处理工程变更:

(1)监理机构应按权限审核、办理施工单位提出的工程变更申请;

(2)对涉及修改工程设计文件的工程变更,应报建设单位组织处理;

(3)监理机构可向建设单位提出工程设计变更的建议;

(4)监理机构可对建设单位要求的工程变更提出意见;

(5)由于工程变更发生的费用变化应按施工合同约定执行。

工程变更包括施工变更和设计变更。工程设计变更管理的依据是《公路工程设计变更管理办法》(交通部令2005年第5号)等。

由监理机构提出工程变更建议的,向建设单位提出书面变更建议,说明建议工程变更的范围和变更的内容、理由,以及实施该变更对合同价格和工期的影响。建设单位同意变更的,由监理机构向施工单位发出变更指令。建设单位不同意变更的,监理机构无权擅自发出变更指令。

1. 工程变更程序和步骤

监理机构收到建设单位或施工单位书面变更文件,监理机构审核变更文件后,将审核意见报建设单位。当某一方提出工程变更时,监理机构可按如下程序和步骤处理。

(1)接受变更提出方的工程变更通知或申请。工程变更通知或申请应以书面形式为准。

(2)监理机构根据合同规定处理工程变更时,其主要内容包括:

①变更工程项目、部位或合同文件的某些内容;

②变更原因、依据及有关文件、图纸、资料等;

③工程变更对质量、进度、费用、施工环境及相关方面影响的评价;

④工程变更的相关合同事宜;

⑤施工单位根据此变更安排组织施工等方面的建议;

⑥施工单位提交此项工程变更的费用估价报告。

(3)搜集资料,调查现场。监理机构根据工程变更通知或申请,为审查工程变更要求,应搜集相关的合同文件、水文地质、地形、施工记录及有关的法规、规定等资料,并对施工现场进行调查。

(4)工程变更核查。监理机构以施工合同和实际调查取得的资料为依据,对工程变更进行核查。核查内容主要包括:工程变更设计图纸和相关基础资料,以及工程变更对环境和相关方面的影响;工程变更施工方案及其对相关工程施工以及工期的影响;计算变更工程单价,评价工程变更对工程总合同造价的影响。

工程变更的核查工作,一般由专业监理工程师与合同监理工程师承担,根据建设单位对监理机构的授权由驻地监理工程师审核(或审定)或总监理工程师审核(或审定),工程变更审核意见报建设单位备案(或审定)。

(5)协商价格。监理机构应根据施工单位提交此项工程变更的费用估价报告,会同建设单位和施工单位就工程变更费用评审及确定支付单价进行协商,对协商一致的单价可确定为工程支付单价。

(6)签发工程变更令。经审查工程变更资料齐全、变更要求合理、变更工程单价确定,并按监理服务协议授权和监理制度规定完备了有关手续,总监理工程师应及时签发工程变更令。

2.设计变更的申报资料

公路工程设计变更分为重大设计变更、较大设计变更和一般设计变更。

有下列情形之一的属于重大设计变更:

(1)连续长度10km以上的路线方案调整的;

(2)特大桥的数量或结构形式发生变化的;

(3)特长隧道的数量或通风方案发生变化的;

(4)互通式立交的数量发生变化的;

(5)收费方式及站点位置、规模发生变化的;

(6)超过初步设计批准概算的。

有下列情形之一的属于较大设计变更:

(1)连续长度2km以上的路线方案调整的;

(2)连接线的标准和规模发生变化的;

(3)特殊不良地质路段处置方案发生变化的;

(4)路面结构类型、宽度和厚度发生变化的;

(5)大中桥的数量或结构形式发生变化的;

(6)隧道的数量或方案发生变化的;

(7)互通式立交的位置或方案发生变化的;

(8)分离式立交的数量发生变化的;

(9)监控、通信系统总体方案发生变化的;

(10)管理、养护和服务设施的数量和规模发生变化的;

(11)其他单项工程费用变化超过500万元的;

(12)超过施工图设计批准预算的。

一般设计变更是指除重大设计变更和较大设计变更以外的其他设计变更。

重大设计变更由交通运输部负责审批。较大设计变更由省级交通运输主管部门负责审批。项目法人负责对一般设计变更进行审查,并应当加强对公路工程设计变更实施的管理。

1)提交设计变更资料的要求

(1)接收工程设计变更申请表(施工单位及监理机构用工程联系单),应具备以下资料(申请表的附件):设计变更申请书,包括拟变更设计的工程名称、工程的基本情况、原设计单位、设计变更提出人、设计变更的类别、变更的主要内容、变更的主要理由等;

(2)对设计变更申请的调查核实情况,合理性论证情况;

(3)有关部门要求提交的其他资料。

2)报送设计变更文件时应提交的材料

(1)设计变更申请(有关单位对设计变更申请的批复意见);

(2)设计变更说明;

(3)设计变更的勘察设计图纸及原设计相应图纸;

(4)工程量、投资变化对照清单和相关投资费用计算文件;

(5)影像资料及其他有效支撑性材料。

3. 设计变更费用的确定

(1)变更工程费用应严格按合同规定的计算办法进行核算,确定工程设计变更新增单价执行工程项目《计量支付管理办法》的相关规定。

(2)实行施工总承包的标段,除出现以下情形外,增加费用由建设单位负责支付给施工单位,减少费用则从施工单位总承包费用中扣减。

①发生不可抗力;

②国家、省级政府重大政策调整;

③地方政府提出的合理可行的变更申请(如增加天桥、通道等),经建设单位同意实施的设计变更;

④建设单位对建设内容、标准等设计方案有重大调整或变更的,且单个方案变更投资规模增减超过500万元;

⑤受地质等自然条件制约,并经上级交通运输主管部门确定,有重大技术调整,且单个方案变更投资规模增减超过500万元;

⑥涉及减少费用的各类变更,必须经建设单位同意。

(3)如建设单位要求进行变更而施工单位未执行的,或施工单位擅自变更减少的,建设单位将从施工单位总承包费用中扣减相应金额。同时要求施工单位及时完善该减少费用的变更资料。

(4)按照施工合同约定或依据法规规定的程序经过审批的设计变更,产生的变更费用纳入决算,其他设计变更产生的费用则包括在项目合同总承包费用中。

(5)房建、绿化、机电工程实行单独招标,产生的设计变更费用纳入工程决算,详见项目招标文件及施工合同文件;未经批准的设计变更,其费用变化不得计入决算。

4. 设计变更管理

(1)所有设计变更均应严格按照合同文件规定及相关政策、法规的规定履行、办理变更手续,完善设计变更资料,并将变更文件整理归档。

(2)设计变更的勘察设计一般由原勘察设计单位承担。经原勘察设计单位书面同意,也可选择其他具有相应资质的勘察设计单位承担;在特殊情况下,为保证工程进度或使设计变更工程的按时完工,建设单位有权选择其他有相应资质的勘察设计单位进行变更设计。设计变更勘察设计单位应当及时完成勘察设计,形成设计变更文件,并对设计变更文件承担相应责任。

(3)设计变更工程的施工原则上由原施工单位承担。原施工单位不具备承担设计变更工程的施工资质或能力时,建设单位可按相关规定选择具有相应资质和能力的其他施工单位承担。

(4)设计变更经建设单位审查批准后,由总监理工程师签发设计变更令。

(5)涉及工程变更会议纪要:施工单位向监理机构申请,监理机构审查确认后报建设单位,建设单位组织监理机构、勘察设计代表、施工单位等召开专题会议,必要时邀请相关专家参加会议，与会人员经充分讨论，达成共识，形成会议纪要。

(二)费用索赔

监理机构应受理施工单位在索赔事件首次发生的28天内提交的费用索赔意向通知书，收集整理与索赔有关的资料，对索赔原因、费用测算等进行审核，编制费用索赔审核意见报告报建设单位。建设单位因施工单位原因造成损失提出索赔的，应通过监理机构审核处理。

费用索赔的分类：施工单位提出的费用索赔(建设单位违约)；建设单位提出的费用索赔(施工单位违约)。有关费用索赔和豁免的规定应该是施工合同和费用管理的重要内容，作为总监办的职责也应按合同约定进行。

1. 费用索赔的提出

施工单位根据合同的有关规定，通过监理机构向建设单位索要合同价以外的费用，作为对自身经济利益损失和影响的补偿。

2. 费用索赔的申报程序

施工单位费用索赔的申报程序：提出费用索赔意向、按期提供清单、正式上报费用索赔申请。

1)提出费用索赔意向

当费用索赔事件刚刚发生或即将发生时，施工单位应在引起索赔事件出现后的28天内，将其索赔意向书面报告监理机构。

施工单位的书面费用索赔意向报告需要阐述原因和保留费用索赔的权利，即完成了费用索赔的意向通知。

如果施工单位没有将费用索赔意向事先通知监理机构，而在事情发生一段时间后才给予通知，监理机构不接受该项费用索赔要求。

如果施工单位事先通知监理机构，监理机构应调查费用索赔原因，做好记录，并采取必要措施，避免索赔事态扩大或减少索赔费用。

2)按期提供清单

施工单位在将费用索赔意向通知监理机构后，应按期向监理机构提交一份清单，详细说明施工单位认为应得的额外费用以及按总监的指示所进行的附加工作等，直至费用索赔事件结束。

3)正式上报费用索赔申请

在费用索赔事件终止后，施工单位必须按合同规定的期限上报正式的费用索赔申请。正式的费用索赔申请必须填报费用索赔申请报表，并附上费用索赔事件的详细说明，与之相关的费用索赔意向通知书，有关的函件、图纸、报告、照片、分析计算书、试验室的试验结果等。正式的费用索赔申请应报总监办、建设单位。如果施工单位的正式费用索赔申请中没有详细的证明材料，监理机构应要求施工单位补充详细的资料。

3. 费用索赔的审批程序

监理机构在做出费用索赔决定之前，应组织建设单位与施工单位协商确定索赔事宜。

监理机构在收到施工单位的费用索赔意向通知后，及时进行费用索赔事件的调查、原始资料的收集，调查费用索赔发生的原因、时间以及经过，做好详细记录，并要求施工单位提供有关资料、记录、数据等索赔相关证明材料。

监理机构提出审查意见报建设单位审核，经建设单位与施工单位协商确定生效。

4. 处理费用索赔的一般方法

鉴于费用索赔涉及并非施工单位自身原因或施工单位应承担的风险所造成的经济损失，所以在处理费用索赔时总监办应对施工单位所申报索赔的发生经过、原因和有关的合同依据以及索赔费用等进行详细审查。

1)搜集资料、做好记录

在处理费用索赔时，监理机构应首先审查其费用索赔的事件是否发生、发生的原因是什么、施工单位和监理机构曾经采取了什么措施等。如调查结果证明费用索赔事件没有发生，则费用索赔不能成立；如索赔成立则应为进一步审查工作做准备，上述调查主要依据监理工程师的工地记录等原始资料进行。

2)查证合同依据

经调查如果施工单位所申报的费用索赔事件确实发生，则应查证合同依据，根据合同条款并结合技术规范等有关规定，对费用索赔事件的发生经过、原因做进一步的认证，以证实费用索赔事件是否确实是由非施工单位自身原因或施工单位应承担的风险所致。

3)计算索赔费用

如果施工单位的费用索赔申请事实成立，且符合合同文件的规定，就应对施工单位的索赔费用进行审查，通过监理工程师计算确定索赔的金额。索赔费用的计算包括两部分内容，即数量和费率。

对于施工单位所申报的费用索赔，应利用总监办的原始记录，审核是否有事实依据，是否均与有效的费用索赔有关，应特别注意施工单位是否将由于其自身管理不善或工作效率低而造成的一些损失也计算在内。凡是没有事实依据，与有效的费用索赔无关以及施工单位自身原因所造成的费用索赔数量均不予考虑。

监理机构确定费率和计算索赔费用。

(1)采用工程量清单中的单价。

对于索赔项目与工程量清单中某项目的性质一致或基本一致的索赔费用，可采用工程量清单中的单价(扣除利润等费率)或从工程量清单中有关单价推算出的价格(扣除利润等费率)计算索赔费用。

(2)采用协商费率。

协商费率，就是在监理机构的参与下，由建设单位与施工单位根据交通运输部、省交通运输厅正式颁布的有关定额或有关标准，如交通运输部颁布的《公路工程预算定额》等共同协商，采用一个三方均认可的费率来计算索赔费用。

(3)按有关票据计算。

在计算索赔费用时，对于一些在费用索赔事件发生期间，施工单位实际直接发生的且不需要采用费率来计算的费用，可按施工单位出示的正式票据中的金额进行计算，如水电费、设备的租用费等。

4)确定索赔金额

监理机构在确认其结论后，签署《延期与索赔批复表》，并通过中期支付证书予以支付。

(三)工程延期

监理机构应对符合施工合同约定的延期意向或事件进行现场调查，并应在施工单位提出工程延期申请后，对延期原因和拟采取措施等进行审核并报建设单位。

(1)监理机构批准符合施工合同约定的工程延期应同时满足下列条件：

①施工单位在施工合同约定的期限内提出工程延期；

②因非施工单位原因造成施工进度滞后；

③施工进度滞后影响施工合同约定的工期。

(2)对符合施工合同约定的工程延期意向或事件，监理机构应及时安排监理人员进行现场调查，分析原因，评估影响，做好监理记录。

(3)适时召开专题会议进行讨论、研究，并形成会议纪要。

(4)施工单位提出工程延期申请后，监理机构依据监理记录、有关会议的会议纪要，审核延期申请文件，分析延期原因，提出审核意见报建设单位。

(5)对于施工单位自身原因造成的延期，在分析延期原因和评估其对工期的影响的基础上，签发监理指令单要求施工单位采取有效措施，加快工程进度，保证合同工期，并报建设单位。

(四)施工分包管理

1.《公路工程施工分包管理办法》的规定

(1)分包的条件。

第四条 鼓励公路工程施工进行专业化分包，但必须依法进行。禁止承包人以劳务合作的名义进行施工分包。

第九条 承包人可以将适合专业化队伍施工的专项工程分包给具有相应资格的单位。不得分包的专项工程，发包人应当在招标文件中予以明确。

分包人不得将承接的分包工程再进行分包。

第十条 分包人应当具备如下条件：

(一)具有经工商登记的法人资格；

(二)具有与分包工程相适应的注册资金；

(三)具有从事类似工程经验的管理与技术人员；

(四)具有(自有或租赁)分包工程所需的施工设备。

第十一条 承包人对拟分包的专项工程及规模，应当在投标文件中予以明确。

未列入投标文件的专项工程，承包人不得分包。但因工程变更增加了有特殊性技术要求、特殊工艺或者涉及专利保护等的专项工程，且按规定无须再进行招标的，由承包人提出书面申请，经发包人书面同意，可以分包。

(2)分包合同备案。

第十三条 承包人和分包人应当按照交通运输主管部门制定的统一格式依法签订分包合同，并履行合同约定的义务。分包合同必须遵循承包合同的各项原则，满足承包合同中的质量、安全、进度、环保以及其他技术、经济等要求。承包人应在工程实施前，将经监理审查同意后的分包合同报发包人备案。

(3)转包、违法分包的认定条件。

第十六条 禁止将承包的公路工程进行转包。

承包人未在施工现场设立项目管理机构和派驻相应人员对分包工程的施工活动实施有效

管理,并且有下列情形之一的,属于转包:

(一)承包人将承包的全部工程发包给他人的;

(二)承包人将承包的全部工程肢解后以分包的名义分别发包给他人的;

(三)法律、法规规定的其他转包行为。

第十七条 禁止违法分包公路工程。

有下列情形之一的,属于违法分包:

(一)承包人未在施工现场设立项目管理机构和派驻相应人员对分包工程的施工活动实施有效管理的;

(二)承包人将工程分包给不具备相应资格的企业或者个人的;

(三)分包人以他人名义承揽分包工程的;

(四)承包人将合同文件中明确不得分包的专项工程进行分包的;

(五)承包人未与分包人依法签订分包合同或者分包合同未遵循承包合同的各项原则,不满足承包合同中相应要求的;

(六)分包合同未报发包人备案的;

(七)分包人将分包工程再进行分包的;

(八)法律、法规规定的其他违法分包行为。

2. 工程分包的监理审查

监理机构审查工程分包计划和合同时,依据如下:

(1)施工单位对拟分包的专项工程及规模,在投标文件中予以明确的情况统计表;

(2)建设单位在招标文件中予以明确不得分包的专项工程的统计表。

监理机构依据建设单位在招标文件中予以明确不得分包的专项工程,不同意施工单位将这类工程进行分包的计划和拟签署的合同。

监理机构依据施工单位在投标文件中未予以明确分包的专项工程,不同意施工单位将这类工程进行分包的计划和拟签署的合同。

监理机构依据施工单位在投标文件中予以明确分包的专项工程,审查施工单位提交的分包人的条件,分包人条件不满足的,不同意这类工程的分包计划和拟签署的合同。

因工程变更增加了有特殊性技术要求、特殊工艺或者涉及专利保护等的专项工程,且按规定无须再进行招标的,由施工单位提出书面申请,经建设单位书面同意,可以分包。

在监理过程中,发现施工单位有转包和违法分包行为的,监理机构应及时签发监理工作指令,要求施工单位纠正并同时报建设单位。

十六、工程参与各方质量、安全责任和义务

《国务院办公厅关于促进建筑业持续健康发展的意见》(国办发〔2017〕19号)要求严格落实工程质量责任。

全面落实参与各方的工程质量责任,特别要强化建设单位的首要责任和勘察、设计、施工单位的主体责任。严格执行工程质量终身责任制,健全企业负责、政府监管、社会监督的工程质量安全保障体系。

十七、监理及施工信用评价、工地试验检测信用评价

见附表内容(《公路水运工程平安工地建设考核评价指导性标准》的附表4)。

附表4

监理单位考核评价表(满分150分)

项目名称：　　　　　　　　　　　　　　　　　　监理合同段：

监理单位名称：

序号	类别	考核项目	考核内容及评价标准	考核评价方法	扣分标准	扣分说明	得分
1	责任落实(10分)	1.1 岗位职责(3分)	明确监理各岗位的安全管理职责	查文件	无监理各岗位职责,扣5分。 监理各岗位职责缺少安全管理职责,或安全管理内容不全,视情节扣1~4分。 监理各岗位安全管理责任针对性不强,视情节扣2~3分		
		1.2 规章制度(3分)	按规定建立健全安全管理制度	查文件	安全管理制度不健全,视情节扣2~4分。 安全管理制度针对性不强、可操作性差,视情节扣1~3分		
		1.3 监理细则(4分)	***按规定编制监理计划或实施细则,并包含安全管理内容**	查文件	***监理计划或实施细则中缺乏安全管理内容**,扣5分。 监理细则安全管理内容的针对性不强,视情节扣2~4分		
2	审查审批(45分)	2.1 施工组织设计(5分)	按规定对施工组织设计中的安全技术措施进行审查、审批	查文件	未审查施工组织设计的安全技术措施,扣5分。 审核不严格,或审查意见不具体,或未按照规定时间及时回复,视情节扣2~4分		
		2.2 专项施工方案(10分)	***对危险性较大的分部分项工程专项施工方案进行审查、审批,并监督实施情况**	查文件	***未及时对施工单位上报的专项施工方案进行审查审批,视情节扣5~8分。** 审批的专项施工方案不符合有关要求,视情节扣5~8分。 危险性较大的分部分项工程专项施工方案未经审查同意已实施,监理未及时纠正的,发现一项扣5分		

续上表

序号	类别	考核项目	考核内容及评价标准	考核评价方法	扣分标准	扣分说明	得分
2	审查审批(45分)	2.3危险性较大的分部分项工程安全生产条件(10分)	**＊对危险性较大的分部分项工程施工前的安全生产条件进行审核,审核结果报建设单位**	查文件、记录	**＊未对危险性较大的分部分项工程施工前安全生产条件进行审核,扣10分。 ＊对危险性较大的分部分项工程施工前的安全生产条件审核把关不严,或审核有缺项,视情节扣2~6分。 ＊安全生产条件审核结果不报或迟报,视情节扣2~4分**		
		2.4风险预控(10分)	按规定对风险评估报告进行审核。 对合同段施工专项应急预案和现场处置方案进行审查,监督检查演练情况	查文件、记录	未督促施工单位提交风险评估报告、合同段施工专项应急预案和现场处置方案审查的,扣5分。 方案审查不认真,或不及时审查,或审查意见过于笼统、缺乏指导性,视情节扣2~6分。 未对应急演练进行监督检查的,或无检查记录的,视情节扣2~4分		
		2.5安全生产费用(10分)	按规定对安全生产费用提取、使用情况进行核查、计量和审批。 审查安全生产费用使用凭证。 建立安全生产费用管理的监理台账	查记录、现场检查核对	未按规定核查、计量和审批安全生产费用的,扣10分。 安全生产费用的核查、计量和审批不认真或不及时,视情节扣4~6分。 未建立安全生产费用管理的监理台账、或台账不清晰,视情节扣2~4分		

续上表

序号	类别	考核项目	考核内容及评价标准	考核评价方法	扣分标准	扣分说明	得分
3	安全检查与督促整改(30分)	3.1 安全检查(20分)	检查施工单位安全生产责任制建立、落实和考核情况。 按规定对施工单位进场的施工机械、设备、材料以及人员履约、持证上岗等进行检查。 按规定督促施工单位开展风险辨识、评估,审核重大风险管控措施并监督落实。 定期组织安全检查及事故隐患排查,督促施工单位整改落实。 **＊发现重大事故隐患应要求施工单位立即停工整改、跟踪督办,并履行报告职责。** 对检查发现的问题,及时督促施工单位整改。对施工单位不能立即整改的安全问题和事故隐患,督促施工单位按整改计划改进,并对整改情况进行复核。 对有关部门通报施工单位存在的问题,认真督促整改。 对有关部门检查通报的监理管理问题,积极整改	查文件、记录,现场检查核对	对应该检查而未全面、及时检查的,或安全检查、隐患排查等走过场,或对检查所发现的问题没有采取监理措施,或问题整改后没有组织复查的,发现一次扣3分。 未建立安全检查台账、或台账不清晰,可追溯性差,视情节扣5分。 **＊对重大事故隐患未发监理指令,发现一次扣5分。** **＊对发现重大事故隐患未跟踪督办的,发现一次扣3分。** **＊未履行重大事故隐患报告义务的,扣15分。** 对重大事故隐患的检查和复查未附影像资料,发现一次扣3分。 监理指令、通知记录不闭合,发现一份扣2分。 未对专项施工方案实施情况进行分析评价,扣2分。 对有关部门检查通报的监理管理问题未及时整改的,发现一次扣5分		
		3.2 考核评价(10分)	**＊定期对施工单位开展平安工地建设情况进行检查复核。** **＊检查复核资料真实、准确**	查文件、资料	**＊未定期对施工单位平安工地建设情况进行检查复核,或者检查复核走过场,或不及时组织实施,发现一次视情节扣5~10分。** **＊未根据检查复核结果督促施工单位整改的,或无督促整改记录的,视情节扣4~8分。** **＊检查复核资料欠真实、不准确,发现一次视情节扣3~5分**		

续上表

序号	类别	考核项目	考核内容及评价标准	考核评价方法	扣分标准	扣分说明	得分
4	监理人员管理(10分)	4.1 持证上岗(3分)	按照合同文件配置安全监理人员。 编制监理人员名册	查合同、资料	安全监理人员不满足合同文件要求,缺一人扣1分。 未提供监理人员名册,扣1分。 未提供监理人员上岗及离岗记录(如考勤表等),扣2分		
		4.2 监理人员内部培训教育(2分)	建立安全管理培训教育计划,对进场的监理人员定期组织安全培训教育	查资料、记录	未组织项目监理部安全培训教育,扣2分。 未制定安全管理培训教育计划,或培训教育计划可行性不强,视情节扣1~2分。 未按计划组织全员培训,视情节扣1~2分		
		4.3 安全监理日志(5分)	认真填写安全监理日志。 按规定旁站和巡视,记录准确、详细、连续	查日志	安全监理日志不连续、签字不全,或未经总监定期审查,旁站巡视未记录或不准确,发现一处(次)扣1分。 发现安全问题或事故隐患未及时记录的,视情节扣1~3分		
5	行业主管部门安全生产专项工作(10分)	5.1 行业主管部门安全生产专项工作落实情况(10分)	严格落实行业主管部门布置的安全生产专项工作。 制定相应的工作方案或行动计划。 按方案或计划执行	查文件、记录,现场核对	未制定安全生产工作方案或行动计划,或未督促施工单位落实安全生产专项工作的,发现一次扣2分。 安全生产专项工作落实不到位,或应付了事、走过场,发现一次视情节扣2~5分		
6	档案管理(5分)	6.1 安全档案资料(5分)	安全资料归档及时、齐全,台账明晰	查台账、文件、资料及记录	安全档案资料不真实,发现一份扣2分。 管理台账不全、或不明晰,视情节扣1~2分。 应当存档的资料不齐全,视情节扣1~2分		

续上表

序号	类别	考核项目	考核内容及评价标准	考核评价方法	扣分标准	扣分说明	得分
7	监理工作效能（40分）	7.1 所监理的施工单位考核评价情况（40分）	所监理的各施工合同段考核评价得分平均值×0.4即为监理工作效能得分	查考核评价资料	各施工合同段（施工单位）考核评价得分平均值×0.4即为监理工作效能得分		
实得分			应得分	本表考核得分＝（实得分/应得分）×100＝			

考核评价（或监督抽查）单位（盖章）：　　　　评价（或抽查）人：

实施日期：　　年　月　日

注1：此表用于建设单位每半年考核评价，以及交通运输主管部门监督抽查等，谁组织实施，谁负责盖章签认。

注2：表中标记“＊”的考核项目为必须考核的指标项。

十八、平安工地建设

自2010年3月起，交通运输部在行业内开展平安工地建设活动，并于2012年制定了《公路水运工程平安工地考核评价标准（试行）》（交质监〔2012〕679号），指导公路水运工程平安工地考核评价工作。

随着新《安全生产法》等一批法律、法规、政策的陆续出台，对建设工程施工安全提出了新的要求，交通运输部发布了《公路水运工程平安工地建设管理办法》（交安监发〔2018〕43号，以下简称《办法》），并于2018年5月1日起施行，同时修订了《公路水运工程平安工地考核评价标准（试行）》。

（一）《公路水运工程平安工地建设管理办法》主要内容

《办法》共四章22条，分别为总则、建设内容、考核评价、附则，并附有《公路水运工程平安工地建设考核评价指导性标准》（以下简称《考核标准》）。

1.《办法》内容

第一部分是总则。明确了《办法》的制定目的、使用范围，明确平安工地定义内涵、建设主体、建设环节及各级交通运输主管部门的职责分工。

第二部分是平安工地建设内容。明确了安全生产条件、安全生产责任、安全生产标准化、安全风险管控、隐患排查治理、应急救援管理等六方面建设内容。

第三部分是平安工地考核评价。完善了平安工地考核评价机制，明确施工单位是平安工地建设的主体，建设单位是施工、监理合同段平安工地建设考核评价的主体，交通运输主管部门监督抽查建设单位的考核管理行为，推进平安工地建设。平安工地考核结果分为合格、不合格两类，不合格的合同段应整改，直至合格。明确了不合格的一票否决条件。

第四部分是附则。交通运输部统一规划建设平安工地建设管理系统，通过信息化手段加强考核结果运用，并就《办法》实施日期及有效期等事项予以说明。

2.《考核标准》内容

平安工地考核评价标准体系，以安全生产法律法规、规范性文件和强制性标准为编制依据,以安全生产条件、安全生产责任、风险分级管控和隐患排查治理双重预防体系等作为重点内容,主要包括项目开工前和危险性较大分部分项工程施工前的安全生产条件审核,施工过程中的现场安全生产情况(外业)和企业安全管理工作(内业)的考核评价。

《考核标准》强化了安全生产条件的动态管理,以及风险分级防控与隐患排查治理双重预防体系建设等核心要素,同时减少了日常安全管理内业资料的核查,补充细化了部分桥隧、船闸工程的现场督查指标。

《考核标准》主要适用于高速公路和大型水运工程平安工地建设考核评价及监督检查工作。省级交通运输主管部门可参照《考核标准》,制定其他技术等级公路水运工程平安工地建设考核评价指标。

3.《办法》的主要特点

(1)进一步强化了平安工地实施的主体责任。平安工地建设的责任主体为施工单位,考核评价的责任主体为建设单位,进一步夯实了从业单位安全生产主体责任。交通运输主管部门应把工作重点放在事中抽查、事后监管上。

(2)突出了《考核标准》的指导性。《考核标准》作为行业的指导性标准,框架统一,考核指标则具有一定开放性。考核指标除黑体字部分为必须考核项目之外,其他指标可增减、可细化、可调整,省级交通运输主管部门结合本地区的实际情况和管理需求自行确定考核指标。

(3)推行平安工地建设管理的信息化。通过建设平安工地管理信息系统,实现平安工地建设及考核管理工作全国一盘棋,进一步统一规范建设管理行为,促进安全生产信用建设。

(二)平安工地建设的监理内容

监理单位作为平安工地建设的从业单位之一,应当将平安工地建设作为安全监理的主要内容,危险性较大的分部分项工程开工前按照《考核标准》要求及时开展安全生产条件审核,并将审核结果报建设单位。

施工过程中,监理机构应按照《考核标准》要求,每季度对监理范围内的合同工段平安工地建设管理情况进行监督检查,发现问题及时督促整改,整改后仍不符合要求的合同段应责令施工单位停工,并向建设单位报告;情节严重的还应当向直接监管的交通运输主管部门书面报告。

《考核标准》指出公路水运工程建设、监理和施工单位应参照本标准组织开展平安工地建设以及自查自评、考核评价。

根据《考核标准》附表4,监理机构应当从以下几个方面推进平安工地建设。

1.落实责任

明确监理各岗位的安全管理职责。按规定建立健全安全管理制度。在编制监理计划或实施细则时,要包含安全管理内容。

2.审查审批

(1)监理机构应按规定对施工组织设计中的安全技术措施进行审查和审批。

(2)及时对施工单位上报的专项施工方案进行审查审批;及时对危险性较大的分部分项工程专项施工方案进行审查审批,并监督实施。

(3)严格审核危险性较大的分部分项工程安全生产条件,并将审核结果报建设单位。

(4)按规定对风险评估报告进行审核,对合同段施工专项应急预案和现场处置方案进行审查,监督检查演练情况。做好风险预控工作。

(5)按规定对安全生产费用提取、使用情况进行核查、计量和审批。审查安全生产费用使用凭证。建立监理安全生产费用管理的监理台账。

3. 安全检查与督促整改

(1)安全检查:检查施工单位安全生产责任制建立、落实和考核情况;检查施工单位进场的施工机械、设备、材料以及人员履约、持证上岗等符合合同约定;监督施工单位开展风险辨识、评估;审核施工单位制定的重大风险管控措施;定期组织安全检查及事故隐患排查;建立监理安全检查台账,并且台账要清晰,可追溯性好。检查中发现问题时应要求施工单位整改;发现重大事故隐患应发监理指令,要求施工单位立即停工整改,要跟踪督办,并履行报告职责,对重大事故隐患的检查和复查应附影像资料。对检查发现的问题,及时监督施工单位整改。对施工单位不能立即整改的安全问题和事故隐患,要求施工单位制定整改计划,监督执行,并对整改结果进行检查,确保安全问题得到完全解决和事故隐患已排除。对有关部门通报施工单位存在的问题,认真监督施工单位整改。对有关部门检查通报的监理管理问题,主动积极改正。

(2)考核评价。定期对施工单位开展平安工地建设情况进行检查复核,检查复核资料要真实、准确。根据检查复核发现的问题及时监督施工单位整改,并形成监督整改记录。

4. 强化监理人员管理

(1)按照监理合同配置持证安全监理人员,编制监理人员名册,提供监理人员上岗及离岗记录。

(2)开展监理人员内部培训教育。制定监理安全管理培训教育计划,按计划对进场的监理人员定期组织安全培训教育。

(3)认真填写安全监理日志。按规定旁站和巡视,记录准确、详细、连续。

5. 落实交通运输主管部门安全生产专项工作

监理机构应严格落实交通运输主管部门安排的安全生产专项工作,制定相应的工作方案或计划,督促施工单位落实安全生产专项工作。按照制定的方案或计划严格执行落实到位。

6. 加强安全档案资料管理

安全资料要归档及时、齐全,台账明晰。推动施工单位平安工地建设,提升监理工作效能。

根据《考核标准》,监理工作效能得分为所监理的各施工合同段考核评价得分平均值的40%。监理机构应推动平安工地建设的主体责任单位(施工单位)积极开展平安工地建设。

第二部分　案例分析例题及参考答案

案例一

某公路工程项目，公开招标后按招标投标文件签订了施工合同，合同工期为12个月。当工程进展到一半工期时，承包人提出申请延期，其延期理由为：原有的电信电缆拆迁延误。承包人申述：因土方工程（关键路线上）电信电缆迁移问题迟迟未能解决，应由第三方将电信电缆移走的工程一直到上月才迁走，造成工期延长，针对此事件须给予延期5个月。上述申请能否批准，请你答复。

参考答案：

1. 土方工程处于工期关键线路上，因拆迁问题耽误施工，从而工期确实发生了延误。

2. 原有的电信电缆拆迁由第三方施工，为业主应承担的责任，所以承包人此项工期索赔可以成立。

3. 根据《公路工程标准施工招标文件》（2018年版）中通用合同条款23.1款关于“承包人索赔的提出”中规定，索赔事件发生后，承包人应在索赔事件发生后的28天内向监理人递交索赔意向通知书，声明将对此事件提出索赔，并在索赔事件影响结束后的28天内向监理人递交最终索赔通知书。而承包人在上述事件发生后的5个月才提出了工期索赔申请，同时在索赔事件结束后也未能在28天内及时递交最终索赔通知书，监理人可视为承包人放弃了此项索赔权力，所以不能支持其索赔的请求。

案例二

某高速公路项目，签订施工合同后，承包人按照合同要求组织人员机械进行了施工，施工过程中发生了如下一系列的事件：

（1）发生了历史性罕见的暴雨；

（2）现场劳动力不足；

（3）业主在原工地现场之外的另一地方追加了一项额外工作；

（4）现场施工遇到了无法预见的不利地质条件，使路基施工难度加大；

（5）施工场地使用权的提供发生延误；

（6）工程款支付不到位。

问题：

若上述事件的影响均发生在关键线路上，且承包人均已按照索赔时效时间递交了索赔意向书和最终索赔通知书，提出了工期和费用索赔，监理工程师该如何处理？

参考答案：

事件(1)属于不可抗力事件，工期风险由业主承担，费用风险承担原则为：各自承担自己的财产损失。所以监理工程师应具体核实承包人提出的工期和费用索赔，明确业主应承担的工期和费用损失部分予以批准。

事件(2)属于承包人的责任事件，不予索赔工期和费用。

事件(3)属于业主的责任事件予以工期和费用索赔。

事件(4)为无法预见的不利地质条件，是业主应承担的风险，监理工程师应批准承包人的工期和费用索赔。

事件(5)属于业主的责任事件，予以工期和费用索赔。

事件(6)属于业主的责任事件，予以工期和费用索赔。

案例三

对某项工程的施工，业主通过公开招标的方式选定了承包人。签订合同时，业主为了约束承包人能保证工程质量，要求承包人支付了30万元定金。业主与承包人双方在签订施工合同时对工程预付款、工程质量、工程价款、工期和违约责任等都作了具体约定。

施工合同履行时，在基础工程施工中碰到地下有大量文物，使整个工程停工15天；主体工程施工中由于施工机械出现故障，使进度计划中关键线路上的部分工作停工10天。两次停工承包人都及时提出了工期和费用索赔申请，并提供了施工记录。

问题：

1. 招标时对承包人的资质审查的内容有哪些？
2. 定金与预付款有何区别？
3. 监理工程师判定承包人索赔成立的条件是什么？
4. 监理工程师对两次索赔申请应如何处理？

参考答案：

1. 对承包人资质审查的内容有：企业营业执照和资质证书、人员素质、设备和技术能力、财务状况、工程经验、企业信誉等。

2. 定金与预付款的区别：①目的不同，定金的目的是证明合同的成立和确保合同的履行；而预付款是解决承包人在工程准备和材料准备的资金问题。②性质不同，定金是担保形式，是法律行为；而预付款是一种惯例，是约定俗成的习惯，不是法律行为。③处理不同，定金视合同履行情况有不同的法律后果；预付款在工程进度款中按比例扣还。

3. 监理工程师判定承包人索赔成立的条件：①承包人受到了实际损失或损害；②损失不是因承包人的过错造成；③造成的损失也不是承包人应承担的风险；④承包人在规定的索赔时限内提出索赔申请。

4. 针对第一次索赔：①判定索赔成立，这是因为遇到文物是不可预见的不利物质条件，为业主应承担的风险，工期和费用索赔理由成立，同时承包人及时提供了证据资料和索赔申请。

针对第二次索赔：①判定索赔不成立，因为施工机械故障造成工期和费用损失是承包人自己的责任。

案例四

某工程项目业主与承包人签订了施工合同并委托了一监理单位进行工程监理。监理单位在执行合同中陆续遇到一些问题需要进行处理。若你是监理工程师,对遇到的下列问题,如何处理?

1. 在施工招标文件中,按工期定额计算,工期为360天。但在施工合同中,开工日期为2017年12月15日,竣工日期为2018年12月15日,日历天数为366天,请问该工程的工期应为多少天?为什么?

业主按合同规定给施工单位提供了图纸后,施工单位在施工中要求业主再提供相关规范,请问施工规范的费用由谁来承担?

2. 在承台施工中,基坑开挖土方完成后,施工单位未按施工组织设计对基坑四周进行围挡,导致监理工程师进入施工现场后不慎掉入基坑摔伤,由此发生的医疗费用由谁支付,为什么?

3. 在结构施工中,施工单位需要在夜间浇筑混凝土,经业主同意并办理了有关手续。按地方政府规定,在晚上10点以后一般不得施工,若有特殊需要需给附近居民补贴,该项费用应由谁来支付?

参考答案:

1. 按照合同文件的解释顺序,协议合同条款与招标文件在内容上有矛盾时,应以协议合同条款为准。故本工程的施工工期为366天。

业主只按照合同规定向承包人提供工程施工图纸,其余相关规范由承包人自行购买。

2. 基坑开挖土方后,在四周设置围栏,按合同文件规定是施工单位应采取的措施,未设围栏而发生人员摔伤事故,所发生的医疗费用应由施工单位承担。

3. 夜间施工已经征得业主同意,进行地方补贴属于政策费用,办理有关手续后应由业主承担有关费用。

案例五

某公路工程,承包人在收到监理人出具的经业主签认的进度付款证书后即向业主提供了合格的增值税专用发票,但28天内仍未收到业主的付款,承包人即在这天停止施工。

问题:

承包人的做法是否恰当,为什么?

参考答案:

承包人的做法不恰当。因为不符合《公路工程标准施工招标文件》(2018年版)专用条款的规定。根据专用条款第22.2.1条的规定,发包人未能按照合同约定的时间向承包人支付合同价款,属于发包人违约。第22.2.2条规定,面对发包人的违约,承包人应首先向发包人发出通知,要求发包人采取有效措施纠正违约行为。当发包人收到通知后28天内仍不履行合同义务时,承包人有权暂停施工,并应通知监理人。

案例六

建设单位计划将拟建的高速公路工程项目委托某一建设监理公司进行实施阶段的监理。

建设单位预先起草了一份监理合同（草案），其部分内容如下：

（1）除业主原因造成的工程延期外，其他原因造成的工程延期监理单位应付出相当于对施工单位罚款额的30%给业主；如工期提前，监理单位可得到相当于对施工单位工期提前奖的30%奖金。

（2）工程设计图纸出现设计质量问题，监理单位应付给建设单位相当于给设计单位的设计费的5%的赔偿。

（3）在施工期间，每发生一起施工人员重伤事故，监理单位应受罚款3万元人民币；发生一起死亡事故，对监理单位罚款5万元人民币。

（4）凡由于监理工程师出现差错、失误而造成的经济损失，监理单位应付给建设单位赔偿费。

经过双方协商，对监理合同（草案）中的一些问题进行了修改、调整和完善，最后确定了委托监理合同的主要条款。其中包括：监理的范围和内容、双方的权利与义务、监理费的计取与支付、违约责任、双方约定的其他事项。

问题：

1. 该监理合同（草案）部分内容中哪些条款不妥，为什么？

2. 如果该监理合同是一个有效的经济合同，它应具备什么条件？

3. 修改、调整和完善后，最后确定的建设工程委托监理合同是否包括了主要的条款内容？

参考答案：

1. 监理合同（草案）部分内容的几条均不妥。因为：

（1）建设工程监理的性质是服务性的，监理单位和监理工程师“将不是，也不能成为任何承包人的工程的承保人或保证人”。若将设计、施工出现的问题与监理单位直接挂钩，这与监理工作的性质不符。

（2）监理单位与建设单位和承包人是相互独立、平等的第三方。为了保证其独立性与公正性，《工程建设监理规定》第二十条规定：“监理单位不得承包工程，不得经营建筑材料，构配件和建筑机械、设备。”在合同中若写入上述条款，势必将监理单位的经济利益与承包人的利益联系起来，不利于监理工作的公正性。

（3）第（3）条中对于施工期间施工单位发生施工人员伤亡，按《建筑法》第四十五条规定：“施工现场安全由建筑施工企业负责。”监理单位的责、权、利主要来源于建设单位的委托与授权，建设单位并不承担相应责任，合同中要求监理单位承担也是不妥的。

（4）《公路工程标准施工监理招标文件》中通用合同条款11.1.2条规定：监理人发生违约情况时，委托人可向监理人发出整改通知，要求其在限定期限内纠正；逾期仍不纠正的，委托人有权解除合同并向监理人发出解除合同通知。监理人应当承担由于违约所造成的费用增加、周期延误和委托人损失等。

2. 若该合同是一个有效的经济合同，应满足以下基本条件：

（1）主体资格合法。即建设单位和监理单位作为合同双方当事人，应当具有合法的资格。

（2）合同内容应合法。即其内容应符合国家法律、法规，真实表达双方当事人的意思。

（3）订立程序合法、形式合法。

3. 最后确定的监理合同的主要条款，符合《建设工程监理规定》中对监理合同内容的要求。

案例七

某工程项目，建设单位通过招标选择了某施工单位进行该项目的施工。在签订工程施工承包合同前，建设单位即委托了一家建设工程监理公司协助建设单位完善和签订工程施工承包合同，并承担该建设工程项目施工阶段的监理任务。

建设单位和施工单位草拟的工程施工合同条件包含以下条款：

(1)承包人按监理工程师批准的施工组织设计(或施工方案)组织施工，承包人不应承担因此引起的工程延期和费用增加的责任。

(2)监理工程师应对承包人提交的施工组织设计进行审批或提出修改意见。

(3)业主向承包人提供施工场地的工程地质和地下主要管网线路资料，供承包人参考使用。

(4)承包人不能将工程转包，但允许分包，也允许分包单位将分包的工程再次分包给其他施工单位。

(5)无论监理工程师是否进行验收，当其要求对已经隐蔽的工程重新检验时，承包人应按要求进行剥离或开孔，并在检查后重新覆盖或修复。检验合格，发包人承担由此发生的工期和费用损失，并支付承包人合理利润；检验不合格，承包人承担发生的全部费用，工期应予顺延。

(6)承包人按协议条款约定的时间应向监理工程师提交实际完成工程量的报告。监理工程师接到报告3天内按承包人提供的实际完成的工程量报告核实工程量(计量)，并在计量24小时前通知承包人。

问题：

请逐条指出上述合同条款中不妥之处，并提出如何改正。

参考答案：

(1)"承包人不应承担因此引起的工程延期和费用增加的责任"不妥。应改正为：承包人按监理工程师批准的施工组织设计(或施工方案)组织施工，但不排除其自身原因引起的工程延期和费用增加的责任。

(2)不妥。应改正为；承包人应向监理工程师提交施工组织设计，供其审批或提出修改意见(或监理工程师职责不应出现在施工合同中)。

(3)"供承包人参考使用"不妥。应改正为：业主应保证资料和数据的准确性，以指导承包人进行现场施工。

(4)应改正为：承包人不得将工程主体、关键性工作分包给第三人，经发包人同意，承包人可将工程其他部分或工作分包给第三人。分包工程不得再次分包。

(5)已经隐蔽的工程，按监理人要求重新检验，若检验不合格，由此引起的工期和费用损失均由承包人承担。

(6)"监理工程师接到报告3天内按承包人提供的实际完成的工程量报告核实工程量(计量)，并在计量24小时前通知承包人"不妥。应改正为：监理工程师接到承包人提交的工程量报表后7天内进行复核，监理工程师未按约定时间内复核的，承包人提交的工程量报表中的工程量视为承包人实际完成的工程量，据此计算工程价款。

案例八

某高速公路150km,山势险峻,投资215亿元,施工合同段8个。其中№6合同段有一座主线上跨国道的桥梁,桥位位于旱地;上构设计:3×30m现浇箱梁,经计算施工总荷载大于$15kN/m^2$;下构设计:31.5m钻孔桩,最高桥墩高度为25.45m。№6合同段经理部计划30天后施工该桥,并向监理机构提交该桥的开工申请及包含施工方案等开工申请所需附的资料。

问题:

1. 该桥施工前,是否需要编制专项施工方案,是否需要专家论证审查?为什么?

2. 施工方案有哪些主要内容?监理工程师应该从哪几个方面审查施工单位提交的施工方案?

3. 现浇箱梁应选择哪种结构类型的支架?箱梁混凝土浇筑前,安全监理工作主要有哪些?

参考答案:

问题1:

按照《公路工程施工安全技术规范》(JTG F90—2015)规定:

(1)桥梁基础工程为旱地31.5m钻孔桩,需要编制专项方案,不需要专家论证。

(2)桥梁下部现浇墩柱高25.45m,需要编制专项方案,不需要专家论证。

(3)桥梁上部现浇箱梁跨路施工,总荷载大于$15kN/m^2$,需要编制专项方案,需要组织专家论证。

问题2:

专项施工方案的主要内容:

(1)工程概况:工程基本情况、施工平面布置、施工要求和技术保证条件。

(2)编制依据:相关法律法规、规范性文件、标准、规范及图纸、施工组织设计等。

(3)施工计划:包括施工进度计划、材料与设备计划。

(4)施工工艺技术:技术参数、工艺流程、施工方法、检查验收等。

(5)施工安全保证措施:分部分项工程影响质量、安全的风险源分析及组织保障、技术措施、应急预案、监测监控、项目负责人轮流带班生产方案等施工安全保证措施。

(6)劳动力计划:专职安全生产管理人员、特种作业人员等。

(7)计算书和相关图纸等。

审查施工方案工作要点:

(1)审查专项施工方案内容完整性。审查方案内容是否齐全,其内容至少包含工程概况、编制依据、施工计划、施工工艺技术、施工安全保证措施、劳动力计划、计算书和相关图纸等内容。

(2)审查施工单位报审时间合规性。在该工程开工之前,施工单位提交专项施工方案,交由监理工程师审查。

(3)审查施工单位内部编制与审核程序合规性。施工单位技术、安全、质量等部门技术人员审核,项目技术负责人审批,其签名是否为手签,是否加盖项目经理部公章;

(4)审查专项施工方案是否符合强制性标准要求。是否附有安全验算结果;安全技术措施是否符合强制性标准;经专家论证的专项施工方案,施工单位项目部是否按专家意见进行修订。

（5）需专家论证的专项施工方案审批流程：施工单位提交专家论证报告及根据论证报告修改完善专项施工方案，施工单位技术负责人、总监、建设单位签字同意后，方可组织实施。

（6）应有监理审查结论。

问题3：

现浇箱梁应选择支架的结构类型：

（1）箱梁混凝土浇筑前一道工序是钢筋绑扎，在此之前才是支架搭设、预压、验收。

（2）该桥梁上跨国道，需要通行车辆，采用满堂式支架，选型不合适，应采用钢管立柱贝雷梁或型钢支架。

（3）满堂式支架太笼统，唯一适用箱梁浇筑的仅有盘扣式钢管支架，但受国道行车限制不宜采用。其余门式钢管支架、扣件式钢管支架、碗扣式钢管支架均属于交通运输行业淘汰的落后工艺，不得用于现浇箱梁施工。

箱梁混凝土浇筑前，安全监理工作主要包括：

（1）满堂支架搭设处场地硬化之前，应检测地基承载力是否达到专项施工方案要求，四周排水设施排水是否通畅。

（2）检查场地硬化厚度、混凝土强度是否满足专项施工方案要求。

（3）满堂支架搭设前，检查架子工等特种作业人员资格、安全培训情况。

（4）检查检验满堂支架钢管型号、管径、壁厚、支架模板等是否符合专项施工方案要求。检查满堂支架纵向、横向搭设间距、立杆、水平杆、扫地杆、剪力撑、斜撑设置是否符合要求。

（5）检查加载预压后，支架变形量、地基沉降量是否符合要求。

（6）检查应急预案落实情况。

（7）按照《公路水运工程平安工地建设管理办法》规定，进行危险性较大分部分项工程施工前的安全生产条件核查，将核查结果报建设单位确认。

（8）检查其他安全防护措施是否符合专项施工方案规定。

案例九

2007年8月13日，湖南省湘西自治州凤凰县正在建设的堤溪沱江大桥发生坍塌事故，造成64人死亡22人受伤，直接经济损失3974.7万元。

（一）事故原因和性质

1. 直接原因。由于大桥主拱圈砌筑材料未满足规范和设计要求，拱桥上部构造施工工序不合理，主拱圈砌筑质量差，降低了拱圈砌体的整体性和强度，随着拱上荷载的不断增加，造成1号孔主拱圈靠近0号桥台一侧约3～4m宽范围内，即2号腹拱下的拱脚区段砌体强度达到破坏极限而坍塌，受连拱效应影响，整个大桥迅速坍塌。

2. 间接原因。①施工单位项目经理部擅自变更原主拱圈施工方案，现场管理混乱，违规乱用料石，主拱圈施工不符合规范要求，在主拱圈未达到设计强度的情况下就开始落架施工作业。②建设单位项目管理混乱，对发现的施工质量问题未认真督促施工单位整改，未经设计单位同意擅自与施工单位变更原主拱圈设计施工方案，盲目倒排工期赶进度，越权指挥，甚至要求监理不要上桥检查。③监理单位未能制止施工单位擅自变更原主拱圈施工方案，对发现的主拱圈施工质量问题督促整改不力，在主拱圈砌筑完成但强度资料尚未测出的情况下即签字验收合格。

3. 事故性质：这是一起生产安全责任事故。

（二）对事故责任人员及责任单位的处理

1. 移送司法机关处理人员。移送司法机关处理人员共13人。其中：监理公司现场监理处副处长兼现场监理余××，涉嫌工程重大安全事故罪；现场监理处处长李××，涉嫌工程重大安全事故罪。

2. 给予党纪、政纪处分人员。给予党纪、政纪处分人员共19人。其中：监理公司党支部书记、副经理续××，对事故发生负有重要领导责任，给予行政记大过、党内警告处分；监理公司总工汤×，对事故发生负有主要领导责任，给予行政撤职、党内严重警告处分。

3. 对事故有关人员的处理……

4. 对事故有关单位的处理。……暂扣监理有限公司“工程监理证书”等有关证照。

（三）中央电视台专访的专家视点

沱江大桥突然坍塌存在以下几个问题：

1. 为了州庆缩短大桥养护期。沱江大桥施工工期过紧，施工中变更了主拱圈砌筑的程序，拱架拆卸过早。据了解，主拱圈的养护期是28天，第19天开始卸架，养护期不够，比规定少了9天。因为养护期减短，大桥拱圈承载能力减弱。

2. 桥下地质复杂，桥墩严重裂缝。施工中就已经发现桥墩的地质构造比较复杂，而且还发现0号桥墩下面有严重裂隙。施工中虽然对此处进行了一些处理，但现在看来，没有从根本上解决问题。大桥垮塌的方向从0号桥墩开始，像积木一样顺一个方向垮塌。

3. 所用沙石含土量过高。主拱圈砌筑质量有问题。砌筑要使用料石，但事故后发现，塌下来的主拱圈中还有片石；砌筑的砂浆不饱满，有空隙、空洞；沙石含泥量比较高，影响混凝土的黏结力。

4. 工程层层分包，质量管理混乱。质量管理方面存在问题。施工中有工程变更，却没有及时告知监理单位；监理单位发现了问题，没有及时向上级部门反映；工程分包单位多，层层分包。

问题：

1. 上述案例中，监理工程师巡视发现施工单位未按主拱圈施工方案施工时，该如何处理？

2. 安全监理工作中，监理工程师该如何检查分包单位？

3. 事故发生后，监理工程师应做哪些工作？

参考答案：

问题1：

（1）监理工程师在巡视、旁站过程中应监督施工单位按专项施工方案组织施工。若发现施工单位未按有关安全法律、法规和工程强制性标准施工，违规作业时，应予以制止。

（2）对危险性较大的工程作业等要定期巡视检查，发现安全事故隐患，应立即书面指令施工单位整改；情况严重的应签发《工程暂停令》要求施工单位暂停施工，并及时报告建设单位。

（3）施工单位拒不整改或者不停止施工的，监理工程师应及时向有关主管部门报告。

问题2：

（1）按照《公路水运工程平安工地建设管理办法》规定，监理工程师在危险性较大分部分项工程施工前核查该工程的安全生产条件。

（2）核查分包单位的施工资质，所承揽的施工业务是否在其资质范围内。

（3）核查分包单位从业人员持证是否符合要求。

（4）危险性较大工程施工前安全生产条件核查结果要书面报建设单位确认。

问题3：

（1）事故发生后，事故现场有关人员立即向总监理工程师报告，总监理工程师立即向建设单位、监理公司负责人报告。

（2）监理机构负责人启动监理机构应急预案，指令有关单位和人员立即抢救人员、防止事态发展、妥善保护事故现场。同时下达《工程暂停令》，要求施工单位暂停施工，全面排查安全隐患。

（3）事故发生24小时内，安全专业监理工程师形成书面报告，经总监理工程师审核后上报。

（4）事故报告后出现新情况的，应当及时补报。自事故发生之日起30日内，事故造成的伤亡人数发生变化的，应当及时补报。

（5）配合上级单位部门进行事故调查。

（6）按照《公路水运工程平安工地建设管理办法》要求，对施工单位的平安工地建设重新进行全面评定。

案例十

计算下面网络图的时间参数，确定关键线路。按此计划施工，15天后检查计划执行情况，发现A工作还需4天，D工作还需8天，E工作还需10天。照这样下去，工程能否按时完工？如不能，应如何调整？

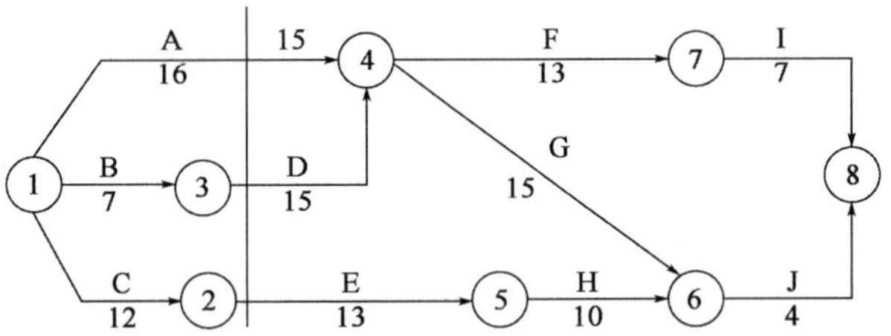

参考答案：

1.计算

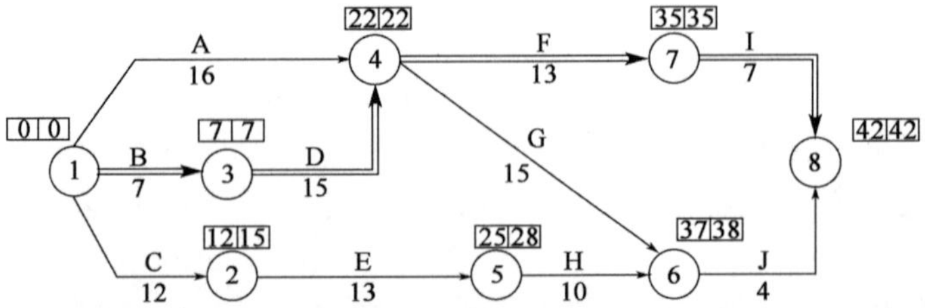

2. 绘制实际进度前锋线

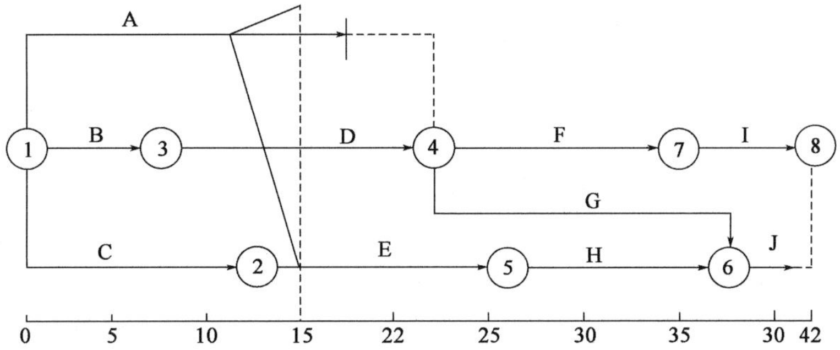

由于关键工作 D 延误了 1 天，照此下去，总工期将延长 1 天，因此应将其或其后续工作压缩 1 天。A 工作有较大的时差，可不用调整。

案例十一

某承包人参与一项工程的投标，在其投标文件中，基础工程的工期为 4 个月，报价为 1200 万元，主体结构工程的工期为 12 个月，报价为 3960 万元，该承包人中标并与发包人签订了施工合同。合同中规定，无工程预付款，每月工程款均于下月末支付，提前竣工奖为 30 万元/月，在最后 1 个月结算时支付。

签订施工合同后，该承包人拟定了以下两种加快施工进度的措施：

(1) 开工前夕，采取一次性技术措施，可使基础工程的工期缩短 1 个月，需技术措施费用 60 万元。

(2) 主体结构工程施工的前 6 个月，每月采取经常性技术措施，可使主体结构工程的工期缩短 1 个月，每月末需技术措施费用 8 万元。

假定贷款月利率为 1%，各分部工程每月完成的工作量相同且能按合同规定收到工程款。

现 值 系 数 表

n	1	2	3	4	5	6	11
$(P/A,1\%,n)$	0.990	1.970	2.941	3.902	4.853	5.795	10.368
$(P/F,1\%,n)$	0.990	0.980	0.971	0.961	0.951	0.942	0.896
n	12	13	14	15	16	17	
$(P/A,1\%,n)$	0.99	1.970	2.941	3.902	4.53		
$(P/F,1\%,n)$	0.887	0.879	0.870	0.861	0.853	0.844	

问题：

1. 若按原合同工期施工，该承包人基础工程款和主体结构工程款的现值分别为多少？

2. 该承包人应采取哪种加快施工进度的技术措施方案使其获得最大收益？

3. 画出在基础工程和主体结构工程均采取加快施工进度技术措施情况下的该承包人的现金流量图。

（计算结果均保留两位小数。）

参考答案:

问题1:

基础工程每月工程款 $A_1 = 1200/4 = 300$(万元)

则,基础工程每月工程款的现值为:

$NPV_1 = A_1(P/A,1\%,4)(P/F,1\%,1) = 300 \times 3.902 \times 0.990 = 1158.89$(万元)

主体结构工程每月工程款 $A_2 = 3960/12 = 330$(万元)

则,主体结构工程款的现值为:

$NPV_2 = A_2(P/A,1\%,12)(P/F,1\%,5) = 330 \times 11.255 \times 0.951 = 3532.16$(万元)

问题2:

该承包人可采用以下三种加快施工进度的技术措施方案:

(1)仅加快基础工程的施工进度。则:

$$\begin{aligned}NPV_{基} &= 400(P/A,1\%,3)(P/F,1\%,1) + 330(P/A,1\%,12)(P/F,1\%,4) + \\ &\quad 30(P/F,1\%,16) - 60 \\ &= 400 \times 2.941 \times 0.990 + 330 \times 11.255 \times 0.961 + 30 \times 0.853 - 60 \\ &= 4699.53(万元)\end{aligned}$$

(2)仅加快主体结构工程的施工进度。则:

$$\begin{aligned}NPV_{结} &= 300(P/A,1\%,4)(P/F,1\%,1) + 360(P/A,1\%,11)(P/F,1\%,5) + \\ &\quad 30(P/F,1\%,15) - 8(P/A,1\%,6)(P/F,1\%,4) \\ &= 300 \times 3.902 \times 0.990 + 360 \times 10.368 \times 0.951 + 30 \times 0.853 - 8 \times 5.795 \times 0.961 \\ &= 4689.52(万元)\end{aligned}$$

(3)既加快基础工程的施工进度,又加快主体结构工程的施工进度,则:

$$\begin{aligned}NPV &= 400(P/A,1\%,3)(P/F,1\%,1) + 360(P/A,1\%,11)(P/F,1\%,4) + \\ &\quad 60(P/F,1\%,15) - 60 - 8(P/A,1\%,6)(P/F,1\%,3) \\ &= 400 \times 2.941 \times 0.990 + 360 \times 10.368 \times 0.961 + 60 \times 0.861 - 60 - 8 \times 5.795 \times 0.971 \\ &= 4698.19(万元)\end{aligned}$$

由计算结果看出,仅加快基础工程施工进度的技术措施方案能获得较大收益。

问题3:

基础工程和主体结构工程均采取加快施工进度技术措施情况下的现金流量图为:

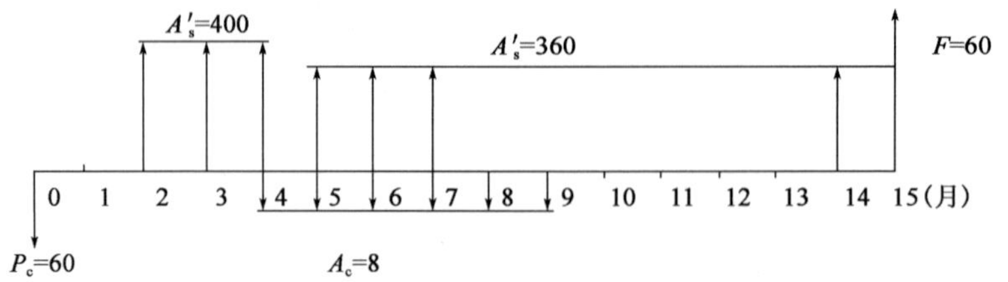

案例十二

桥梁工程设计为预应力混凝土箱型梁,主梁采用预制安装施工(方案一)时,预制场地处理及制梁底座的费用为160万元,预制场地的吊装设备租赁及使用费用为35万元/月;采用移动模架现浇（方案二）时，移动模架购置及地基处理费用为 200 万元，移动模架使用费用为 25 万元/月。两方案直接相关数据见下表。

项　　目	方　案　一	方　案　二
材料费（元/m^3）	700	700
人工消耗（工日/m^3）	1.80	1.00
机械台班消耗（台班/m^3）	0.13	0.375
工日单价（元/工日）	100	100
台班费（元/台班）	800	800

问题（计算结果保留两位小数）：

1. 方案一和方案二每 1000m^3 工程量的直接费分别为多少？

2. 当工期为 12 个月时，试分析两方案适用的工程量范围。

3. 若本工程的工程量为 9000m^3，合同工期为 10 个月，计算确定应采用哪个方案？若方案二可缩短工期 10%，应采用哪个方案？

参考答案：

问题 1：

方案一每 1000m^3 工程量的直接工程费为：

$(700 + 1.80 \times 100 + 0.13 \times 800) \times 1000 = 984000$（元）$= 98.4$（万元）

方案二每 1000m^3 工程量的直接工程费为：

$(700 + 1.00 \times 100 + 0.375 \times 800) \times 1000 = 1100000$（元）$= 110$（万元）

问题 2：

以 1000m^3 为工程量单位，设工程量为 Q，当工期为 12 个月时：

方案一的费用 $C_1 = 98.4Q + 35 \times 12 + 160 = 98.4Q + 580$（万元）

方案二的费用 $C_2 = 110Q + 25 \times 12 + 200 = 110Q + 500$（万元）

令：$C_1 = C_2$（或 $98.4Q + 580 = 110Q + 500$）

得 $Q = 6900m^3$

因此，当 $Q < 6900m^3$ 时，$C_2 < C_1$，应采用方案二。

当 $Q = 6900m^3$ 时，$C_2 = C_1$，采用方案一、方案二均可。

当 $Q > 6900m^3$ 时，$C_2 > C_1$，采用方案一。

问题 3：

当工程量为 9000m^3，合同工期为 10 个月时：

方案一的费用 $C_1 = 98.4 \times 9 + 35 \times 10 + 160 = 1395.6$（万元）

方案二的费用 $C_2 = 110 \times 9 + 25 \times 10 + 200 = 1440$（万元）

因为 $C_1 < C_2$，所以应采用方案一。

若方案二可缩短工期 10%：

方案二的费用为 $C = 110 \times 9 + 25 \times 10 \times (1 - 10\%) + 200 = 1415$（万元）

因为 $C_1 < C$，所以应采用方案一。

案例十三

某公路工程项目施工承包签约合同价为 6500 万元,工期 18 个月,承包合同规定:

1. 发包人在开工前 7 天应向承包人支付签约合同价 10% 的开工预付款。

2. 开工预付款自工程开工后的第 8 个月起分 5 个月等额抵扣。

3. 工程进度款按月结算。工程质量保证金为承包合同价的 3%,发包人从承包人每月的工程款中按比例扣留。

4. 当分项工程实际完成工程量比清单工程量增加 10% 以上时,超出部分的相应单价调整系数为 0.9。

5. 新增工程按现行《公路工程预算定额》(JTG/T 3832)及《公路工程基本建设项目概算预算编制办法》(JTG 3830)的规定计算建筑安装工程费,以此建筑安装工程费为新增工程的单价,措施费中的施工辅助费费率为 5%,其余措施费综合费率为 7%,规费综合费率为 35%,企业管理费费率为 10%,利润率为 7%,税率为 9%,设备费及专项费用不计。

在施工过程中,发生了以下事件:

(1)工程开工后,发包人要求变更设计。增加一项现浇混凝土挡土墙工程,按现行《公路工程预算定额》(JTG/T 3832)的消耗量及价格信息资料计算的每立方米现浇混凝土挡土墙的人工费为 120 元,材料费为 310 元,施工机械使用费为 240 元(其中机上作业人员人工费 40 元),定额人工费 150 元,定额材料费 300 元,定额机械使用费 260 元。

(2)在工程进度至第 8 个月时,承包人按计划进度完成了 500 万元建安工作量,同时还完成了发包人要求增加的一项浆砌片石挡土墙工程。经监理人计量后的该工作工程量为 $460m^2$,经发包人批准的单价为 352 元/m^2。

(3)施工至第 14 个月时,承包人向发包人提交了按原单价计算的该项月已完工程量结算报 600 万元。经监理人计量。其中某分项工程因设计变更实际完成工程数量为 $680m^3$(原清单工程数量为 $500m^3$,单价 1200 元/m^3)。

问题:

1. 计算该项目的工程开工预付款。

2. 列式计算现浇混凝土挡土墙的单价。

3. 列式计算第 8 个月的应付工程款。

4. 列式计算第 14 个月的应付工程款。

(计算结果均保留两位小数,问题 3 和问题 4 的计算结果以万元为单位。)

参考答案:

问题 1:

工程预付款:$6500 \times 10\% = 650$(万元)

问题 2:

工程开工后,发包人要求变更设计。增加一项现浇混凝土挡土墙工程,按现行《公路工程预算定额》(JTG/T 3832)的消耗量及价格信息资料计算的每立方米现浇混凝土挡土墙的人工费为 120 元,材料费为 310 元,施工机械使用费为 240 元(其中机上作业人员人工费 40 元),定额人工费 150 元,定额材料费 300 元,定额机械使用费 260 元。

直接费:$120 + 310 + 240 = 670$(元/m^3)

定额直接费:$150+300+260=710$(元/m^3)

措施费:$710\times0.05+410\times0.07=64.20$(元/$m^3$)

企业管理费:$710\times0.1=71$(元/m^3)

规费:$(120+40)\times0.35=56$(元/m^3)

利润:$(710+64.2+71)\times0.07=59.16$(元/$m^3$)

税金:$(670+64.2+71+56+59.16)\times0.09=82.83$(元/$m^3$)

建筑安装工程费(单价):$670+64.2+71+56+59.16+82.83=1003.19$(元/$m^3$)

问题3:

增加工作的工程款:$460\times352=16.19$(万元)

第8月应付工程款:$(500+16.19)\times(1-3\%)-650\div5=370.70$(万元)

问题4:

该分项工程增加工程量后的差价:

$(680-500\times1.1)\times1200\times(1-0.9)=1.56$(万元)

或该分项工程的工程款:

$[500\times1.1\times1200+(680-500\times1.1)\times1200\times0.9]=80.04$(万元)

承包人结算报告中该分项工程的工程款:

$680\times1200=81.6$(万元)

承包人多报的该分项工程的工程款:$81.6-80.04=1.56$(万元)

第14个月应付工程款:$(600-1.56)\times(1-3\%)=580.49$(万元)

案例十四

某高速公路工程项目合同段,承包人某年某月完成的工程如下,经监理人验收质量满足合同要求。

(1)挖方路段:场地清理3500m^2,挖土方4000m^3,挖至设计高程后挖松压实1200m^3。

(2)填方路段:借土场的场地清理5700m^2,借土填方5200m^3。

(3)路基排水工程:路基边沟160m,其中挖土方480m^3,浆砌片石290m^3,砂砾垫层150m^2,抹面200m^2;路基截水沟90m,其中挖土方420m^3,浆砌片石260m^3,砂砾垫层190m^2,抹面190m^2。

(4)钢筋混凝土盖板通道1座,49m,其中混凝土340m^3,钢筋2580kg,通道范围以内的开挖土方240m^3,排水沟40m,排水沟浆砌片石28m^3,砂砾垫层150m^2,抹面200m^2。

问题:

1. 以上工程项目,逐条说明能够计量的工程项目和数量,为什么?

2. 工程计量,承包人应提交哪些质检资料?

参考答案:

1. 能够计量的项目如下:

(1)场地清理3500m^2。路基范围以内的场地清理按平方米计量。挖土方4900m^3,路基土方开挖数量包括边沟、排水沟、截水沟,以立方米计量。在挖方路基的路床顶面以下,土方断面挖松深300mm再压实,不予计量。

（2）借土填方5200m³。借土填方，按压实的体积，以立方米计量。借土场的场地清理不另行计量。

（3）路基边沟160m，路基截水沟90m。分别以立方米计量浆砌片石290m³、260m³。土方开挖合并在路基挖方中计量，砂砾垫层、抹面不另行计量。

（4）钢筋混凝土盖板通道49m。依据图纸所示，按不同跨径的盖板通道长度以米为单位计量。盖板通道所用钢筋不另计量。通道范围（进出口之间距离）以内的土石方及边沟、排水沟等均计入洞身报价之中不另行计量。

2. 工程计量，承包人应提交的质检资料包括：批准的开工申请单；承包人的自检合格资料，且检验频率符合要求；中间交工证书。

案例十五

某高速公路工程项目业主与承包人签订了公路工程施工合同，合同含有两个子项工程，估算工程量甲项为2300m³，乙项为3200m³，每月实际完成量见下表。其中甲项每立方米中含人工费为30元、机械费为20元、材料费为100元，综合费率为20%。乙项单价为160元/m³。合同中有如下规定：

（1）开工前业主应向承包人支付合同价20%的预付款；

（2）业主自第1个月起，从承包人的工程款中，按3%的比例扣留质量保证金；

（3）当子项实际累计工程量超过估算工程量的10%时，可以对超出部分进行调价，调价系数为0.9；

（4）根据市场情况规定每月价格调整系数平均按1.2计算；

（5）每月签发的月度付款最低金额为25万元；

（6）预付款在最后两个月平均扣除。

问题：

1. 甲项工程单价为多少？预付工程款是多少？

2. 从第1个月至第4个月每月的工程量价款是多少？每月应签发的工程款是多少？实际签发的付款凭证金额是多少？（除甲项单价外，其他计算结果以万元为单位，计算结果保留三位小数。）

每月实际完成量

项　目	1	2	3	4
甲项（m³）	500	800	800	600
乙项（m³）	700	900	800	600

参考答案：

1. 甲项工程单价 =（30 + 20 + 100）×（1 + 20%）= 180（元/m³）

预付款金额 =（2300 × 180 + 3200 × 160）× 20% = 18.52（万元）

2. 第1个月工程价款为：500 × 180 + 700 × 160 = 20.2（万元）

应签发的工程款为：20.2 × 1.2 ×（1 − 3%）= 23.513（万元）

应签发的工程款低于月度付款最低金额25万元，故本月不予签发付款凭证。

第 2 个月工程价款为：$800 \times 180 + 900 \times 160 = 28.8$（万元）

应签发的工程款为：$28.8 \times 1.2 \times (1 - 3\%) = 33.523$（万元）

实际签发付款凭证为：$23.513 + 33.523 = 57.036$（万元）

第 3 个月工程价款为：$800 \times 180 + 800 \times 160 = 27.2$（万元）

应签发的工程款为：$27.2 \times 1.2 \times (1 - 3\%) = 31.661$（万元）

应扣预付款：$18.52 \div 2 = 9.26$（万元）

应签发的工程款为：$31.661 - 9.26 = 22.401$（万元）

应签发的工程款低于月度付款最低金额 25 万元，故本月不予签发付款凭证。

第 4 个月：甲项工程累计完成工程量为 $2700m^3$，比原估算工程量 $2300m^3$ 超出 $400m^3$，已超过估算工程量的 10%，对超出部分的工程量进行调价。

超过估算工程量的部分为：$2700 - 2300 \times (1 + 10\%) = 170$（$m^3$）

甲项本月工程价款为：$(600 - 170) \times 180 + 170 \times 180 \times 0.9 = 10.494$（万元）

乙项工程累计完成工程量为 $3000m^3$，比原估算工程量少 $200m^3$，不超过估算工程量的 10%，其单价不进行调整。

本月完成工程量价款为：$10.494 + 600 \times 160 \div 10000 = 20.094$（万元）

应签发的工程款为：$20.094 \times 1.2 \times (1 - 3\%) = 23.389$（万元）

应扣预付款：$18.52 \div 2 = 9.26$（万元）

本月实际签发的付款凭证金额为：$22.401 + 23.389 - 9.26 = 36.53$（万元）

案例十六

某项工程合同价为 1000 万元，合同工期为 16 个月，开工预付款在标书附录中规定的额度为 10%，合同规定，扣回时间开始于中期支付证书中工程量清单累计金额超过合同价的 20% 的当月，止于合同规定竣工日期前 3 个月的当月，在此期间等额扣回。质量保证金在标书附录中规定的限额为 3%，每个月在承包人应得金额中扣留 6%。已知到第 4 个月时工程量清单累计支付 210 万元，已知到第 7 个月时工程量清单累计支付 490 万元，第 8 个月，承包人申报工程量清单金额为 60 万元，监理审核时发现，支付表中路基填土 $9000m^3$ 的工程未经监理验收，清单单价为 15 元/m^3。

问题：

在第 8 个月的计量支付中，(1)扣回动员预付款的金额是多少？(2)扣回质量保证金的金额是多少？(3)扣开工预付款和质量保证金，业主实际支付给承包人的金额是多少？

参考答案：

(1)根据合同条款，第 4 个月累计支付金额为合同价的 21%，应从本月开始扣回开工预付款，扣回时间为从第 4 个月至第 13 个月，共计 10 个月，每月扣回开工预付款金额为 $1000 \times 10\% / 10 = 10$ 万元，因此第 8 个月扣回开工预付款金额为 10 万元。

(2)质量保证金的总金额为合同价的 3%，即 $1000 \times 3\% = 30$ 万元。

截至第 7 个月，工程量清单累计支付金额为 490 万元，累计扣质量保证金应为 $490 \times 6\% = 29.4$ 万元，第 8 个月扣质量保证金的金额为 $30 - 29.4 = 0.6$ 万元。

(3)第 8 个月报表中，$9000m^3$ 的路基填土工作未经监理工程师验收，因此应予扣除，本月清单支付金额应为 60 - 9000 × 15/10000 = 46.5 万元;扣除开工预付款和质量保证金,业主实际支付金额为 46.5 - 10 - 0.6 = 35.9 万元。

案例十七

某实施监理的工程,招标文件中工程量清单标明的混凝土工程量为 $2400m^3$,投标文件综合单价分析表显示:人工单价 100 元/工日,人工消耗量 0.40 工日/m^3;材料费单价 275 元/m^3;机械台班单价 1200 元/台班(每台班机械消耗 1 个工日),机械台班消耗量 0.025 台班/m^3。采用建筑安装工程费的单价签订工程合同。人工基价 106.28 元/工日,材料费基价 260 元/m^3;机械台班基价 1100 元/台班,施工辅助费费率为 1.5%,其余措施费费率为 8%,规费费率为 40%,企业管理费费率为 8%,利润率为 5%,综合税率为 9%,安全生产费费率为 1.5%,其他费用不计。施工合同约定,实际工程量超过清单工程量 15% 时,混凝土全费用综合单价调整为 420 元/m^3。施工过程中发生以下事件:

事件 1:基础混凝土浇筑时局部漏振,造成混凝土质量缺陷,专业监理工程师发现后要求施工单位返工。施工单位拆除存在质量缺陷的混凝土 $60m^3$,发生拆除费用 3 万元,并重新进行了浇筑。

事件 2:主体结构施工时,建设单位提出改变使用功能,使该工程混凝土量增加到 $2600m^3$。施工单位收到变更后的设计图样时,变更部位已按原设计浇筑完成的 $150m^3$ 混凝土需要拆除,发生拆除费用 5.3 万元。

问题:

1. 计算混凝土工程的签约合同单价。
2. 事件 1 中,拆除混凝土发生的费用是否应计入工程价款?说明理由。
3. 事件 2 中,该工程混凝土工程量增加到 $2600m^3$,对应的工程结算价款是多少万元?
4. 事件 2 中,拆除混凝土发生的费用是否应计入工程价款?说明理由。
5. 计入结算的混凝土工程量是多少?混凝土工程的实际结算价款是多少万元?(计算结果保留两位小数。)

参考答案:

1. 每立方米混凝土工程的签约合同单价:

直接费 = 100 × 0.4 + 275 + 1200 × 0.025 = 345(元)

定额直接费 = 106.28 × 0.4 + 260 + 1100 × 0.025 = 330.01(元)

定额人工费与定额施工机械使用费之和 = 106.28 × 0.4 + 1100 × 0.025 = 70.01(元)

人工费(含施工机械人工费) = 100 × 0.4 + 100 × 0.025 = 42.5(元)

措施费 = 70.01 × 0.08 + 330.01 × 0.015 = 10.55(元)

企业管理费 = 330.01 × 8% = 26.40(元)

规费 = 42.5 × 40% = 17(元)

利润 = (330.01 + 10.55 + 26.40) × 5% = 18.35(元)

税金 = (345 + 10.55 + 26.40 + 17 + 18.35) × 9% = 37.56(元)

安全生产费 = (345 + 10.55 + 26.40 + 17 + 18.35 + 37.56) × 1.5% = 6.82(元)

建安费 = 345 + 10.55 + 26.40 + 17 + 18.35 + 37.56 + 6.82 = 461.68(元)

2. 事件1中，拆除混凝土发生的费用不应计入工程价款。理由：施工质量缺陷属于施工单位责任范围，返工增加的费用由施工单位承担，工期不予顺延。

3. 由于$[(2600-2400)/2400]\times100\%=8.33\%<15\%$，因此，混凝土工程的结算价款仍按原综合单价结算。

对应的工程结算价款$=461.68\times2600=1200368$元。

4. 事件2中，拆除混凝土发生的费用应计入工程价款。理由：因设计变更导致合同价款增减及造成施工单位损失由建设单位承担，延误的工期相应顺延。

5. 计入结算的混凝土工程量$=2600+150=2750m^3$。混凝土工程的实际结算价$=2750\times461.68+53000=1322620$元。

案例十八

某工程建设项目在实施过程中发生了两件事情：

事件1：该建设项目的业主提供了地质勘察报告，报告显示地下土质良好。承包人依此做了施工方案，拟用挖方余土作通往项目所在地道路基础的填方。由于基础开挖施工时正值雨季，开挖后土方潮湿，且易破碎，不符合道路填筑要求。承包人不得不将余土外运，另外取土作为道路填方材料。

事件2：该工程按全月规定的总工期计划，应于某年某月某日开始现场搅拌混凝土。因承包人的混凝土设备迟迟不能运往工地，承包人决定使用商品混凝土，但被业主否决。而在承包合同中未明确规定使用何种混凝土。承包人不得已，只有继续组织混凝土搅拌设备进场，由此导致施工现场停工，工期拖延和费用增加。

问题：

1. 对于事件1，承包人是否可以提出赔偿要求？并说明理由。

2. 对于事件2，承包人是否可以提出赔偿要求？并说明理由。

参考答案：

1. 在本事件中即使没有下雨，而因业主提供的地质报告有误，地下土质过差不能用于填方，承包人也不能就另外取土而提出索赔要求。

因为：①合同规定承包人对业主提供的水文地质资料的理解负责，而地下土质可用于填方，这是承包人对地质报告的理解，应由自己负责。②取土填方作为承包人的施工方案，也应由自己负责。本案例的性质完全不同于由于地质条件恶劣造成基础设计方案变化，或造成基础施工方案变化的情况。

2. 承包人可以要求工期和费用索赔。

因为合同中未明确规定一定要用工地现场搅拌的混凝土（施工方案不是合同文件），则商品混凝土只要符合规定的质量标准也可以使用，不必经业主批准。因为按照惯例，施工方法由承包人负责。承包人在不影响或为了更好地保证合同总目标的前提下，可以选择更为经济合理的施工方案，业主不得随便干预。在这个前提下，业主拒绝承包人使用商品混凝土，是一个变更指令，对此可以进行工期和费用索赔。但该项索赔必须在合同规定的索赔有效期内提出。当然承包人不能因为使用商品混凝土要求业主补偿任何费用。

案例十九

某公路工程项目的施工承包合同,签约合同价为8000万元人民币(其中直接费为5200万元),建设工期为18个月,在施工过程中,发生如下事件:

事件1:由于发包人原因提出对原设计修改,造成全场性停工45天。

事件2:在基础开挖过程中,个别部位实际土质与发包人在招标时提供的《参考资料》中给定地质资料不符,造成施工直接费增加2万元,相应工序的持续时间增加了4天。

事件3:在基础施工中,承包人除了按设计要求对基底进行了妥善处理外,承包人为了保证质量,扩大了基坑底面尺寸,还将基础混凝土强度由C15提高到C20,造成施工直接费增加11万元,相应工序的持续时间增加了5天。

事件4:在桥墩施工过程中,因发包人提供的施工图纸有误,造成施工直接费增加4万元,相应工序的持续时间增加了6天。

事件5:进入雨季施工,恰逢50年一遇的大暴雨,造成停工损失3万元,工期增加了8天。

在以上事件中,除事件1和事件5外,其余工序均未发生在关键线路上。

施工过程中,承包人在合同约定的期限内向监理人提出工期和费用索赔。承包人提出如下索赔要求:

(1)增加合同工期68天;

(2)增加费用137.19万元,计算如下:

①发包人变更设计,图纸延误,损失45天(1.5月)的管理费和利润:

管理费 = 合同价 ÷ 工期 × 管理费费率 × 延误时间

$= 8000 \div 18 \times 12\% \times 1.5 = 80$(万元)

利润 = (合同价 + 管理费) ÷ 工期 × 利润率 × 延误时间

$= (8000 + 80) \div 18 \times 5\% \times 1.5 = 33.67$(万元)

合计113.67万元。

②地质资料不符、混凝土强度提高、桥墩图纸错误、暴雨等因素造成的费用增加,计算如下:

直接费20万元。

管理费 $= 20 \times 12\% = 2.4$(万元)

利润 $= (20 + 2.4) \times 5\% = 1.12$(万元)

合计23.52万元。

问题:

1. 承包人针对施工过程中所发生的上述事件提出的费用索赔和工期索赔是否成立,为什么?

2. 承包人索赔计算方法是否正确?应如何计算?(计算以万元为单位,保留两位小数。)

3. 如果在工程缺陷责任期间发生了由承包人原因引起的质量问题,在监理人多次书面指令承包人修复而承包人一再拖延的情况下,发包人另请其他承包人修复,则所发生的修复费用该如何处理?

参考答案:

问题1:

事件1：由于发包人修改设计，监理人同意索赔。

事件2：承包人针对事件2所提出的费用索赔和工期索赔均不成立。因为发包人提供的《参考资料》不构成合同文件，对于发包人提供的《参考资料》，承包人应对自己就该资料的解释、推论和使用负责，这是承包人应承担的风险。

事件3：承包人针对事件3所提出的费用索赔和工期索赔均不成立。因为扩大基坑底面尺寸及提高混凝土强度等级并非是监理人下达变更指令所致，该工作属于承包人采取的质量保证措施。

事件4：承包人针对事件4所提出的费用索赔成立，因为这是由于发包人提供的施工图纸有误。工期索赔不成立，因该延误未发生在关键线路上，对总工期并无影响。

事件5：承包人针对事件5所提出的费用索赔不成立，工期索赔成立。因为该事件是由于异常恶劣的气候条件造成的，承包人不应得到费用补偿。

问题2：

工期索赔为53天，即发包人修改设计和暴雨的影响可索赔工期；增加费用78.58万元，计算如下：

①发包人变更设计，图纸延误，损失45天（1.5月）的管理费和利润，计算基数应为直接费，不应为合同价；

管理费 = 直接费 ÷ 工期 × 管理费费率 × 延误时间

$= 5200 \div 18 \times 12\% \times 1.5 = 52$（万元）

利润 =（直接费 × 延误时间 ÷ 工期 + 管理费）× 利润率

$= (5200 \times 1.5 \div 18 + 52) \times 5\% = 24.27$（万元）

合计76.27万元。

②桥墩图纸错误造成的费用增加为4.70万元，计算如下：

直接费 = 4万元

管理费 $= 4 \times 12\% = 0.48$（万元）

利润 $= (4 + 0.48) \times 5\% = 0.22$（万元）

合计4.70万元。

问题3：所发生的维修费用应由承包人承担，发包人可从质量保证金中扣除。

案例二十

某高速公路建设项目，业主与施工单位签订了工程施工合同，工程未进行投保。在工程施工过程中，遭受特大暴风雨和洪水不可抗力袭击，使工程遭受到大损失，施工单位及时向监理工程师提出索赔要求，并附有与索赔有关的资料和证据。索赔报告的基本内容如下：

（1）遭特大暴风雨和洪水袭击属不可抗力，是因非施工单位原因造成的损失，故应由业主承担赔偿责任。

（2）给已建部分工程造成破坏，损失22万元，其修复费用应由业主承担，施工单位不承担修复的经济责任。

（3）施工单位人员因此灾害数人受伤，处理伤病医疗费用和补偿金总计2.5万元，业主应给予赔偿。

(4)施工单位进场的正在使用的机械、设备受到损坏,造成损失6万元,由于现场停工造成台班费损失3万元,业主应负担赔偿和修复的经济责任。工人窝工费3万元,业主应予以支付。

(5)因特大暴风雨和洪水造成工地停工10天,要求合同工期顺延10天。

(6)由于工程破坏,现场清理需费用2万元,业主应予支付。

问题:

1. 监理工程师接到施工单位提交的索赔申请后,应进行哪些工作?

2. 不可抗力发生风险承担的原则是什么?

3. 对施工单位提出的要求如何处理?(请逐条回答)

参考答案:

1. 监理工程师接到施工单位提交的索赔申请后应进行以下主要工作:①审核承包人的索赔申请;②判定索赔成立原则;③对索赔报告的审查和核定;④与承包人协商补偿;⑤签发索赔处理决定,当监理工程师确定的索赔额超过其权限范围时,必须报业主批准。

2. 不可抗力风险承担责任的原则:

处理原则:①工程本身的损害由业主承担;②人员伤亡由其所属单位负责,并承担相应费用;③造成施工单位机械、设备的损坏及停工等损失,由施工单位承担;④所需清理工作的费用,由业主承担;⑤工期给予顺延。

3. 对索赔报告的处理方法:①经济损失由双方分别承担,工程延期应予签证顺延;②工程修复、重建22万元工程款应由业主支付;③索赔不予认可,由施工单位承担;④索赔不予认可,由施工单位承担;⑤工期顺延10天;⑥现场清理需费用2万元,由业主承担。

案例二十一

某公路工程项目由于发包人违约,合同被迫终止。

终止前的财务状况如下:签约合同价为1000万元,利润目标为签约合同价的5%。违约时已完成合同工程造价800万元。每月扣质量保证金为合同工程造价的10%,质量保证金限额为签约合同价的5%。开工预付款为签约合同价的5%(未开始回扣)。承包人为工程合理订购材料50万元(库存量)。承包人已完成暂定项目50万元,指定分包项目100万元,计日工10万元,其中指定分包管理费率为10%。承包人设备撤回基地的费用为10万元(未单独列入工程量清单),承包人雇佣的所有人员的遣返费为10万元(未单独列入工程量清单)。已完成的各类工程及计日工均已按合同规定支付。假定该项工程实际工程量清单表中一致,且工程无调价。

问题:

1. 合同终止时,承包人共得到多少暂定金额付款?

2. 合同终止时,发包人已实际支付各类工程付款共计多少万元?

3. 合同终止时,发包人还需支付各类补偿款多少万元?

4. 合同终止时,发包人总共应支付多少万元的工程款?

参考答案:

1. 合同终止时,承包人共得暂列金额付款 = 对指定分包人的付款 + 承包人完成的暂定项目付款 + 计日工 + 对指定分包人的管理费 = $100 + 50 + 10 + 100 \times 10\% = 170$ 万元。

2. 合同终止时，业主已实际支付各类工程付款 = 已完成的合同工程价款 - 保留金 + 暂定金额付款 + 动员预付款 = 800 - 1000 × 5% + 170 + 1000 × 5% = 970 万元。

3. 合同终止时，业主还需支付各类补偿款 = 利润补偿 + 承包人已支付的材料款 + 承包人施工设备的遣返费 + 承包人所有人员的遣返费 + 已扣留的保留金。

其中：

①利润补偿为(1000 - 800) × 5% = 200 × 5% = 10 万元。

②承包人已支付的材料款为 50 万，业主一经支付，则材料即归业主所有。

③承包人施工设备和人员的遣返费因在工程量清单表中未单独列项，所以承包人报价时，应计入总体报价。因此，业主补偿时只支付合理部分。

④承包人施工设备的遣返费为(1000 - 800) ÷ 1000 × 10 = 2 万元。

⑤承包人所有人员的遣返费为 10 × 20% = 2 万元。

⑥返还已扣保留金为 1000 × 5% = 50 万元。

业主还需支付各类补偿款共计为 10 + 50 + 2 + 2 + 50 = 114 万元。

4. 合同终止时，业主总共应支付工程款 = 业主已实际支付的各类工程付款 + 业主还需支付的各类补偿付款 - 动员预付款 = 970 + 114 - 1000 × 5% = 1034 万元。

案例二十二

某公路工程分三个施工合同段，业主以单价合同的方式签订了施工合同并委托了监理单位。在施工过程中发生了以下事件，第一合同段施工单位向监理工程师提出了以下有关费用，要求业主予以支付：

因为合同规定该工程的某项设备由国外进口，安装前需要对安装操作的职工进行培训，培训费用为 2 万元。应业主要求在本项目中的一座上跨公路预应力桥梁上进行模型破坏性试验，投入费用 8 万元，改进混凝土泵送工艺试验费 3 万元，小计 11 万元。为便于工程管理，工程后期在施工现场新搭设的民工用房 5 间，为业主代表人员搭设的现场临时用房 3 间，每间为 1 万元，计 8 万元。为加快工程进度，施工单位从公司总部调入了部分机型设备，运距 137km，迁移费为 3 万元。

由于业主同意第二合同段施工单位临时使用第一合同段的施工便道运输物料，影响了第一合同段混凝土工程的连续施工，监理工程师记录并审核了第一合同段的工日、台班数量和计划如下：受影响部分的混凝土工程原计划用工 2200 个工日；单价 40 元/工日，原计划用机械台班 360 个台班，单价 180 元/台班；受到干扰后完成该混凝土工程实际用工 2800 个工日，实际结算单价 45 元/工日，实际用机械台班 410 个，实际结算单价 200 元/台班。

问题：请分析上述费用是否应由业主支付？为什么？请计算应由业主补偿给第一合同段施工单位的费用是多少？

参考答案：

(1)职工教育培训费用，不应支付，因为该费用已经包含在合同价中(或该费用已经计入建安工程费中的间接费)。

(2)破坏性试验费用，应予支付 8 万元，因为该费用没有包含在合同价中(或该费用属于业主应支付的试验研究费)；改进混凝土泵送工艺的试验费，不应支付，因为该费用已经包含在合同价中(或该费用已计入建安工程费中的其他直接费)。

(3)为民工搭建用房费用,不应支付,因为该费用已经包含在合同价中(或该费用已经计入建安工程费中的现场经费);为业主搭建的用房,应予支付3万元,因为该费用没有包含在合同价中(或该费用属于业主应付出的临时设施费)。

(4)施工机械迁移费,不应支付,因为该费用已经包含在合同价中(或该费用属于机械使用费)。

(5)人工、机械增加费,应予支付,因为第一合同段的施工便道被借用和干扰导致了施工降效费,其中:

人工费补偿:(2800 - 2200) ×40 = 24000(元)

机械台班费补偿:(410 - 360) ×180 = 9000(元)

小计补偿费:24000 + 9000 = 33000(元) = 3.3(万元)

(6)以上五项,合计补偿8 + 3 + 3.3 = 14.3万元。

案例二十三

某实施监理的工程,施工合同价为15000万元,合同工期为18个月,预付款为合同价的20%,预付款自第7个月起在每月应支付的进度款中扣回300万元,直至扣完为止。保留金按进度款的5%从第1个月开始扣除。

工程施工至第5个月,监理工程师发现第3个月浇筑的混凝土工程出现细微裂缝。经检验分析,产生裂缝是由于洒水保湿养护不到位所致,需要进行处理。为此,监理工程师下达了监理通知单:"出现裂缝的混凝土工程暂按不合格工程处理,第3个月已付该部分工程款在第5个月的工程款中扣回,在细微裂缝处理完成并经联合验收合格后的次月支付"。经计算,该混凝土工程的直接工程费为200万元,措施费为直接工程费的5%、间接费费率为8%、利润率为4%、综合计税系数为3.41%。

施工单位委托一家具有相应资质的专业施工公司进行裂缝处理,处理费用为3.8万元,工作时间为10天。该工程施工到第6个月,施工单位提出补偿4.8万元和10天工期的申请。

该工程前7个月施工单位实际完成的进度款见下表:

时间(月)	1	2	3	4	5	6	7
实际完成的进度款(万元)	200	300	500	500	600	800	800

问题:

1. 计算项目监理机构在前3个月可签认的工程款。

2. 写出项目监理机构对混凝土工程出现微裂缝质量问题的处理程序。

3. 计算出现微裂缝的混凝土工程的造价。

4. 监理机构是否同意施工单位提出的补偿4.8万元和延长10天工期的要求?为什么?

5. 如果第5个月没有其他异常情况发生,计算该月份监理机构可签认的工程款。

6. 施工单位按照监理通知单的要求执行,在第6个月将裂缝处理完成并经工程建设三方联合验收合格,计算第7个月可签认的工程款。

参考答案：

1. 前3个月的工程款：

第1个月：200 − 200 × 5% = 190（万元）

第2个月：300 − 300 × 5% = 285（万元）

第3个月：500 − 500 × 5% = 475（万元）

2. 当发生工程质量问题时，监理工程师应按照以下程序进行处理：

（1）监理工程师应首先判断质量问题的严重程度，根据严重程度分别进行处理。

对可以通过返修或返工弥补的，可以签发监理通知单，要求施工单位调查并编写质量问题调查报告，提出处理方案，填写监理通知回复单；监理工程师审核后批复施工单位处理，必要时应经建设单位、设计单位的认可，处理完毕进行验收。

对需要加固补强的，或质量问题的存在影响下道工序施工的，应签发工程暂时停工令，指令施工单位停止质量问题部位及其关联部位的施工。必要时采取防护措施。同时，要求施工单位编写质量问题调查报告，由设计单位提出处理方案，征得建设单位同意，批复施工单位处理，处理完毕进行验收。

（2）监理工程师审核、分析质量问题调查报告，判断和确定质量问题的产生原因。

（3）在原因分析的基础上，审核施工单位提出的质量问题处理方案，或者将设计单位提出的处理方案以监理通知单的方式下达施工单位执行。

（4）督促施工单位实施处理方案，安排监理人员现场旁站、跟踪检查。

（5）质量问题处理完毕，施工单位自检合格报验，监理工程师应进行检查、鉴定和验收，并编写质量问题处理报告，报送建设单位和监理单位。

（6）对于下达暂时停工令的，签发复工令，指令施工单位复工。

3. 微裂缝的混凝土工程的造价计算：

直接工程费 = 200（万元）

措施费 = 200 × 5% = 10（万元）

直接费 = 200 + 10 = 210（万元）

间接费 = 210 × 8% = 16.80（万元）

利润 = 226.80 × 4% = 9.07（万元）

税金 = (210 + 16.80 + 9.07) × 3.41% = 8.04（万元）

土建造价 = 210 + 16.80 + 9.07 + 8.04 = 243.91（万元）

4. 不同意补偿。因为出现混凝土微裂缝的原因是施工单位养护不到位引起的。

5. 根据监理通知单的规定，第5个月的工程款应暂时扣除微裂缝混凝土工程的价款，即600 × (1 − 5%) − 243.91 = 570 − 243.91 = 326.09万元。

6. 根据监理通知单的规定，第7个月的工程款：(800 + 243.91) × (1 − 5%) = 991.71万元。

案例二十四

某高速公路工程监理项目，路线全长102km，计算行车速度为120km/h，路基宽度24.5m。

该项目在K12 + 420处上跨国道后，在K28 + 230处上跨某铁路。在K36 + 400处上跨另一铁路，在K49 + 500处建长1300m隧道穿越某山，在K63 + 100处上跨某地方一级公路后，在

K80 +880 处越某河流（建全长 1074m，主跨 3 ×90m 的连续刚构桥一座），在 K87 +120 处有约 27m 深的石方爆破路堑开挖，K95 +090 处有约 21m 深的土方路堑开挖，终点与某高速公路枢纽相接。沿线共设互通式立交 10 处，分离式立交 28 处，各种桥梁 3876m/32 座，隧道 1300m/1 座，工程建安费 79 亿元，施工工期 36 个月。全线设 13 个施工合同段。

沿线自然条件如下：

1. 地形及地貌概况

K10 ~ K55 为沿线相对隆起区，主要有元古生成浅变质石英岩、板岩组成丘陵区，山体走向北东 30 ~400，最大高程 132m，一般为 50 ~ 110m，相对高差 30 ~ 100m，基岩大部分裸露，地形切割较大，多呈“V”形谷，植被较发育，地形对路线工程影响较大。

K55 ~ K102 为河流阶地与丘岗，主要由高（低）液限黏（粉）土、砂、砾卵层组成，地形起伏小，山体多为浑圆状平缓山丘，山坡坡角 8 ~ 150，高程一般为 35 ~ 70m，植被不发育，其中某河Ⅰ级阶地，地形平坦，为水稻田与池塘，民房较多。

2. 气候

本地区为亚热带季风润湿气候，雨水充沛，四季分明。年降水量 1399.1 ~ 1566.1mm，4 ~ 6 月为雨季，降水量约占全年的 32% ~37%。

3. 工程地质条件

路线位于新华夏系第二降水带，主要构造体系为新华夏系构造，北东向构造较发育。K0 ~ K10 为全强风化花岗岩，水土流失较严重。K10 ~ K55 分布泥质板岩、砂质板岩、砂岩岩层节理裂隙发育，地形切割较大，局部分布泉水和顺向坡。

路线所经地区多为某河水系，主要有某江、某河等河流，各河流域降雨充沛，雨季多集中于 4 ~7 月，此期间为汛期，河水受降水影响明显，一般 10 月至翌年 3 月为枯水期，为桥梁基础工程的良好施工期。

问题：

1. 根据隧道长度分类，K49 + 500 处隧道属于何种类型隧道。根据桥梁长度分类，K80 + 880 处桥梁属于何种类型桥梁。根据路堑高边坡分类，K87 + 120 处的路堑边坡是否为高边坡。请分别说明理由。

2. 请列出高边坡的常见病害（至少 10 个）。

3. 根据《公路工程施工监理规范》（JTG G10—2016）提出配备监理工程师的数量（根据工程特点和实际需要，调整系数取 1.2）。

4. 提出本项目的监理组织机构及其理由，请用文字表述并画出简易的监理机构框图。

5. 根据《公路工程施工监理规范》（JTG G10—2016）提出总监理工程师主要职责。

6. 根据本项目的技术特点，提出本项目路基工程质量监理的重点和难点（至少 5 个）。

参考答案：

1. K49 +500 处隧道长 1300m，属于长隧道。K80 + 880 处桥梁全长 1074m，属于特大桥。根据《公路工程技术标准》（JTG B01—2014）的分类标准，1000m $< L \leqslant$ 3000m 隧道为长隧道，桥梁长度 $L >$ 1000m 为特大桥。K87 +120 处的路堑边坡不是高边坡。理由：根据《高速公路路堑高边坡工程施工安全风险评估指南》，路堑高边坡为“由人工开挖形成的低于原地面的挖方高边坡，一般指高于 20m 的土质边坡、高于 30m 的岩质边坡”。

2. 高边坡的常见病害类型：风化剥落、流石流泥、掉块落石、崩塌、倾倒、坍塌、溃屈、溜坍、坍滑、滑坡、错落、裂缝等 12 大类。

3. 根据“按高速公路、一级公路等宜按每年每 7500 万元建安费配备监理工程师 1 名”计算，基本配备监理工程师数量为：790000 ÷ 7500 ÷（36 ÷ 12）≈36 人。根据要求，调整系数取 1.2，实际配备监理工程师数量为：36 × 1.2 ≈44 人。

4. 根据“公路工程项目监理均应设总监办，100km 以上的高速公路、一级公路工程可设驻地办”要求。本项目全长 102km，按二级监理机构设置，监理组织机构如下：

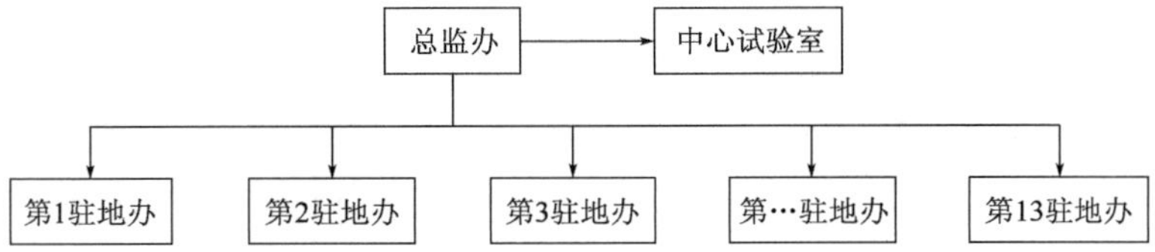

按二级机构设置监理组织的理由：

(1)有利于贯彻分级监理的原则；

(2)有利于加强质量控制；

(3)有利于提高监理工作效率。

5. 根据《公路工程施工监理规范》(JTG G10—2016)，总监理工程师主要职责如下：

(1)确定监理机构岗位职责及人员，建立工地试验室。

(2)主持编制监理计划，审批监理细则。

(3)主持召开第一次工地会议、监理交底会。

(4)审批施工组织设计及总体进度计划，审验主要原材料和混合料。

(5)签发工程开工令、支付证书、单位工程和合同段的停工令及复工令。

(6)组织检查施工单位质量、安全和环保等管理体系的建立及运行情况。

(7)审查交工验收申请，评定工程质量，参加交、竣工验收。

(8)审核工程分包、工程变更、工程延期和费用索赔等。

(9)参与或配合工程质量、安全事故的调查和处理。

(10)组织编写监理月报和监理工作报告，编制监理竣工资料。

(11)提供建设单位委托的其他工程管理咨询服务。

6. 本项目路基工程质量监理的重点和难点有：

(1)稻田、池塘等软土路基处理质量监理；

(2)山区高填方、填石路基施工质量监理；

(3)高边坡路堑施工质量监理；

(4)雨季路基施工质量监理；

(5)与其他高速公路拼接路基质量监理；

(6)山区涵洞、通道、防护及排水工程质量监理等。

案例二十五

某高速公路施工承包合同中合同文件的优先次序排列如下：

(1)中标通知书;
(2)合同协议书;
(3)专用合同条款;
(4)通用合同条款;
(5)投标书;
(6)图纸;
(7)技术规范;
(8)已标价工程量清单。

承包人在进行通道箱涵的施工时,发现合同文件中技术规范与图纸的规定不一致。技术规范要求回填料为宽度不小于50cm、塑性指数不大于12的土方。而图纸中规定回填料为宽度不小于1m的天然砂砾。承包人认为投标报价是按技术规范进行的,按技术规范施工符合合同要求;而业主认为按设计图纸施工有利于保证工程质量,且招标文件是由业主编制的,在出现不一致的情况下应由业主解释。因此,业主要求承包人按图纸施工。

问题:

1. 根据《公路工程标准施工招标文件》规定,题中合同文件的优先次序排列是否正确?如果不正确,请写出正确的优先次序排列。

2. 根据《公路工程标准施工招标文件》,对承包人和业主的争议,哪一个观点符合合同规定?为什么?

3. 如果合同中未规定合同文件的优先次序,则根据《中华人民共和国合同法》(以下简称《合同法》),应按哪一个观点执行?为什么?

4. 根据《公路工程标准施工招标文件》,如果业主坚持按设计图纸施工,而监理工程师也觉得按图纸施工有利于提高工程质量,则监理工程师应按合同什么规定处理?

参考答案:

1. 不正确,正确的优先次序排列如下:
(1)合同协议书;
(2)中标通知书;
(3)投标书;
(4)专用合同条款;
(5)通用合同条款;
(6)技术规范;
(7)图纸;
(8)已标价工程量清单。

2. 承包人的观点更符合合同规定。因为按合同规定的合同文件优先次序,技术规范优先于图纸,因此,在二者发生矛盾时,应以技术规范为准。业主的解释和要求不符合合同优先的原则。

3. 如果合同中未规定合同文件的优先次序,则根据《合同法》的规定,应按承包人的解释即技术规范的规定来执行。因为现行合同法规定的合同解释原则是反义居先原则。《合同法》规定,当格式合同中存在互相不一致的现象时,应按照非起草(提供)格式合同的一方的理解来执行。招标文件是由业主或其委托的单位起草的，提供的，因此，在出现矛盾时，应按承包人的理解来执行。

4. 如果业主坚持按图纸施工，而监理工程师也觉得按图纸施工更有利于保证工程质量，则监理工程师应下达工程变更令，指示承包人按设计图纸施工。然后，按合同中规定的变更工程造价确定原则与方法确定承包人执行此项指示后的造价及费用。

案例二十六

某大桥由某桥梁工程公司大桥项目经理部施工，某路桥工程咨询监理公司进行施工监理，全桥 168 根钻孔灌注桩，施工到 9-1 号陆上钻孔灌注桩时，遇到下列事件：

9-1 号桩从 8 月 27 日 9:00 开始灌注混凝土，17:19 因接到发电机组的电焊机问题导致发电机组故障停电使搅拌站及灌注设备被迫停工，桥梁工程公司大桥项目经理部立即组织人员抢修，发电机组于 19:11 修复，19:19 恢复施工，恢复施工后提升导管提不动，经反复转动，上下冲振，至 19:36 才将导管拔出，就位到预定高度，开始灌注新混凝土，19:47 监理工程师到现场视察，21:37 灌注完全部混凝土。当导管全部提出孔外清点时，导管总长只有 40m，因此，监理工程师同意桩基按 40.4m 计量，承包人要求按设计桩长 47.9m 计量。其证据是业主提供的设计图纸（除此外，监理工程师和承包人不能再提供其他证据证明施工的实际桩长）。

问题：

1. 该事件所反映施工及监理中存在的主要问题及其原因有哪些?

2. 桩基础该在什么时候进行计量? 应按多长给予计量?

3. 根据《公路工程标准施工招标文件》（2018 年版），何为陆上钻孔灌注桩，如何计量桩长，计量的工程内容有哪些?

参考答案：

该项事件反映，承包人和监理都存在严重问题。

专业技术水平差，监理基本知识、工程经验、工作经验都很缺乏，没有认真阅读合同文件和技术规范，违反监理程序、技术规范进行施工和施工监理。

监理没有认真履行职责，工作态度差，不严格监理，导致该桩成为一根不符合质量要求的不合格桩。

（1）从以下几项中任一项即可判定为不合格桩。

①如果钻孔或孔深只有 40.4m 深，但图纸设计桩长为 47.9m，不符设计要求，该桩即为不合格桩。

②如果钻孔深度为 47.9m，导管长只有 40m，导管底距孔底达 7.5m，超过规范规定的 0.4m，使灌注的混凝土与孔中泥浆混合，混凝土质量不合要求，违反《公路桥涵施工技术规范》（JTG/T F50—2011）的规定，为不合格桩。

③如果钻孔深度达到图纸的规定深度，导管也下到规范规定深度，而取出导管只有 48m，则可能是在灌注中断 2 小时后，复工时提起导管断了一截在孔中，使水进入导管中，以后灌注的混凝土不能和以前的衔接而产生断桩，且以后的混凝土与泥浆混合也不合格。

④《公路桥涵施工技术规范》（JTG/T F50—2011）规定“首批混凝土拌和物下落后，应连续灌注，不得中断”，而该项工程 9-1 号桩灌注 10 个多小时后，中断 2 个小时，此时首批混凝土已

初凝,因此造成"卡管",以至断桩。

(2)灌注中断2小时的直接原因是"发电机组故障",显然,该工程施工只有一台发电机组,且与其他作业共用(电焊等),无论从该项工程桩基施工要求还是该项工程规模仅一台发电机组显然是不符施工要求的,没有备用发电机组。

①如果承包人的施工组织设计中就只一台,则经监理审查并批准了该施工组织设计,说明监理不是缺乏工程经验就是不认真负责。

②如果施工组织设计有多台备用设备,则监理批准分部工程开工,分项工程开工时没有按监理程序检查设备到位情况以及设备的完好情况。

(3)承包人和监理工程师严重违反《公路桥涵施工技术规范》(JTG/T F50—2011)和《公路工程施工监理规范》(JTG/T G10—2016)施工。

①承包人提供不出任何证据证明桩长,说明承包人在施工过程中未作任何记录。

每根桩从钻孔起到灌注混凝土后均应作相应的施工原始记录,这些现场施工记录都能说明桩长。如:钻孔记录、清孔记录、灌注前沉淀厚度检查记录,灌注记录,导管下沉深度记录,并应经常测量混凝土面层高程等记录。

②监理工程师要对每一道工序进行验收,合格后才能准予进入下一道工序,以上事件反映均未经验收。

(4)按合同、技术规范规定,计量是按《公路工程标准施工招标文件》(2018年版)中规定的单位及其所包括的内容完成后经监理检验合格后才准予计量。

①该桩虽已完成混凝土灌注但还有后续工程或工作未完成,如养生,截桩头,无破损检测,混凝土强度检测等。因此,还达不到计量的要求。

②该根桩综上所述即已构成不合格桩,因此,对不合格桩不能计量。

(5)监理应对工程进行有效监管。钻孔灌注桩灌注混凝土应加强巡视,首盘混凝土浇筑应全过程旁站。该项工程从开始到发生事件后,监理迟迟不到现场,对隐蔽工程监管不力,有严重失职行为。

(6)位于陆上干处的钻孔灌注桩,或者施工图设计水深小于2m(含2m)的钻孔灌注桩为陆上钻孔灌注桩。

(7)依据设计图纸所示桩长和混凝土强度等级,按照不同桩径的桩长以米为单位计量。桩长为桩底高程至承台底面或系梁底面。对于与桩连为一体的柱式墩台,如无承台或系梁时,则以桩位处原始地面线为分界线,地面线以下部分为灌注桩桩长。若图纸有标示的,按图纸标示为准。

(8)陆上钻孔灌注桩计量的工程内容:安设护筒及设置钻孔平台;钻机安拆、就位;钻孔、成孔、成孔检查;安装声测管;混凝土制拌、运输、浇筑;破桩头;桩基检测等。

案例二十七

关于路基施工监理,有以下三个背景材料:

A.某段路基,按照设计文件提供的取土场的填料为山皮土,承包人进入现场后发现,在路基附近的河中有大量符合路基填筑的砂砾,且开采容易、运距较指定土场近,价格也较山皮土便宜,故在征得监理工程师的同意后,即用此砂砾进行本段路基的填筑;但在路基填筑完成后,承包人以使用砂砾填筑的路基其强度较山皮土填筑的路基强度高为由，提出了变更申请，要求以合同工程量清单中300章的砂砾垫层的单价（高于山皮土）来支付。

B. 某施工单位承包8km路基工程，其中1km进行了分包（未经批准）。路基填筑时进行了掺石灰，完工后经验收符合要求。路面施工时左半幅局部出现弹簧现象。监理工程师组织人员进行此标段全线检查，发现外包队所施工的1km路段有质量问题，各层填土过厚，掺灰不匀，出现松软夹层，夹层土含水量过大，最终造成质量事故。

C. 某高速公路工程，承包人为了避免今后可能支付延误赔偿金的风险，要求将路基的完工时间延长6个星期，承包人的理由如下：

①特别严重的降雨；

②现场劳务不足；

③业主在原工地现场之外的另一地方追加了一项额外工作；

④无法预见的恶劣土质条件，使路基施工难度加大；

⑤施工场地使用权提供延误；

⑥工程款不到位。

问题：

1. 针对A背景材料：(1)监理工程师可否批准此变更，理由如何？(2)应以哪个单价支付？

2. 针对B背景材料：(1)对此质量事故施工单位和监理各存在哪些主要问题？出现此问题的原因是什么？(2)监理工程师对此质量事故应如何处理？

3. 针对C背景材料：(1)监理工程师认为原因所引起的延误是非承包人承担风险的延误，可批准延长工期。(2)若以上现场劳务不足问题监理工程师认为属于承包人自己的责任，由此引起的延误是不可原谅延误，不同意就此延长工期，这样处理对吗？(3)哪些是业主的责任，监理工程师该如何处理？

参考答案：

1. 针对A背景材料：(1)对变更的处理：监理工程师可以批准此变更，因为从题目中可知改为砂砾填筑后，路基强度更高，满足合同质量要求，而且承包人的费用也降低了，对业主和承包人的利益均有利。(2)支付的单价：应以山皮土的单价支付。因为虽然变更后路基强度提高，但这并不是因为合同中约定的质量标准的改变而引起的，而是由于承包人施工方案的改变而引起的，所引起的费用变化由承包人承担。此外，砂砾垫层的单价是路面工程（300章）中的单价，明显不适合路基填筑。

2. 针对B背景材料：

(1)施工单位存在的主要问题：擅自分包；分包工程质量失控。

监理单位存在的主要问题：①没有制止分包队伍进场；②对现场巡视、检查不够，未及时发现质量问题；③对完工工程未进行认真的检查验收，致使不合格工程通过了验收。

出现此问题的原因：①施工单位与监理工程师的合同意识淡薄；②施工单位放松或放弃了对分包工程的管理；③监理严重失误。

(2)监理工程师对此质量事故的处理：

①要求承包人尽快提交质量事故报告及返工处理方案告并报告业主；

②责令施工单位立即驱逐非法分包人；

③对不合格路段立即进行返工处理，处理完成并自检合格后报监理按规范要求检查验收；

④要求承包人更换不称职的管理人员；

⑤对现场失职的监理人员进行批评教育和处理。

3. 针对C背景材料：

(1)①③④⑤⑥。

(2)对。现场劳务不足是承包人内部组织管理不当，不能给予工期延长。

(3)业主的责任是③⑤⑥，监理工程师的处理：对③要求业主适当增加工程价款或者适当延长工期；对⑤使用权提供延误时间顺延工期；对⑥要求业主按合同规定准时拨付工程款。

案例二十八

某桥梁工程项目合同中规定质量为优良，施工过程中发生以下事件：

事件1：施工单位提供给监理工程师的施工网络计划如图所示。监理工程师审核中发现施工计划安排不能满足施工总进度计划对该桥施工工期的要求（施工总进度计划要求 T_r = 60d）。监理工程师向承包人提出质疑时，施工单位解释由于该计划中的每项工作作业时间均不能够压缩，且工地施工桥台的钢模板只有一套，两个桥台只能顺序施工，若一定要压缩工作时间，可将西侧桥台基础的钻孔桩改为预制桩，但要修改设计，且需增加12万元的费用。监理工程师提出不同的看法。

经监理工程师审查确认，该桥的基础工程分包给了某专业基础工程公司。在东侧桥台的扩大基础施工时，基础工程公司发现地下有污水管道，但设计文件和勘测资料中均未有说明。由于处理地下污水管道，使东侧桥台的扩大基础施工时间由原计划的10天延长到13天。基础工程公司根据监理工程师签证的处理地下污水管道增加的工程量，向监理工程师提出增加分包合同外工作量费用和延长工期3天的索赔要求。

事件2：在施工过程中监理工程师巡检，发现刚拆模后的钢筋柱有部分存在着严重蜂窝、麻面、孔洞和露筋现象，同时发现有工人正在用水泥砂浆对蜂窝、麻面、孔洞进行封堵。

经现场调查和试验发现，质量问题的原因是严重漏振，施工队伍是劳务分包单位新汶县工程公司。在发现有质量问题的10根柱子中，有6根整根柱子存在严重的蜂窝、麻面和露筋，有4根柱子虽表面蜂窝、麻面较轻，但混凝土强度达不到设计要求，经设计单位鉴定，能满足结构安全及使用功能要求，可不加固补强。现场分析会提出了4种修理方案。

(1)6根柱子加固补强，补强后尺寸稍有增大，4根柱子不加固补强；

(2)6根柱子砸掉重来，4根柱子不加固补强；

(3)10根柱子全部砸掉重来；

(4)10根柱子全部进行加固补强，补强后尺寸稍有增大。

事件3：桥梁上部20m长T梁安装，桥梁监理工程师不批准承包人的安装方法，承包人只能按监理工程师的方法施工，安装完工后工期延误了14天。

问题：

1. 事件1中：

(1)监理工程师应对该桥的施工网络计划提出什么建议？

(2)监理工程师应如何处理上述索赔要求?

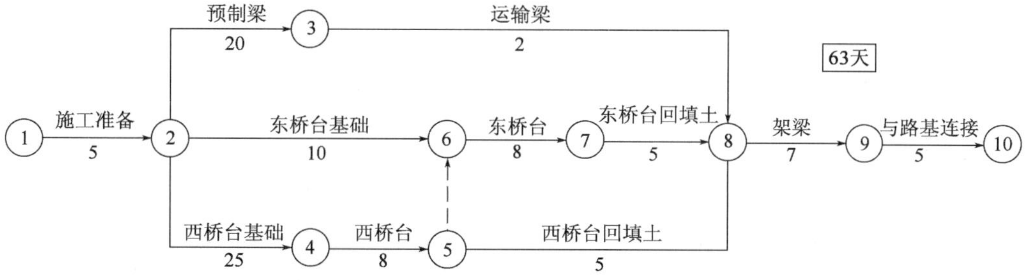

2. 事件2中:

(1)监理工程师是否有不妥之处?

(2)承包人是否有理由申请延期和索赔?

(3)如果监理工程师不批准延期,承包人该怎么办?

3. 事件3中:

(1)监理工程师发现此质量问题应如何处置?

(2)事故处理应采用哪个方案?为什么?

(3)事故处理的技术方案应由谁提出?

(4)简述质量事故处理的一般程序。

参考答案:

1. 事件1:

(1)监理工程师应建议:

在桥台的施工模板仅有一套的条件下,合理组织施工。因为西侧桥台基础为桩基,施工时间长(25天),而东侧桥台为扩大基础,施工时间短(10天),故应将原施工网络计划中西侧桥台和东侧桥台基础施工完毕后再施工东侧桥台的施工组织方案改为在东侧桥台和西侧桥台基础施工完毕后,再组织施工西侧桥台,这样改变一下施工组织方式,可以将该施工网络计划的计划工期缩短到55天,小于要求工期60天,也不需要增加费用。调整后网络图如下:

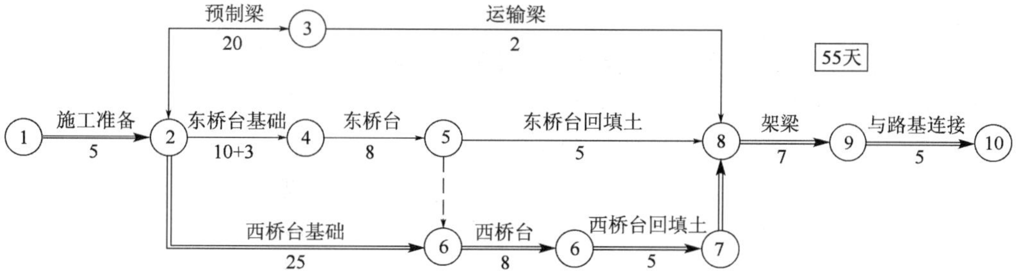

(2)索赔处理:

①基础工程公司为分包单位,不可直接向监理工程师提出索赔要求,应向总包单位提出,由总包单位再向监理工程师提出索赔要求。

②若总包单位向监理工程师提出上述索赔要求，监理工程师应同意费用补偿，不应同意工期索赔，虽然东侧桥台基础施工增加3天，但此工作在施工网络计划中不是关键工作，增加了3天后也未成为关键工作，故不影响要求工期。

③由于勘测设计未探明地下障碍物致使费用增加，业主宜和勘测单位协商解决，监理工程师提供证据材料。

2. 事件2：

（1）质量问题的处置：

①监理工程师应发出停工指令，立即停止钢筋混凝土工程的施工。②书面建议或要求承包人取消新汶县工程公司的分包资格。③将信息通知业主。④组织质量事故的调查分析，研究制定纠正措施。

（2）事故处理方案选择：应采用第三种方案。原因：合同中规定为优良，则主体分部工程必须优良，只有采用第三种方案才有可能达到合同要求。

（3）事故处理的技术方案由设计单位提出。

（4）质量事故处理的一般程序为：

①发事故通知单（停工令、应采取的预防措施，防止事故扩大，通报业主等）；

②组织事故调查分析；

③研究并提出事故处理方案；

④审批事故处理方案；

⑤施工单位组织实施，监理单位督促其实施；

⑥施工单位自检，提出验收申请报告；

⑦监理对事故处理结果检查验收；

⑧提出事故处理报告。

3. 事件3：

（1）监理工程师不能指令承包人按监理工程师的方法去完成工程。

（2）承包人不承担不是由他设计或编制的图纸或规范的责任。如果监理以书面要求承包人执行这一指示，由于该方法使工程延误，承包人有权获延期批准，还可申请索赔。如监理只是口头指令，承包人可发出书面通知要求确认，7天内除非监理以书面收回该指令，否则认为工程师已确认。

（3）如果监理不批准延期，表示工程不能延误，承包商需加快施工建设。因此承包人为了“赶工”而增加了额外费用，可以申请索赔。

案例二十九

某高速公路12合同段为桥梁工程，业主与A监理公司签订了监理合同，业主与B公司签订了施工合同。

事件1：在基坑开挖过程中，发现地下水位过高，挖土排水困难，加大了支护费用。

事件2：招标时，业主提供了砂石填料的运距，进场后，原料场的材料经检验后为不合格材料，监理工程师要求承包人重新选择料场，新料场选定后，运距有较大增加，运费还相应加大。

事件3：某隐蔽工程在覆盖前，承包人已通知监理工程师检查，监理工程师检查后签字同意该隐蔽工程覆盖，1 个月后，有人举报该隐蔽工程在施工过程中有质量问题，监理工程师下令承包人再揭露并重新检验，检验后质量符合要求，并重新覆盖。

问题：

1. 承包人对事件 1、2、3 均提出了费用索赔，监理工程师应批准承包人费用索赔的事件是哪些？

2. 请逐个说明对事件 1、2、3 批准索赔或不批准索赔的理由。

参考答案：

1. 监理工程师应批准事件 3，即隐蔽工程揭露后重新检验此项事件的费用索赔要求。

2. 对事件 1 即基坑开挖事件中的支护费用增加，不批准索赔。因为基坑开挖的费用已包含在基坑开挖的单价，根据合同条件此项费用不单独计量支付，且地下水位高是有经验的承包人能够合理预见到的风险，承包人的基坑开挖单价中应该考虑到此项风险并包含在单价中。对事件 2 即料场的重新选定后增加的费用，不批准索赔。承包人可能会依据不可预见的外界障碍或自然条件向业主提出费用补偿的要求。监理工程师不能同意承包人的要求。因为依据合同通用条款的有关规定，应认为承包人通过业主所提供资料及现场考察，已取得可能对投标有影响或起作用的风险、意外等的必要资料，并且在报价中考虑这些因素的影响。同时，案例中所述情况是一个有经验的承包人能合理预计到的。对事件 3 即隐蔽工程揭露后重新检验此项事件的费用索赔要求，应该批准。因为根据合同条件规定，对隐蔽工程揭露后重新检验时，应根据检验结果进行处理。如果重新检验的质量合格，应补偿此项费用并顺延工期；如果质量不合格，费用由承包人承担，并且不顺延工期。题目中，重新检验后的质量合格，所以应该批准此项索赔要求。

案例三十

某桥梁工程项目的施工合同总价为 8000 万元人民币，合同工期 18 个月，在施工过程中发生以下事件：

事件 1：由于业主提出对原有设计文件进行修改，使施工单位停工待图 1.5 个月（全场性停工），在基础施工过程中，为了使施工质量得到保证，施工单位除了按设计文件要求对基底进行了妥善处理外，还将基础混凝土的强度由 C25 提高到 C30，施工完成后，施工单位向监理工程师提出工期和费用索赔，其中索赔计算中有以下两项：

①由于业主修改设计图纸延误，损失 1.5 个月的管理费和利润：

现场管理费 = 合同总价 ÷ 工期 × 现场管理费费率 × 延误时间

$=8000\div18\times12\%\times1.5=80$（万元）

公司管理费 = 合同总价 ÷ 工期 × 公司管理费费率 × 延误时间

$=8000\div18\times7\%\times1.5=46.67$（万元）

利润 = 合同总价 ÷ 工期 × 利润率 × 延误时间 $=8000\div18\times5\%\times1.5=33.33$（万元）

合计：160 万元。

②由于基础混凝土强度的提高索赔 15 万元。

事件 2：承包人要施工 20m T 梁时出现了质量事故，其表现为 T 梁顶面有多处横向裂纹；拆模后有的侧面混凝土不密实；有的地方有空洞、露筋、胀模。质量事故发生后，有关方面组成

了联合调查组。在调查中发现了以下问题:

(1)用于20m T梁的主要材料进场后直接使用;

(2)受潮水泥、锈蚀钢筋用于重要部位;

(3)承包人无混凝土施工记录;

(4)承包人的施工人员施工技术差;

(5)模板未经监理检查签认就浇筑T梁混凝土;

(6)监理工程师有过失。

问题:

1. 事件1中,监理工程师是否同意给予费用索赔?是否同意索赔费用的计算方法?

2. 事件2中,请写出工程材料检验步骤?分析产生质量事故的原因?该质量事故中监理有哪些过失?

参考答案:

1. 事件1,对第①项,监理工程师应同意给予施工单位费用补偿。因为修改设计造成了施工单位的全场性停工,可能造成人工调动,生产率下降及机械设备闲置等。但背景材料中所列的计算方法不正确,因为管理费的计算不能以合同总价为基数乘以相应费率,而应以直接费为基数乘以相应的费率来计算;利润包括在实施的工程内容价格内,不给予利润补偿,所以监理工程师不应同意提出的以上索赔费用,而应要求施工单位重新计算。

对第②项,监理工程师不应同意其索赔要求。因这一保证质量措施是施工单位的技术措施,而不是规范、设计、合同的要求,所以这一措施造成的成本增加应由施工单位自己承担。

2. 针对事件2:

(1)工程材料检验步骤:①在材料和商品构件订货前,应要求承包人提供生产厂家的产品合格证书及试验报告;必要时监理人员还应对生产厂家的生产设备、工艺及产品的合格率进行现场调查了解,或由承包人提供样品进行试验,以决定同意采购与否。②材料或商品构件运进现场后,承包人应按规定的批量和频率自检;然后报监理抽检合格后才能用于工程;不合格的由承包人自费运出场外。③在施工中,应随机对用于工程的材料或商品构件进行符合性抽样试验检查。④随时监督检查各种材料的储存、堆放、保管及防护措施。

(2)产生质量事故的原因:有承包人施工人员技术差的因素,也有材料不合格的因素;还有配合比及不按规范施工的因素。具体如下:①由于施工人员的技术差,必然出漏振的地方或振捣不密实,混凝土就会出现空洞及不密实。②如果混凝土施工不按规范进行也会产生严重的质量事故,如不严格按混凝土配合比施工,各种材料未严格过称、用水量时多时少,致使混凝土的黏聚性和保水性变差,严重时出现离析;也有可能是施工机具在施工时出现故障,备用数量不足或修复时间长。先装入T梁的混凝土已初凝也会产生严重的质量事故。③材料不满足规范的要求,级配差,或所使用的材料变化太大使配合比不满足配合比设计要求。④配合比设计本身不合理,水灰比过大及砂率过小都会使拌合物黏聚性和保水性变差,甚至有离析现象。⑤模板漏浆,水泥浆从模板缝隙外流,导致混凝土质量变差等。

(3)监理的过失:①监理未严格把好材料关,主要材料未经承包人自检合格、监理抽查合格就直接用于施工;②水泥受潮、钢筋锈蚀,说明承包人的材料库房不符合规范的规定,而监理并没有发现此点;③受潮水泥、锈蚀钢筋用于重要部位,说明监理不是专业技术差就是对工程极不负责；④按施工规范的规定，混凝土施工必须要有混凝土施工记录，而在监理现场监督时未要求或检查承包人的施工记录；⑤监理违反只有上道工序检查合格并签认后，下道工序才能施工的监理原则；⑥监理在施工准备和施工过程中有明显的过失。在施工准备中未检查承包人的自检体系，对监理程序也不清楚；在批准承包人的施工组织设计时也未核实承包人的施工技术水平，机具设备情况；在施工过程中也未把好材料关；当发现材料（混合料）不合格或操作人员不称职时未及时要求更换。

案例三十一

国内某高速公路工程，在项目实施过程中发生以下事件：

事件1：当年12月中旬开工后不久即受到传染病流行的严重干扰。4个月后疫情得到有效控制，业主迅速提出了调整计划、加快施工进度的要求，同时也给监理单位下达了进度考核指标；由于征地拆迁问题，致使承包人施工的18km路段上有3km无法进行，造成了人员、设备的闲置待工；7月份开始，国内钢材价格上涨，承包人认为无力承受。因此承包人对以上问题按程序提出了相关的索赔要求。

事件2：其中隧道施工考虑到围岩类别为Ⅳ类时隧道每循环进尺为3m，初期支护距掌子面约50m，二次衬砌距离掌子面100m，施工采用全断面开挖，设计使用钢格栅拱架，为了达到初期支护平整的要求，施工单位在使用钢格栅拱架处将钢筋网挂在内侧，同时对于超挖较多处立模板进行喷射处理。为确保初期支护的喷射混凝土厚度，监理采用每20m开孔检查喷射混凝土厚度。在一次上级检查中，发现锚杆的垫板40%左右悬挂在锚杆上，未垫在围岩上受力；钢格栅拱架背后填片石；有10m初期支护的超挖部分施工单位在回填中使用浆砌片石，业主单位要求工程有问题部分全部返工（返工部分约17万元人民币），同时，认为监理严重失职，要求按《建设工程质量管理条例》对相关责任人进行处罚，同时处监理单位2万元罚款。现场监理认为锚杆受力，垫板不受力影响不大，钢格栅拱架背后填片石也起到了支撑围岩的作用，超挖回填浆砌片石可行，业主的判断不正确，处罚不合理。

问题：

1. 事件1中：

（1）你对业主加快施工进度，并对监理进行进度考核一事有何看法？

（2）承包人及监理单位为加快施工进度应采取哪些主要措施？

（3）监理工程师应如何处理承包人的索赔要求？

2. 事件2中：

（1）施工单位在施工中是否存在问题？

（2）监理单位的检查方法是否存在问题？简述理由。

（3）监理对检查出的问题的解释是否成立？简述理由。

（4）业主的处罚是否合理？

参考答案：

1. 事件1中：

（1）业主加快施工进度，对监理进行进度考核是不恰当的。因为题目中所述的业主提出调整计划，加快施工进度的要求，是因为受传染病流行的严重影响，这是不可预见的风险，是业主应该承担的风险,由此造成的工期拖延应该给予承包人顺延,如果业主要求调整计划,加快施工进度,则属于变更,应按变更程序办理并增加加快施工进度的费用。此外,监理单位不是合同工程的具体实施者,仅负责业主与承包人所签订合同履行过程中的协调管理及监督检查义务。施工进度主要是承包人的责任,因此一般在施工合同中约定有拖期违约损失偿金和提前竣工奖金,所以业主对监理进行进度考核是不恰当的。

(2)承包人加快施工进度应采取的主要措施:①组织方面的措施:组织增加机械设备和劳力;调换素质较高的人员进场,加强施工现场管理;增加每天施工时间,但需上报监理工程师批准。②技术方面的措施:改进施工技术,缩短工艺时间;采用性能先进的施工机械;将顺序作业法改为流水作业法或平行作业法等。监理单位为加快施工进度则主要采取管理方面的措施:督促检查承包人的施工进度计划及执行情况,审查承包人的施工方案,使满足施工进度要求的进度计划顺利实施。

(3)监理工程师在收到承包人的索赔要求后,应及时处理,主要应进行以下主要工作:审核承包人的索赔申请;判定索赔成立原则;对索赔报告的审查和核定(即根据监理记录和其他资料与实际调查的结果,审核索赔金额);与承包人协商补偿;报业主批准后签发索赔申请报告。

根据题目中背景所提到的情况,对承包人的索赔要求可进行以下处理:①对受传染病影响,使工期受到的延误,应给予工期顺延。如果业主要求加快施工进度,则应增加加快施工进度的费用。②由于征地拆迁使承包人部分人员、机械设备的闲置待工,由于是业主的责任,应按承包人实际情况进行补偿,其中对闲置的机械设备应按租赁费或台班折旧费给予补偿。③对承包人提出的钢材价格的上涨,不能批准索赔。因为这是承包人投标时应考虑的风险,如果合同中约定有价格调整,则可按有关价格调整的规定进行,而不能进行索赔。

2. 事件2中:

(1)施工单位存在的问题:

根据《公路工程施工安全技术规范》(JTG F90—2015)的规定:

①Ⅳ级围岩开挖采用3m循环进尺(不符合Ⅳ级围岩开挖支护每循环不得大于2榀钢架约1~1.5m)。

②高速公路隧道均为二车道以上的大断面隧道,Ⅳ级围岩采用全断面法开挖(宜采用台阶法开挖)。

③初期支护约距离掌子面50m(初期支护应紧跟开挖面及时施作)。

④二次衬砌距离掌子面100m(Ⅳ级围岩二衬距离掌子面不得大于90m)。

⑤超挖较多处采用模喷混凝土或浆砌片石。

⑥钢格栅拱架背后回填片石。

⑦锚杆垫板未紧贴岩面(螺帽未拧紧)。

(2)监理单位的检查方法存在问题,采用20m开孔检查喷射混凝土厚度不符合规范要求。

规范规定每10延米至少检查1个断面,每个断面从拱顶中线起每隔2m凿孔检查1个点。

(3)监理对检查出的问题的解释是不成立的。理由:垫板是否安装好,对锚杆的支护效果影响很大;钢拱架背后填片石,使初期支护不能与围岩密贴,不能形成整体(共同)受力结构;超挖回填宜视不同的部位,采用不同的材料。

(4)根据监理与业主签订的合同,有奖罚条款时,罚款是合理的,否则罚款是不合理的;本案例中,现场监理人员不称职,应要求监理单位更换;若按《建设工程质量管理条例》罚款应由行政主管部门执行。

案例三十二

某高速公路收费站机电项目,在项目实施过程中发生以下事件:

事件1:在机电施工准备阶段,前一天下大雨,第二天监理、承包人组织对全路段房建、管线缺陷进行考察,在考察了4个收费站后监理工程师赶到现场,承包人用数字万用表对各处机房联合接地母线端子进行了测量,发现接地电阻有两处大于1Ω,其余均不大于1Ω。监理工程师审核后要求机电承包人对不符合要求的两处进行改造,费用由机电承包人承担。其余房建提供的联合接地母线端子都符合要求。同时机电承包人申请了一笔通信管道试通试压费用,监理工程师审核后批准了这一笔费用。

事件2:钢筋混凝土基础上面安装设备。业主分别与土建、安装单位签订了基础、设备安装工程施工合同。两个承包人都编制了相互协调的进度计划,进度计划已得到批准。基础施工完毕,设备完装单位按计划将材料及设备运进现场准备施工。经检测发现有近1/6的设备预埋螺栓位置偏移过大,无法安装设备,须返工处理。安装工作因基础返工而受到影响,安装单位提出索赔要求。

问题:

1.事件1中:

(1)承包人及监理工程师存在哪些问题?为什么?

(2)该如何进行考察及审核承包人的申请?

2.事件2中:

(1)安装单位的损失应由谁负责?为什么?

(2)安装单位提出索赔要求,监理工程师应如何处理?

参考答案:

1.事件1:

(1)承包人和监理都存在严重的问题。

测量地阻不能使用数字万用表,应使用地阻仪进行测量。

一般测量地阻不能在下雨后地面很湿的情况下进行。

监理应在考察工作开始前到达现场,有4个收费站的考察工作监理没有参加是不对的。

没有按合同文件的规定操作,错误审批承包人申请。

(2)应按如下步骤进行考察与审批:

承包人在开始考察前须向监理提交考察计划,监理审核批准后才能进行考察工作。

监理应在开始考察前就赶到现场,对所有考察内容进行全过程、全方位监理。

测量应严格按照技术规范的要求进行;测量地阻应选择一段时期无雨天进行,保证测量的地阻值有效。

在题目给出的条件下(雨后地湿),测量值不大于1Ω的地阻不能说明其满足机电技术规范要求。

严格按照合同文件规定执行费用审批。

按照机电项目合同文件的工程界面划分，不符合要求的房建缺陷应由房建承包人负责改造，费用由房建承包人承担，或由机电承包人负责改造，费用从房建费用中支付。

机电承包人在光、电缆敷设之前应对管道进行试通试压工作，费用应该是包括在合同价内，故管道试通试压工作费用的申请不应批准。

2. 事件 2：

①安装单位的损失应由业主负责，因安装单位和业主有合同关于业主没能按合同规定提供安装单位施工条件，使安装工作不能按计划进行。业主应承担由此引起的损失。安装单位与土建施工单位没有合同关系，虽然安装工作受阻是由于土建施工单位施工质量问题引起的，但不能直接向土建施工单位索赔，业主可根据合同规定，向土建施工单位提出赔偿要求或给予其处罚。

②监理工程师收到安装单位索赔要求后，应审核索赔要求，进一步核实由此引起的损失金额和延误的工期，并组织业主和安装单位进行协商，协商一致的形成文件报业主批准，监理工程师需签证批准索赔补偿。

如果业主对土建施工单位提出赔偿要求，监理工程师应提供土建施工单位违约证明。

对于地脚螺栓偏移的质量问题，监理工程师应向土建施工单位发出整改通知，要求施工单位返工处理，对施工单位提出的具体施工措施，监理工程师应进行审核，并严格监督检查施工处理情况，处理完成后，应进行检查验收，验收合格后，组织办理移交签证，交由安装单位进行安装作业。

案例三十三

某高速公路工程，第五合同段由 A 公司中标承包施工。合同总价为 6500 万元，其中路基工程 2300 万元，签协议时，业主要 A 公司将路基工程中某段 800 万元工程分包给 B 公司施工。开工前 A 公司将一座分离式立交桥 D 桥的 20m 跨径空心板预制分包给 C 公司施工。

施工中出现以下问题：(1) A 公司延迟进场 2 个月，且施工时机械设备不足使工程延误 128 天；(2) D 桥施工时，因桥下净空不足，业主据此下发变更令将跨径变更为 21.5m，并由承包人作变更设计。通车后空心板出现很宽裂缝、经检查鉴定设计错误。

A 公司承包人提出如下意见：(1) B 公司是按业主指令进行分包的“指令分包商”，A 公司不承担任何责任；(2) D 桥是按业主变更令变更，由 C 公司作的变更设计，并报请监理工程师审查、批准。因此，应分别由 B 公司承担 65% 的主要责任，监理工程师承担 30% 审查、把关的责任，A 公作为总承包人承担 5% 的管理责任。

C 公司施工的预制空心板，在一次质量检查中对生产的一批预制空心板进行全面检测，经检测，得出下表所示的统计数据。

质 量 缺 陷 表

影响质量	1	2	3	4	5	6	7
质量缺陷的名称	钢筋强度	预埋件	表面平整	表面缺陷	侧向弯曲	混凝土强度	截面尺寸
出现次数	10	4	8	3	20	105	50

C公司对预制空心板梁施工质量进行检测，具体检测指标和合格率如下：①钢筋强度100%；②预埋件位置75%；③表面平整度78%；④梁体长度85%；⑤横坡80%；⑥混凝土强度98%；⑦梁体断面尺寸93%。

问题：

1. 业主可对承包人、指定分包商、一般分包商发指示、发变更令吗？

2. B公司是“指定分包商”吗？可否免除承包人的责任？

3. 监理工程师承担什么责任？

4. 监理工程师宜选择哪种方法来分析存在的质量问题？

5. 分析这些因素中的主要因素、次要因素和一般因素，以利于进行质量问题的整改。

6. 质量检测指标中，哪些属于基本要求项目，哪些属于关键项目，哪些属于一般项目？判断各项检测指标的检测结果是否合格。

参考答案：

1. 业主不能在施工中向承包人任意一方发指示、指令，业主与承包人之间是平等的合同关系。而只有监理工程师才能行使合同授予的权力。“承包人应当只从工程师（监理）处取得指示（指令）”“没有监理工程师的指令，承包人不能进行任何变更。”

2. B公司不是“指定分包商”。指定分包商分包的项目应在标书中已明确了指定分包的项目，其工程款应在“暂定金额”中支付，而B公司是承包人A公司签协议时才明确在“路基工程”中的一部分分包工程，因此业主的该项指令及下面业主的变更令均不符合合同规定，业主应通过监理工程师下变更令。指定分包商和一般分包商地位一样，均应视为承包人的分包商，不因分包免除承包人的任何责任。

3. 监理工程师不是施工承包合同的主体，尽管监理工程师对变更设计进行了审查和批准，不能解除合同规定的承包人A公司的义务和责任，承包人仍应对该部分工程负全部责任。

4. 针对本题特点，在几种质量控制的统计分析方法中，监理工程师应选择排列图的方法进行分析。

5. 列表统计出各项频率和累计频率。

序号	影响质量名称	不合格次数	频率(%)	累计频率(%)
6	混凝土强度	105	52.5	52.5
7	截面尺寸	50	25.0	77.5
5	侧向弯曲	20	10.0	87.5
1	钢筋强度	10	5.0	92.5
3	表面平整	8	4.0	96.5
2	预埋件	4	2.0	98.5
4	表面缺陷	3	1.5	100
合计		200	100	

影响质量的主要因素有混凝土的强度和截面尺寸；次要因素有侧向弯曲；一般因素有钢筋强度、表面平整、预埋件和表面缺陷。

画出排列图,如下图所示。

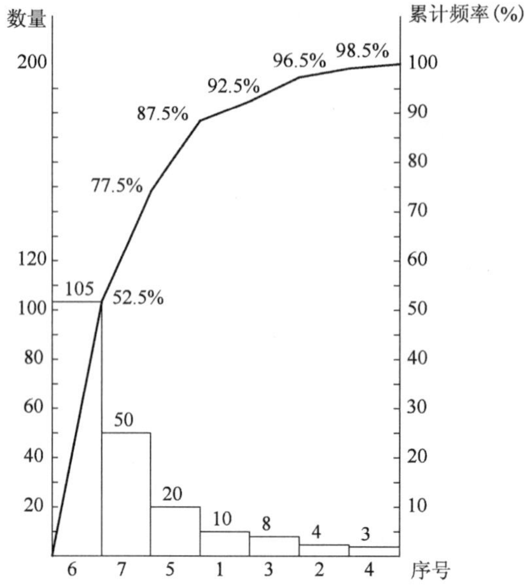

6. 钢筋强度属于基本要求;混凝土强度、梁体断面尺寸属于关键项目,合格率应不低于95%;预埋件位置、表面平整度、梁体长度、横坡属于一般项目,合格率应不低于80%。

①钢筋强度100%、④梁体长度85%、⑤横坡80%等三项检测结果合格。

②预埋件位置75%、③表面平整度78%、⑥混凝土强度98%、⑦梁体断面尺寸93%等四项检测结果不合格(说明:分项工程中混凝土强度的合格率要么是100%,要么是0,没有0～100%之间的合格率)。

案例三十四

某高速公路工程项目实施过程中发生以下事件:

事件1:该工程开挖土石方工程量为60万m^3,综合单价25元/m^3,合同条款中规定,若实际工程量超出或少于工程量表中规定之工程量的25%以上时,则综合单价每立方米相应增减3元。在施工过程中,由于地基淤泥夹层增厚,开挖量加大,使土石方工程量达80万m^3,结算中对工程价款作了相应调整。

事件2:施工单位进场后进行施工准备,开工前向监理提交了施工组织设计和基础工程施工方案。监理工程师审核后,分析了施工方案可能出现的后果,提出了修改意见,然后以书面形式回复施工单位并报业主。

事件3:其中隧道工程在一煤矿附近施工,施工中承包人指出,因业主提供的参考资料有误,瓦斯提前出现,并据此擅自停工,要求业主赔偿因停工造成的损失。

问题:

1. 事件1中:

(1)本工程工程量的变更仅是由于工程量清单中对工程量估计不足,此类简单增加不需要监理工程师发布变更指令。是否正确?

(2)根据合同条文规定,变更后新的土石方综合单价应为多少元每立方米。

(3)计算原合同土石方开挖综合单价及增加工程量后,新的土石方开挖综合单价,计算完成开挖任务的工程价款。

2. 事件2中:

(1)施工单位认为监理方建议合理,同意修改原施工方案,提交新施工方案,同时申请开工,监理方应如何按程序办?

(2)开工后,监理工程师发现施工单位并没有按新施工方案进行施工,现场组织不力,监理工程师应如何执行合同?

(3)施工单位坚持按原施工方案进行施工,施工质量明显不符合规范要求,此时监理工程师应如何行使权利,处理问题?

事件3中:承包人提出的索赔成立否?为什么?

参考答案:

1. 事件1中:

(1)正确。

(2)22元/m^3。

(3)按原合同单价计算的工程量及价款:

工程量 $=60\times(1+25\%)=75$(万 m^3)

价款 $=75\times25=1875$(万元)

按计算价计算的工程量及价款:

工程量 $=80-75=5$(万 m^3)

价款 $=5\times22=110$(万元)

总价款的计算:

总价款 $=1875+110=1985$(万元)

2. 事件2中:

(1)监理方进行监理的程序为:

①监理工程师检查施工单位的施工准备情况,是否已具备开工条件;

②若已具备开工条件,报业主同意后,总监理工程师发布开工令。

(2)监理工程师执行合同的程序为:

①监理工程师发监理通知,要求施工单位按新施工方案施工,避免出现施工质量问题;

②向业主报告,召开现场协调会,要求施工单位整改,发备忘录。

(3)监理工程师行使权利,处理问题的程序为:

①报经业主同意,总监理工程师签发停工令,要求施工单位进行整改;

②监督、检查施工单位的整改情况;

③整改完成后,由施工单位提交复工申请,经监理工程师核查确认后,由总监理工程师签发复工令;

④对拒不整改者,监理工程师可向业主提出报告,指令施工单位调换有关人员。

2. 事件3中:

根据案例分析,承包人提出的索赔不成立。

因为:(1)招标文件中载明,业主提供的水文、地质、气象等参考资料并不构成合同文件的一部分,承包人应对自己就上述资料的解释、推论和应用负责。

(2)根据合同通用条款11条的规定,承包人进行了现场考察,已对现场的地形地貌和特征,包括地表以下的情况在费用和时间方面的可行性感到满意。

(3)招标文件中已载明并经过现场考察证实,该隧道施工确实处于一煤矿附近,因而瓦斯的出现不是一个有经验的承包人所无法预见到的(合同通用条款12条),不符合《合同法》所指的不可抗力,即不能预见,不能避免,不能克服的客观情况。

(4)没有监理工程师的指示,承包人擅自停工造成的损失与损害应由承包人自负。

案例三十五

某公路工程项目,工程量清单中的土方开挖数量为90万m^3,岩石分类为软石、次坚石、坚石三类,对应的单价也随之递增,合同工期15个月。

在基础工程施工中碰到地下有大量文物,使整个工程停工10天;主体工程施工中由于施工机械出现故障,使进度计划中关键线路上的部分工作停工15天。两次停工承包人都及时向监理工程师提出了工期索赔申请,并提供了施工记录。

另外,由于总承包人没有做地下通道防水的专门技术,按照合同约定,提出将地下通道防水工程分包。为了保证工程质量,赶在雨季前做完地下通道防水,业主代表选择了一家专业防水施工队,将地下通道防水工程分包了出去(合同未签),并向施工总承包人发出了通知,要求施工总承包人配合地下通道防水分包单位施工。

问题:

1. 在施工中,承包人开挖的土方数量比工程量清单中的数量多了约13万m^3,为此承包人提出由于工程量的变化影响了工程的正常进度,要求业主对此给予经济赔偿。承包人的要求是否合理?为什么?

2. 如果在施工中监理工程师未及时提供施工图纸,承包人是否能得到经济赔偿及顺延合同工期?

3. 如果工程量清单中的软石、次坚石、坚石与实际情况出入太大,承包人能否得到额外费用赔偿?为什么?

4. 该工程在施工中部分工地遭受洪水不可抗力的灾害,监理工程师接到承包人提交的索赔申请后,应进行哪些工作?

5. 监理工程师判定承包人索赔成立的条件是什么?

6. 监理工程师对两次索赔申请应如何处理?

7. 业主代表的做法是否正确?为什么?

8. 施工总承包人提出异议,监理单位应按什么程序协调有关方的关系?

9. 分包单位施工完毕后,向监理单位报送了工程款支付申请和工程结算书,你认为监理方应如何处理?

参考答案:

1. 承包人的要求不合理。因为工作量的增加在±15%的合同范围,故不能向业主索赔。

2. 监理工程师有义务满足承包人正常施工的用图需要,应该赔偿承包人停工待图的全部经济损失并顺延合同工期。

3. 不能得到额外费用赔偿。因为合同条件规定，承包人在投标时已对施工现场进行了勘察，承包人考察现场后已对每一单价做出了详尽分析，应该自己承担在报价时单价计算不准确的风险，其额外赔偿无效。

4. 实地勘察，了解证实有关受灾情况；验证施工单位提出的索赔项目（数量）及证据；根据法律和合同，划清责任界限；认可合理索赔要求。对双方均有责任的项目，划清责任及确定各自的比例；拒绝无理索赔要求；拟定合理赔偿数额和延期天数；与承包人协调统一意见；签发索赔报告；把处理意见报业主核定批准。

5. 监理工程师判定承包人索赔成立的条件：

（1）承包人受到了实际损失或损害。

（2）损失不是因为承包人的过错和责任。

（3）损害也不是承包人应承担的风险造成。

（4）承包人在合同规定的索赔时限内提出。

6. 两次索赔处理：

（1）对第一次索赔应判定索赔成立。因为：①遇到文物时的停工应视为业主应承担的风险，不属于承包人的责任，工期索赔理由成立；②承包人及时提供了证据资料；③承包人及时提出了索赔申请。监理工程师根据监理记录核实延误的天数。监理工程师签发工期变更指令。

（2）对第二次索赔判定索赔不成立。因为施工机械故障造成工期延误是承包人自己的责任，索赔无理由。监理工程师应在收到索赔申请后28天内做出答复，表示索赔不成立。

7. 业主代表的做法不正确，原因如下：

（1）业主代表自行选择分包单位，承包合同违约；

（2）业主代表未通过监理方直接向施工单位发通知，监理合同违约。

8. 监理方应按下列程序进行协商：

（1）总监理工程师签发监理通知，召开有关方协调会，中止业主违约行为；

（2）由监理单位对分包单位进行审核和确认，并报业主；

（3）由总包单位与分包单位签订分包合同。

9. 监理方应做如下处理：

（1）退回分包单位的申请，监理方不直接审核分包单位的工程款；

（2）发监理通知，督促总包单位对分包单位的工程质量进行验收；

（3）分包单位与总包单位进行结算。

案例三十六

某公路工程建设项目，其工程开、竣工时间分别为当年的6月1日和11月30日。业主根据该工程的特点及项目构成情况，将工程分为四个标段。其中，第四标段造价为4150万元，第四标段中的预制构件由甲方提供（直接委托预制厂生产）。

1. 某监理公司承担了第四标段的监理任务，委托合同中约定监理期限为190天，监理酬金为60万元。但实际上，由于非监理方面原因导致监理时间延长了25天。经协商，业主同意支付由于时间延长而发生的附加工作报酬。

2. 为了做好该项目的投资控制工作，监理工程师明确了以下投资控制措施：

（1）编制资金使用计划，确定投资控制目标。

（2）进行工程计量。

（3）审核工程付款申请，签发付款证书。

（4）审核施工单位编制的施工组织设计，对主要施工方案进行技术经济分析。

（5）对施工单位报送的工程质量评定资料进行审核和现场检查，并予以签证。

（6）审核施工单位现场项目管理机构的技术管理体系和质量保证体系。

3. 第四标段施工单位为D公司，业主与D公司在施工合同中约定：

（1）开工前，业主应向D公司支付合同价25%的预付款，预付款从第3个月开始等额扣还，4个月扣完。

（2）业主根据D公司完成的工程量（经监理工程师签证后）按月支付工程款，保留金额为合同总额的5%，保留金按每月产值的10%扣除，直到扣完为止。

（3）监理工程师签发的月付款凭证最低金额为300万元。第三标段各月完成产值如下表所示。

单　位	月　份					
	6	7	8	9	10	11
D公司	480	685	560	430	620	580
预制厂			275	340	180	

问题：

1. 由于非监理方原因导致监理时间延长25天而发生的附加工作报酬是多少？（保留小数点后两位。）

2. 监理工程师明确的投资控制措施中，哪些不属于投资控制措施？

3. 业主支付给D公司的工程预付款是多少？监理工程师在6、8、9、10月底分别给D公司实际签发的付款凭证金额是多少？

参考答案：

1. 附加工作报酬 = 25 × 60 ÷ 190 = 7.89万元。

式中，60万元为第三标段监理合同报酬额。

2. 在所明确的投资控制措施中，第（5）项和第（6）项不属于投资控制的措施。

3. 业主支付经D公司的工程预付款为D公司所承担部分的合同价的25%。即3355.00 × 25% = 838.75万元。

式中，D公司所承担部分的合同价为4150 − (275 + 340 + 180) = 3355.00万元。

监理工程师在6、8、9、10月底给D公司实际签发的付款凭证金额为每月支付的工程款扣除每月的保留金（每月产值的10%），从第3个月开始还要扣除每月应扣的预付款（等额扣还，4个月扣完）。具体计算如下：

（1）工程保留金额为3355.00 × 5% = 167.75万元。

（2）第3个月开始每月应扣的预付款为838.75 ÷ 4 = 209.69万元。

（3）监理工程师给D公司实际签发的付款凭证金额：

①6 月底：

480.00 - 4800 × 10% = 432.00（万元）

由于 432.00 万元大于每月付款最低金额 300.00 万元，故 4 月底实际签发付款凭证金额为 432.00 万元。

②8 月底：

560.00 - 51.25 - 209.69 = 299.06（万元）

其中 51.25 万元为 6 月底应扣保留金。

167.75 - 48.00 - 68.50 = 51.25（万元）

式中 68.5 万元为 5 月底应扣保留金，685.00 × 10% = 68.5（万元）。

由于 299.06 万元低于合同规定的月付款凭证最低支付限额，故本月暂不支付。

③9 月底：

430 - 209.69 = 220.31（万元）

由于 6 月底未支付工程款，故 7 月底监理工程师实际应签发的付款凭证金额为 299.06 + 220.3l = 519.37 万元。

④10 月底：

620 - 209.69 = 410.31（万元）

10 月底监理工程师实际应签发的付款凭证金额为 410.31 万元。

案例三十七

某高速公路项目，业主与路桥监理公司签订了监理合同。总监理工程师要求监理人在进驻施工现场前要熟悉相关资料，认真审核施工单位提交的有关文件、资料等。开工后，发生了以下事件：

事件 1：由于强夯工程量无法在合同中准确确定，据此在施工合同中规定，按施工图预算方式计价，乙方必须严格按照施工及施工合同规定的内容及技术规范要求施工，工程量由监理工程师负责现场计量。根据该工程的合同特点，监理工程师制订的工程量计量与工程款支付程序要点如下：

（1）乙方对已完工的分项工程在 7 天内向监理工程师申请质量认证，取得质量合格证书后，再提出计量申请报告。

（2）监理工程师在接到计量申请报告后 7 天内核实已完成的工程数量，并在计量前 24 小时通知乙方，乙方为计量提供一切便利条件并派专人参加计量工作，如果乙方不派人参加计量工作，监理工程师按照规定的计量方法自行计量，计量结果有效。计量工作结束后，监理工程师签发计量证书。

（3）乙方凭质量合格证书和计量证书向监理工程师提出付款申请。

（4）监理工程师审核申报材料，确定支付款额，并向甲方提供付款证明材料。

（5）甲方根据乙方取得的质量证书和计量证书以及付款证明材料，对工程价款进行支付与结算。

同时，工程开工前乙方向业主提交了施工组织设计并得到了监理工程师的批准。

事件 2：施工到沥青路面时，因 2 合同段运输路面材料的道路被当地村民挖断，为了工期不延误,材料只能从1合同快完工的一段路上运进2合同段。为此,业主召集两合同段开会,要求1合同段调整施工安排,于8月30日前完成该段施工。9月1日起,2合同段从该段路运进材料。1合同段至9月20日才完成该路段施工,致使2合同段工期延误,1合同段该段路在交工后缺陷期未满已发生破坏。

问题:

1. 监理工程师应熟悉的主要资料有哪些?

2. 监理工程师在承包人进入施工现场到工程开工这一阶段的工作重点是什么?

3. 事件1中:

(1)在工程施工过程中,当进行到施工图所规定的处理范围边缘时,乙方在取得在场监理工程师认可的情况下,为了使夯击质量得到保证,将夯实范围适当扩大,施工完成后,乙方将扩大范围内的工程数量向监理工程师提出额外计量要求,但遭到拒绝。试问监理工程师拒绝乙方的要求是否合理,为什么?

(2)工程施工过程中,乙方根据监理工程师指令就部分工程进行了变更施工。试问本合同中变更部分的合同价款应根据什么原则进行确定?

4. 事件2中:

(1)业主做法是否妥当,为什么?

(2)2合同段工期延误由谁负责,2合同段是否可以获得延期或索赔。为什么?

(3)1合同段该段路被损坏应由谁负责,由谁维修?

参考答案:

1. 监理工程师应熟悉的主要资料有:①监理人员应熟悉合同文件内容;②了解现场用地占有权和使用权的解决情况;③核查设计图纸;④复核定线数据;⑤制定监理程序;⑥审查承包人的自检系统;⑦落实承包人的材料来源、施工设备及技术状况等。

2. 主要工作内容为:①复核图纸和放样定线数据;②审查承包人的施工方案和施工组织设计文件;③审查承包人的质量保证体系或质量保证措施文件;④审查承包人的材料源是否有效、可靠;⑤审查承包人的主要施工机具、设备的组织配套和技术性能报告;⑥审查承包人的人员(技术人员、工人)和施工机具的到位情况;⑦检查核实参与工程的各方为工程开工的准备情况及审核承包人的开工报告。

3. 事件1中:

(1)监理工程师拒绝扩大范围的工程量计量是合理的,其原因是:该部分工程量超出了施工图的要求,也就是超出了工程合同约定的工程计量范围,所以监理工程师无权处理合同以外的工程计量内容。而监理工程师认可的是施工单位保证质量技术措施,一般在建设单位没有批准追加相应工程内容引起的增加费用的情况下,技术措施费用应由承包人自己承担。

(2)本合同变更价款的确定可按以下原则处理:

①合同中已有适用于变更工程价格的,按合同已有的价格计算并确定变更合同价款;

②合同中含有类似变更工程价格的,可以参照类似价格确定变更合同价款;

③合同中没有适用或类似变更工程价格的,由承担人提出适当的变更价格,监理工程师与业主及承包人协商确定变更合同价款,如果协商变更价格达不成一致时,可报上级主管部门仲裁。

4. 事件 2 中：

(1)业主做法不符合合同规定。①调整施工安排即改变了工程已规定的施工顺序和时间安排，是属"工程变更"，只有通过监理工程师才能作出变更工程的指示。②工程完工后应通过交工(或竣工)验收，才能交付使用。而 1 合同段该段路完成施工后未经交工(或竣工)验收提前使用。

(2)2 合同段工期延误不是该承包人原因造成的，可以获得延期，并且业主提供的运输通道受到破坏，改变的通道又未及时提供，延误是因为业主应负责的情况所造成的。所以，2 合同段可以要求索赔。

(3)1 合同段该段路未经交工(或竣工)验收，提前使用，表示业主已接受并批准工程。业主应按合同规定承担此类风险"所造成的损失或损害"。承包人也应履行缺陷责任期义务、负责维修该段损坏路段，但维修费用由业主承担。

案例三十八

某公路工程项目由路基、涵洞、锚杆、挡墙、小桥等组成。

1. 其中锚杆挡墙的锚杆设计长度为 11m，承包人在施工完钻孔工序后向监理工程师提交了工序自检合格报告。而监理工程师在工序检查中发现有的钻孔长度仅为 8m。

2. 下表为小桥的流水节拍，按甲乙丙丁的顺序组织流水施工。

工　序	甲	乙	丙	丁
挖坑	4	6	5	3
砌基	4	7	5	4
砌台	4	6	4	5
上部	4	5	4	4

3. 下图为一涵洞施工双代号网络图。

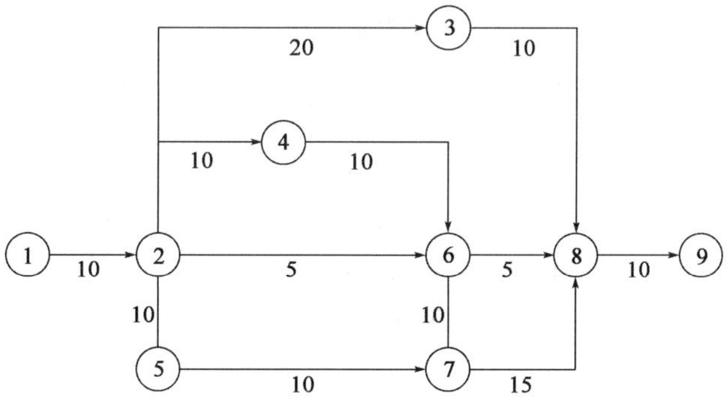

问题：

1. 请写出质量缺陷处理程序？

2. 如你是监理工程师应对题述质量事故如何处理？

3. 计算流水步距和工期(保留计算步骤)，绘制横道图。

4. 计算涵洞施工双代号网络图的节点时间参数，确定总工期和关键路线。若规定工期为50天，计划应如何调整？调整前和调整后如工作⑥、⑧延长3天完成，总工期有何影响？

参考答案：

1. 应根据质量缺陷的性质和严重程度，按如下方式处理：①当因施工而引起的质量缺陷处在萌芽状态时，应及时制止，并要求承包人立即更换不合格的材料、设备或不称职的施工人员；要求立即改变不正确的施工方法及操作工艺。②当因施工而引起的质量缺陷已出现时，应立即向承包人发出暂停施工的指令（先口头后书面），待承包人采取了足以保证施工质量的有效措施，并对质量缺陷进行正确的补救处理后，再书面通知恢复施工。③当质量缺陷发生在某道工序或单项工程完工以后，而且质量缺陷的存在将对下道工序或分项工程产生质量影响时，监理工程师应在对质量缺陷产生的原因及责任作出了判定并确定了补救方案后，再进行质量缺陷的处理或下道工序或分项的施工。④在交工使用后的缺陷责任期内发现施工质量缺陷时，监理工程师应及时指令承包人进行修补、加固或返工处理。

2. 该质量事故的发生只有两种情况，一是承包人的质检人员对工程质量极端不负责任；二是承包人有意偷工减料，二者必居其一。为此，首先向承包人发出暂停施工的指令（先口头后书面）；然后查明发生质量事故的原因及有关责任人；更换不称职的施工人员；对承包人的自检体系进行整改，确保工程质量满足要求；对质量缺陷进行补救后再发出书面通知恢复施工。

3. 流水步距和工期的计算：

（1）流水步距的计算：

K1,2	4	10	15	18	
	⟶	4	11	16	20
=	4	6	4	2	−20

K2,3	4	11	16	20	
	⟶	4	10	14	19
=	4	7	4	6	−19

K3,4	4	10	14	19	
	⟶	4	9	13	17
=	4	6	5	6	−20

（2）总工期的计算：

总工期 $=\sum k+\sum T_n+\sum t_g=(6+7+6)+(4+5+4+4)=36$（天）

（3）横道图绘制（略），按计算出来的流水步距绘制（如下图）。

4. 规定工期为50天，现计划工期65天，应压缩15天，因此选择关键工作压缩，方案有多种，最简单的是工作①、②和工作⑧、⑨共压 15 天；工作①、②压 7 天，工作⑧、⑨压 8 天，但不一定好。

调整前工作⑥、⑧延长 3 天，总工期无影响，因为未超总时差 15 天。调整后原计划时差未变化，因此无影响。

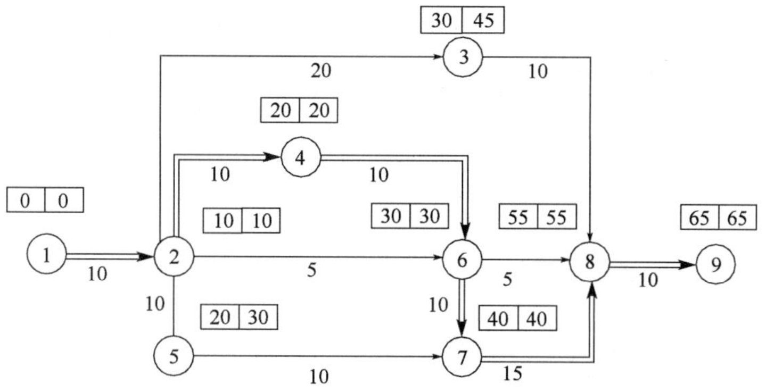

案例三十九

某公路工程项目分项工程网络图如下，第 12 天晚上检查时发现 F、G、H 工序分别还需 3 天、6 天、12 天才能完成。

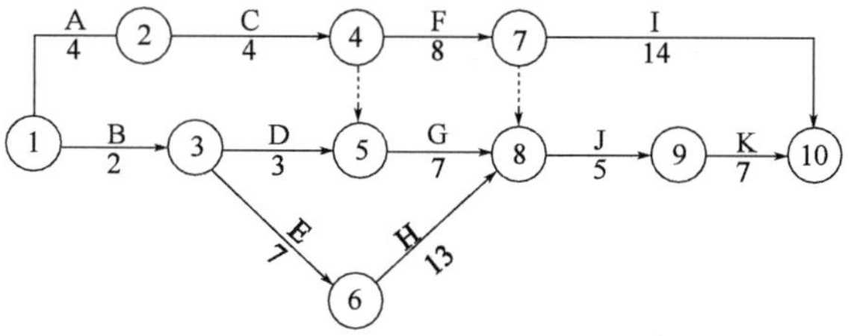

问题：

1. 计算下列网络图的节点时间参数，并确定关键线路。

2. 评价 F、G、H 工序进度提前或延误天数。

3. 如果上述结果是非承包人责任，对承包人的延期申请应批几天？

4. 如果由于承包人的原因或责任，致使工期延误，监理工程师签发指令要求承包人采取组织措施和技术措施加快施工进度。这里所指的组织措施和技术措施包括哪些内容？采取上述措施所发生的费用如何处理？

参考答案：

1. 先求节点时间参数，如下图。关键线路为：① - ③ - ⑥ - ⑧ - ⑨ - ⑩。

2. 评价各工序进度情况：

F 延误 = 12 + 3 - 16 = -1　提前 1 天；

G 延误 = 12 + 6 - 15 = 3　延误 3 天；

H 延误 = 12 + 12 - 22 = 2　延误 2 天。

3. F提前1天，不存在延期问题。G延误3天，不在关键线路上，且不大于总时差，不影响总工期。H延误2天，在关键线路上，影响总工期延长2天。因此，对承包人的延期申请应批2天。

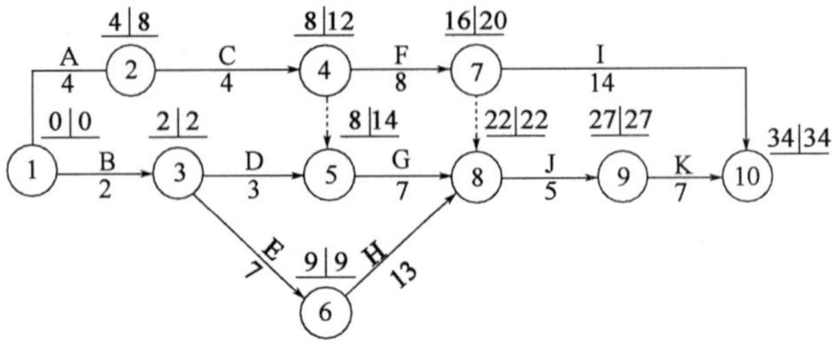

4. 组织措施包括：

(1)组织增加机械设备和劳力。

(2)调换素质较高的人员进场，加强施工现场管理。

(3)增加每天施工时间，但需上报监理工程师批准。

技术措施包括：

(1)改进施工技术、缩短工艺时间。

(2)采用性能先进的施工机械。

(3)将顺序作业法改为流水作业法或平行作业法。

采取上述措施所发生的费用全部由承包人承担。因为是承包人的原因导致工期延误，监理工程师的指令，是促使承包人履行合同义务。

案例四十

某高速公路建设项目，包括路基和路面工程(80km)，大型桥梁(5座)，业主把路基路面工程和桥梁工程分别发包给了两个承包人(单位)，并签订了施工承包合同。业主委托某监理咨询公司负责该项目的施工监理工作，并签订了监理委托合同。

一、监理合同中部分内容如下：

1. 在施工期间，任何工程变更均须经过监理单位审查、认可，并发布变更指令为有效，实施变更。

2. 监理单位应在业主的授权范围内对委托的工程项目实施施工监理。

3. 监理单位有发布开工令、停工令、复工令的权利。

4. 监理单位为本工程项目的最高管理者。

5. 监理单位应维护业主的权益。

6. 监理单位主要进行质量控制，而进度与投资控制的任务主要由业主行使。

7. 由于监理单位的努力，使合同工期提前的，监理单位与业主分享利益。

二、该公司的副总经理担任该项目的总监理工程师。为了编写监理计划，总监理工程师安排该监理咨询公司的技术负责人组织人员编写该项目的监理计划。编写人员根据本监理公司已有的监理计划范本，将投标时的监理大纲进行修改后编制成该项目的监理计划。该监理计划经总经理审核签字后报送业主。

该项目监理计划内容包括:①工程项目概况;②监理工作依据;③监理工作内容;④监理机构的组织形式;⑤监理机构人员配备计划;⑥监理工作方法及措施;⑦监理机构的人员岗位职责;⑧监理设施。

在第一次工地会议上,业主根据委托监理合同宣布了总监理工程师的任命及授权范围。

总监理工程师根据监理计划介绍了监理工作内容、监理机构的人员岗位职责和监理设施等内容。其中,监理工作内容如下:

①编制项目施工进度计划,报业主批准后下发施工单位执行。

②检查现场质量情况并与规范标准对比,发现偏差时下达监理指令。

③协助施工单位编制施工组织设计。

④审查施工单位投标报价的组成,对工程项目造价目标进行风险分析。

⑤编制工程量计量规则,依次进行工程计量。

⑥组织工程竣工验收。

问题:

1. 上述监理合同有无不妥之处,怎样提恰当些?

2. 项目总监应如何考虑建立监理组织结构形式?并说明理由,且绘出组织结构图。

3. 指出该监理咨询公司编写"监理计划"的做法不妥之处,并写出正确的做法。

4. 指出该项目"监理计划"内容中的缺项名称。

5. 在总监理工程师介绍的监理工作内容中找出不正确的内容并改正。

参考答案:

1. 第 1 条不妥。正确的是:设计变更的审批权在业主。任何设计变更须经监理单位审查后,报业主审查、批准,同意后,再由监理单位发布变更指令,实施变更。

第 2 条正确。

第 3 条不妥。正确的是:监理单位在征得业主同意后,有权发布开工令、停工令、复工令。

第 4 条不妥。正确的是:监理单位受业主委托就工程项目的施工对承包人进行全面的监理、管理,对某些重大决策问题还必须由业主作出决定。因此,监理单位不是也不可能是工程项目建设的唯一最高管理者。

第 5 条不妥。正确的是:在监理工作中,监理单位应当公正地维护有关方面的合法权益。

第 6 条不妥。正确的是:监理单位有实施工程项目质量、进度和投资三方面的监督控制权。

第 7 条不妥。正确的是:监理单位的努力使规定的建设工程提前,业主应按约定予以奖励,但不是利润分成。

2. 宜采用直线式组织模式。因为该公路建设项目由两个承包人分别承包,而直线式的组织结构模式适用于监理项目能划分为若干相对独立子项的大、中型建设项目。其组织结构可用下图表示。

3. 监理计划由监理公司技术负责人组织人员编写不妥,应由总监理工程师主持编写,专业监理工程师参加编写。

监理公司总经理审核不妥,应由监理公司技术负责人审核。

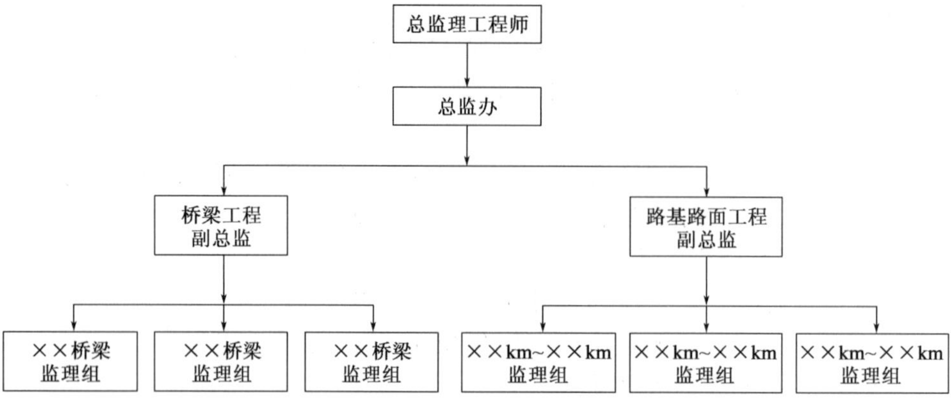

根据监理大纲范本修改不妥,应具有针对性(或应根据工程特点、规模、合同等编制)。

4. 缺项名称:监理工作范围、监理工作目标、监理工作程序、监理工作制度。

5. 监理工作内容:

①错误,应改为:审查并批准(审核、审查)施工单位报送的施工进度计划。

③错误,应改为:审查并批准(审核、审查)施工单位报送的施工组织设计。

④错误,应改为:依据施工合同有关条款、施工图,对工程造价目标进行风险分析。

⑤错误,应改为:按招标文件的工程计量规定进行工程计量。

⑥错误,应改为:参加工程竣工验收(或组织工程预验收)。

案例四十一

实行公开招标的某高速公路工程项目,在开标和评标过程中发现投标书中分别存在如下问题:

1. 有的投标人没有得到投标邀请书。

2. 有的投标人缺少施工现场平面布置图。

3. 有的投标人的施工工期比招标文件要求24个月工期短,只有20个月。有一个投标人工期比招标文件要求长,为25个月。

4. 有的投标文件在开标后结束前一个小时送达。

5. 有的投标人没有填写清淤泥单价,只填报了合价。有的投标人只填报单价,而没有报合价。

6. 投标书中报价有的大写(文字表示)的金额比小写(数字表示)的金额要小,有的大写金额比小写金额大。

7. 有的投标人没有代表参加现场考察。

8. 有的投标人在投标截止时间之前书面通知撤回投标文件。也有的在开标之后随即要求撤回投标文件。

9. 有的投标报价有修改,在修改处盖了授权代理人的章。

问题:

招标、评标人对以上问题应如何处理。

参考答案：

1. 通过资格预审的投标人，才获得投标邀请书，未得到投标邀请书无资格参加投标。

2. 现场平面图，不能满足“符合性”条件，为不合格标书。

3. 投标工期少于招标文件或长于招标文件要求的 24 个月，均不能满足“响应性”要求，也为不合格标书。

4. 投标文件在开标后，虽开标未结束，但已超过投标书递交截止期，应原封退回投标人。

5. 没有填报单价的可视为已计入其他工程细目的单价中，只报了单价没有报合价，可以按投标人已报单价乘以该项目工程数量所得合价予以修正。

6. 当大写金额与小写金额不符时，以大写金额为准。

7. 投标人没有代表参加现场考察和出席开标活动，表明投标人没有必要参加现场考察，并不影响投标人编制标书。

8. 投标截止时间之前，投标人书面通知可以撤回投标书；但开标之后即投标截止期以后，不得撤回，因开标后已进入投标有效期。在投标有效期撤回投标文件按规定没收投标担保金。

9. 投标报价按规定修改，投标书仍有效。

案例四十二

某高速公路项目，业主委托某监理公司进行施工监理，监理公司任命具有多年桥梁设计工作经验的高级工程师任项目总监理工程师。在项目实施过程中，发生以下事件：

事件 1：施工单位进场施工，发现按照设计提供的取土场开始清表取土填筑路基（该合同段全为借土填方，运距 10km），当取土场取深 3m 后发现下面是岩石和不能用作填土的不良土，施工单位只能另选取土场，运距增加 2km，加修便道 2km，这样造成该施工单位运输负担沉重，进度受到影响，成本费用大量增加。施工单位就此提出，在投标时业主未在标书中将此种情况预先告知施工单位。而业主则认为根据合同第 11 款（现场勘察）的规定，投标人已经认真进行了现场考察，对于料场应有充分考虑，拒绝任何增加费用的索赔要求。

事件 2：桥梁基础为钻孔灌注桩，按照《招标文件》的要求，所有桩都要进行无破损法（超声波）检测，以确保桩基础的工程质量。当桩基进行检测时，发现有一根断桩，断位处在地下水位以下，且地质资料显示该处有溶洞。由此，施工单位向项目监理机构报送了处理方案，其要点如下：

1. 补桩。

2. 调整承台的结构钢筋，外形尺寸做部分改动。

总监理工程师根据自己多年的桥梁设计工作经验，经审核认为施工单位提交的处理方案可行，因此予以批准。施工单位随即提出索赔意向通知，并在补桩施工完成后第 5 天向项目监理机构提交了索赔报告：

1. 要求索赔此桩处理期间机械、人员的窝工损失。

2. 增加的补桩应予计量、支付。

理由是此桩断桩原因是地质不良，有溶洞所致。

事件 3：在施工过程中未经监理工程师事先同意，施工单位就订购了一批预应力钢绞线。钢绞线运抵施工现场后，经监理人员检查发现，钢绞线质量存在下列问题：

1. 施工单位未能提交产品合格证、质量保证书和检测证明材料。

2. 钢绞线外观不良,无标识。

问题:

1. 事件1中:

(1)作为监理工程师你对此有何看法?

(2)你认为承包人应吸取什么经验教训?

2. 事件2中:

(1)总监理工程师批准上述处理方案,在工作程序方面是否妥当?试说明理由。并简述监理工程师处理施工过程中工程质量问题工作程序要点。

(2)施工单位提出的索赔要求,总监理工程师应如何处理?并说明理由。

3. 事件3中:监理工程师应如何处理预应力钢绞线问题?

参考答案:

事件1:

(1)根据本案例所述的情况,施工单位可能会依据不可预见的外界障碍或自然条件向业主提出费用补偿的要求。作为监理工程师,不能同意施工单位的要求。应认为施工单位通过业主所提供的资料及现场考察,已取得可能对投标有影响或起作用的风险、意外等的必要资料,并且在报价中考虑这些因素的影响。同时,案例中所述的情况是一个有经验的承包人能合理预计到的。

(2)施工单位在投标过程中要对业主提供的资料进行研究,认真做好现场考察和调查等环节的工作,充分了解施工中可能出现和存在的风险,并在报价中体现出来,在管理中采取相应措施,从而避免和减少损失。

事件2:

(1)工作程序不妥。理由是:该项目总监理工程师在批准处理方案时,既没有取得业主的同意,也没有取得设计单位的认可。

处理质量问题的工作程序要点是:

①发出质量问题通知单,责令承包人报送质量问题的调查报告、处理方案等。

②审查质量问题处理方案,并报业主。

③跟踪检查施工单位对已批准的处理方案的实施情况。

④验收处理结果。

⑤向业主提交有关质量问题的处理报告。

⑥将完整的处理记录整理归档。

(2)总监理工程师对施工单位提出的索赔要求应不予受理。理由是:断桩是由于施工单位本身施工不当造成的。至于地质不良和溶洞的原因,地质资料已充分显示,施工单位应充分估计到这一点,在施工中应采取有效措施,保证桩的质量。

事件3:

(1)由于该批钢绞线是由施工单位采购的,经监理工程师检查发现该批钢绞线外观不良、无标识,且无产品合格证等资料。故监理工程师应书面通知施工单位不得将该批钢绞线用于本工程项目,并抄送业主备案。

(2)监理工程师应要求施工单位提交该批钢绞线的产品合格证、质量保证书、材质化验单、技术指标报告和生产厂家生产许可证等资料，以备监理工程师对生产厂家和材质保证等进行书面资料的审查。

(3)如果施工单位提交了上述资料，经监理工程师审查符合要求，则施工单位应按技术规范要求对该批产品进行有监理人员签证的取样送检试验。如果经检测后证明材料质量符合技术规范、设计文件的要求，则监理工程师可进行质检签证，同意使用，并书面通知施工单位。

(4)如果施工单位不能提供第(2)条所述的资料，或虽提供了上述资料，但经抽样送检试验后质量不符合技术规范或设计文件的要求，则监理工程师应书面通知施工单位不得将该批钢绞线用于本工程项目，并要求施工单位将该批钢绞线运出施工现场(施工方与供货厂商之间的经济、法律等问题，由他们双方协商解决)。

(5)监理工程师应将处理结果书面通知业主。工程材料的检测费用由施工单位承担。

案例四十三

某一级公路一段路基施工，经监理工程师批准的施工计划如下表所示。

工　序	施工内容	完成用时(天)	紧后工序
A	施工准备	15	B、C
B	路基清表	7	D
C	涵洞基础施工	10	E
D	93、94 区填土	40	H
E	洞身施工	20	F
F	洞口施工	16	G
G	台背回填	10	H
H	96 区填土	15	J
J	路基修整及验收	14	

承包人施工至 C、D 工序时，发现地基中存在软土，因而须对路基和涵洞的基底进行处理，同时要将原设计 $\phi1.5m$ 的圆管涵改为 $2\times2m$ 的盖板涵。这样，设计院出涵洞图纸延误工期 7 天，路基清淤换填用去 15 天，涵洞基底加固处理施工用去 4 天。由此，承包人提出要求延长工期。

问题：

1. 将此施工计划绘制成双代号时标网络图。
2. 计算关键线路、计划工期及各工序的总时差。
3. 监理工程师批准的计划工期延长应是多少才合理?
4. 承包人要求费用索赔是否合理？为什么?

参考答案：

1. 双代号时标网络图如下。

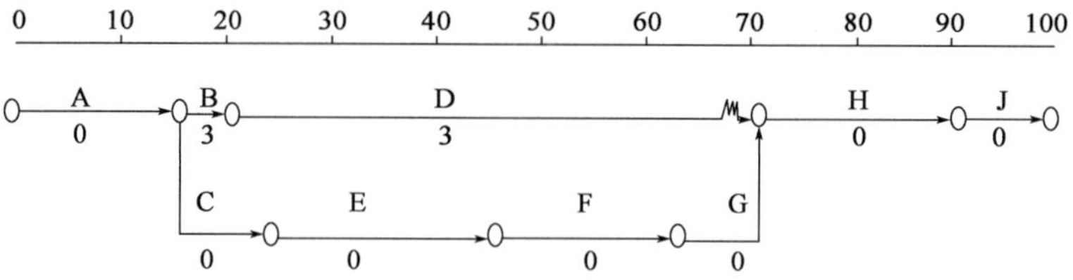

2. 关键线路为 A－C－E－F－G－H－J。

计划工期为 100 天。

各工序总时差：

TA = TC = TE = TF = TG = TH = TJ = 0

TB = TD = 9（天）

3. 合理延长计划工期：

C + E + F + G + C′ + C″ =（10 + 20 + 16 + 10）+（7 + 4）= 67（天）

B + D + B′ =（7 + 40）+ 15 = 62（天）

计划工期延长天数：

67 +（A）+（H + J）－ 100 = 67 + 15 + 29 － 100 = 11（天）

4. 承包人不能提出费用索赔，因为本工程增加费用不属于“因业主风险”而造成，且施工机械可调至其他路段施工。

案例四十四

某桥梁工程施工合同于 2014 年 12 月签订，约定的合同工期为 24 个月，2015 年 1 月开始正式施工。施工单位按合同工期要求编制了梁板混凝土施工时标网络计划（如下图所示），并经专业监理工程师审核批准。

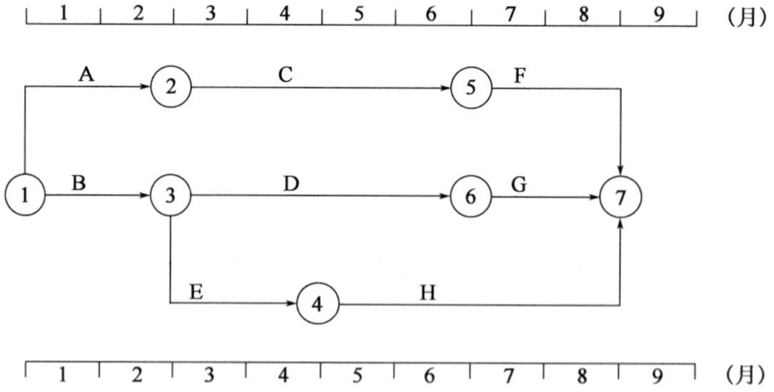

该工程项目的各项工作均按最早开始时间安排，且各工作每月所完成的工程量相等。各工作的计划工程量和实际工程量如下表所示。工作 D、E、F 的实际持续时间与计划持续时间相等。

工作	A	B	C	D	E	F	G	H
计划工程量（m^3）	8600	9000	5400	10000	5200	6200	1000	3600
实际工程量（m^3）	8600	9000	5400	9200	5000	5800	1000	5000

合同约定,梁板混凝土综合单价为 1000 元/m^3,按月结算。结算价按项目所在地混凝土工程价格指数进行调整,项目实施期间各月的混凝土结构工程价格指数如下表所示。

时间	2014 年 12 月	2015 年 1 月	2015 年 2 月	2015 年 3 月	2015 年 4 月	2015 年 5 月	2015 年 6 月	2015 年 7 月	2015 年 8 月	2015 年 9 月
价格指数(%)	100	115	105	110	115	110	110	120	110	110

施工期间,由于建设单位原因使工作 H 的开始时间比计划的开始时间推迟 1 个月,并由于工作 H 工程量的增加使该工作的工作持续时间延长了 1 个月。

问题:

1. 按施工进度计划编制资金使用计划(计算每月和累计拟完工程计划投资),并简要写出其步骤。计算结果填入下表中。

项目	投资数据(单位:万元)								
	1	2	3	4	5	6	7	8	9
每月拟完工程计划投资									
累计拟完工程计划投资									
每月已完工程计划投资									
累计已完工程计划投资									
每月已完工程实际投资									
累计已完工程实际投资									

2. 计算工作 H 各月的已完工程计划投资和已完工程实际投资。

3. 计算梁板混凝土已完工程计划投资和已完工程实际投资,结果填入表中。

参考答案:

1. 将各工作计划工程量与单价相乘后,除以该工作持续时间,得到各工作每月拟完工程计划投资额;再将时标网络计划中各工作分别按月纵向汇总得到每月拟完工程计划投资额;然后逐月累加得到各月累计拟完工程计划投资额。

2. H 工作 6~9 月每月完成工程量为 5000 ÷ 4 = 1250m^3/月。

H 工作 6~9 月已完工程计划投资均为 1250 × 1000 = 125 万元。

H 工作已完工程实际投资:

6 月:125 × 110% = 137.5 万元;7 月:125 × 120% = 150.5 万元。

8 月:125 × 110% = 137.5 万元;9 月:125 × 110% = 137.5 万元。

3. 计算结果填入下表:

项目	投资数据(单位:万元)								
	1	2	3	4	5	6	7	8	9
每月拟完工程计划投资	880	880	690	690	550	370	530	310	
累计拟完工程计划投资	880	1760	2450	3140	3690	4060	4590	4900	

续上表

项　　目	投资数据(单位:万元)								
	1	2	3	4	5	6	7	8	9
每月已完工程计划投资	880	880	660	660	4109	355	515	415	125
累计已完工程计划投资	880	1760	2420	3080	3490	3845	4360	4775	4900
每月已完工程实际投资	1012	924	726	759	451	390.5	618	456.5	137.5
累计已完工程实际投资	1012	1936	2662	3421	3872	4262.5	4880.5	5337	5474.5

案例四十五

某高速公路建设项目,业主与施工单位签订了工程施工合同,工程未进行投保。在工程施工过程中,发生以下事件:

事件1:某特大桥桩基施工,其中0号桥台的桩基础为6根水中钻孔灌注桩,设计为摩擦桩,地面高程为80m,设计桩尖高程为55m。0-1桩钻至高程65m时,已进入微风化岩层,而后0-2桩钻至60m时,也进入微风化岩层。本合同的工程量清单为:陆上摩擦桩1400元/m,陆上嵌岩桩2200元/m,水上摩擦桩2100元/m,水上嵌岩桩3000元/m。

事件2:遭遇特大暴风雨和洪水不可抗力袭击,使工程遭受到大损失,施工单位及时向监理工程师提出索赔要求,并附有与索赔有关的资料和证据。索赔报告的基本内容如下:

1. 遭特大暴风雨和洪水袭击属不可抗力,是因非施工单位原因造成的损失,故应由业主承担赔偿责任。

2. 给已建部分工程造成破坏,损失30万元,其修复费用应由业主承担,施工单位不承担修复的经济责任。

3. 施工单位人员因此灾害数人受伤,处理伤病医疗费用和补偿金总计4万元,业主应给予赔偿。

4. 施工单位进场的正在使用的机械、设备受到损坏,造成损失5万元,由于现场停工造成台班费损失2万元,业主应负担赔偿和修复的经济责任。工人窝工费2万元,业主应予以支付。

5. 因特大暴风雨和洪水造成工地停工12天,要求合同工期顺延12天。

6. 由于工程破坏,现场清理需费用3万元,业主应予以支付。

问题:

1. 事件1中:

(1)对0号台1、2号桩的终孔,应如何处理?

(2)在等待处理方案时,停工2天,施工方提出停工补偿,应如何处理?

(3)对该桥台的桩基应如何计量?

(4)工程量清单中仅有桩的每延米综合价,现施工方提出水上施工平台应另行计量,应如何处理?

2. 事件2中:

(1)监理工程师接到施工单位提交的索赔申请后,应进行哪些工作?

(2)不可抗力发生风险承担的原则是什么?对施工单位提出的要求如何处理?(请逐条

回答）。

参考答案：

1. 事件 1 中：

（1）对 0 号台的终孔，应做如下处理：0-1 桩、0-2 桩未到原设计高程已进入微风化，应将此桩改为嵌岩桩，按嵌岩桩的终孔原则终孔。由于该桥台的桩性及桩长发生变化，应办理工程变更手续。

（2）因地质及设计问题导致的停工，属业主风险，应对桩机及相关的机械实际停工的台班补偿停滞费，经监理工程师查实，有关人员确因此待工的应补偿待工费，若调作他用时，则不予补偿。

（3）0 号台桩应在监理工程师对各道工序检查合格，正常灌注完成，并经有资质的检测单位无破损检测合格，监理工程师签发了中间交工证书后才能计量，并应按嵌岩桩、变更后实际长度计量。

（4）水上施工平台费用属施工措施费，除非在工程量清单中已单列可以另行计量外，都应认为包括在桩的综合单价内，不应另行计量。

2. 事件 2 中：

（1）监理工程师接到施工单位提交的索赔申请后进行以下主要工作：

①审核承包人的索赔申请。

②判定索赔成立原则。

③对索赔报告的审查和核定。

④与承包人协商补偿。

⑤签发索赔处理决定，当监理工程师核实的索赔额超过其权限范围时，必须报业主批准。

（2）不可抗力风险承担责任的原则：

处理原则：

①工程本身的损害由业主承担。

②人员伤亡由其所属单位负责，并承担相应费用。

③造成施工单位机械、设备的损坏及停工等损失，由施工单位承担。

④所需清理工作的费用，由业主承担。

⑤工期给予顺延。

对索赔报告中 6 条内容的处理方法：

①经济损失由双方分别承担，工程延期应予以签证顺延。

②工程修复、重建 30 万元工程款应由业主支付。

③索赔不予认可，由施工单位承担。

④索赔不予认可，由施工单位承担。

⑤应予以认可，顺延合同工期 12 天。

⑥现场清理需费用 3 万元，由业主承担。

案例四十六

某桥梁建设工程项目，业主与 A 监理公司签订了委托监理合同，与 B 路桥公司签订了施工承包合同。A监理公司任命了总监理工程师，建立了项目监理组织机构，编制了监理实施细则，并在开工前审查了承包人的施工方案。

事件1：承包人为抢工程进度，在一个桥墩扩大基础的钢筋绑扎安装完成后马上派质检工程师到监理办公室请负责该项目的专业监理工程师到场进行钢筋检查验收。该监理工程师立即到现场进行检查，发现钢筋焊接接头、钢筋间距和保护层等方面不符合设计和规范要求，随即口头指示承包人整改。

事件2：承包人在自购钢筋进场之前按要求向试验监理工程师提交了合格证和自检试验资料，试验工程师按规定的频率进行了取样试验，结果合格。同意该批钢筋进场使用；但在钢筋绑扎安装验收时，发现承包人未做钢筋焊接试验，故专业监理工程师责令承包人在监理人员见证下取样送检，最终确定该批钢筋不合格。监理工程师随即下发不合格指令，要求承包人拆除不合格钢筋，并重置，同时上报了业主。承包人以本批钢筋已经监理人员验收为由，不同意拆除，并提出若拆除返工，应延长工期5天、补偿直接损失5万元的索赔要求。业主得知此事后，认为监理工程师有责任，要求监理单位按委托监理合同约定的比例赔偿业主的损失5000元。

问题：

1. 事件1中：

（1）如此进行钢筋检查验收，在程序上有何不妥？正确的程序是什么？

（2）监理工程师要求承包人整改的方式有何不妥之处？

2. 事件2中：

（1）监理单位是否应承担质量责任？为什么？

（2）承包人是否承担质量责任？为什么？

（3）业主对监理单位提出赔偿要求是否合理？为什么？

（4）监理工程师对承包人的索赔应如何处理？为什么？

参考答案：

1. 事件1中：

（1）如此进行钢筋检查验收的程序不妥。正确的验收程序为：钢筋绑扎完成后，承包人应先自检，自检合格后，填写《报验申请单》并附质检表，报监理机构；监理工程师收到《报验申请单》后先审查自检资料，并在规定的时间内到场检查；检查合格后，在《报验申请单》及质检表上签认，方可进入下一道工序。否则，签发不合格通知单或指令，要求承包人整改。

（2）监理工程师要求承包人整改的方式不妥。理由是：监理工程师应按规范要求下发不合格通知单或指令，书面指令承包人整改。

2. 事件2中：

（1）监理单位不承担质量责任。因为监理单位没有违背《建设工程质量管理条例》有关监理单位质量责任的规定。

（2）承包人应承担质量责任。因为承包人购进了不合格原材料。

（3）业主单位对监理单位提出赔偿要求不合理。因为此质量责任并不在监理单位，且业主也未造成直接经济损失。

（4）监理工程师不同意承包人的索赔要求。因为承包人采购了不合格材料，尽管此批钢筋已经监理工程师检验，但根据《合同法》的建设工程施工合同约定，不论工程师是否参加了验收，当其对某部分的工程质量有怀疑时，有权要求承包人重新检验，检验合格，发包人承担由此发生的全部合同价款，赔偿承包人损失，并相应顺延工期；检验不合格，承包人承担发生的全部费用，工期不予顺延。

案例四十七

某高速公路工程的合同工程量清单"说明"中列明了"工程一切险"的保险费率为0.5%；第三方责任险的投保金额为10万元，保险费率为1.0%。A施工单位投标书中的工程量清单100章填报的保险费总额为37560元。A施工单位中标后，按规定办理了投保。在施工过程中发生了几件事故，其经济损失情况如下：

1. 路基施工时，导致离路基边缘约10m的一幢旧式砖混结构民房墙体三处开裂，少量砖瓦下落，经地方协调部门协调，由A施工单位赔偿0.4万元。

2. 在一座中桥基础施工时，因遭遇特大洪水袭击，导致在河边施工的2台钻机、1台发电机、1辆汽车、3t水泥、$25m^3$砂、$25m^3$碎石受淹，$2m^3$木材被冲走。事后经监理工程师现场调查落实，情况属实，将承包人的损失及时上报了业主。经清查核实的经济损失如下表所示，合计金额为17060元。

项　目	数　量	单价（元）	损失金额（元）	备　注
钻机修理费	2台	2500	5000	
发电机修理费	1台	2000	2000	
汽车修理费	1辆	3000	3000	
水泥	3t	320	960	
砂	$25m^3$	40	1000	
碎石	$25m^3$	60	1500	
木材	$2m^3$	800	1600	
职工抢险费、受伤医疗费	2人	1000	2000	

事过3个多月后，A施工单位将上述两项事故损失用索赔申请形式向业主提出索赔（并将地方协调部门和监理工程师签章的证明材料一并附上）。业主收到此索赔申请报告后，认为与合同规定程序不符，不予受理。

问题：

1. 业主不予受理的理由是什么？
2. 监理工程师处理不当之处有哪些？
3. 这两件事故可通过什么正确途径解决？
4. 这两件事故可索赔多少金额？
5. 根据投标人的工程量清单报价，A施工单位的中标价应是多少（不包括"不可预见费"）？

参考答案：

1. 业主不予受理的理由是：承包人送达"索赔申请报告"的程序和时限不符合"合同"的

规定。

2. 监理处理不当之处是：事故发生后应要求承包人向承保单位及时报告，由承保单位派人到现场调查，而不是单由地方协调部门和监理工程师独立调查处理。

3. 这两件事故的正确处理途径是：由承包人向承保人（受理“工程一切险”和“第三方责任险”的保险公司）提出索赔；具体程序应按“保险单”规定的条件和期限及时向承保人报告，并抄送业主和监理工程师，然后按保险公司的规定程序处理。

4. 可挽回的经济损失为：

（1）房屋赔偿4000元（按“第三方责任险”）；

（2）钻机和发电机修理费7000元（工程一切险）；

（3）水泥、石、木材损失费3560元（工程一切险）。

以上费用应由保险公司调查核实。

其他：碎石因冲洗后可用，可由保险公司赔偿冲洗人工费；汽车为可移动设备，抢险人员为承包人职工，这2项均不符合保险赔偿内容。

5. A施工单位的中标价为（不包括“不可预见费”）：

$$\left(37560-\frac{100000}{100}\right)\div\frac{5}{100}=7312000（元）$$

案例四十八

某高速公路改扩建工程项目，包括路基土方填筑工程、一般桥涵工程、沥青混凝土路面工程等。

事件1：在施工单位组织的路基加宽拼接工程施工前的技术交底会上，交底的施工技术要点包括：（1）拓宽路基的地基处理应符合设计及规范要求；（2）上边坡的既有防护工程宜与路基开挖同步拆除，下边坡的防护工程拆除时应采取措施保证既有路堤的稳定；（3）既有路堤的护脚挡土墙及抗滑桩可不拆除。路肩式挡土墙路基拼接时，上部支挡结构物应予拆除，宜拆除至路床底面以下；（4）既有路基有包边土时，宜去除包边土后再进行拼接；（5）从老路堤坡脚向上开挖台阶时，应随挖随填，台阶高度可大于1m，宽度应不大于1m；（6）拼接宽度小于0.75m时，可采取超宽填筑再削坡或翻挖既有路堤等措施；（7）宜在新、老路基结合部铺设土工合成材料，并对新老路基结合部进行强夯。

事件2：高速公路路基施工应选用适宜的填筑材料进行路基填筑，并且应先进行试验段施工。本工程的施工图纸表明某一路段为软土路基，长度约270m，需要进行处理。

事件3：在桥涵台背回填即将开工前，总监理工程师安排桥涵专业监理工程师拟写一份台背回填质量的监理要点。

问题：

1. 在事件1中，（1）其中的内容有无不正确的内容？如果有，请写出正确的。（2）你有没有其他补充的内容？（3）关于路基强夯施工过程中的质量控制，主要控制项目有哪些？

2. 针对事件2，（1）路基填筑材料中，非适合材料有哪些？（2）软土地基处理的方法有哪些（至少写出三种方法）？

3. 针对事件3，请你写出桥涵台背回填的质量监理要点。

4. 根据《公路工程质量检验评定标准　第一册　土建工程》(JTG F80/1—2017)的规定，土方路基检测项目有哪些？

参考答案：

1. 在事件1中：

(1)其中的内容有不正确的，即第(5)条。应修改为：从老路堤坡脚向上开挖台阶时，应随挖随填，台阶高度应不大于1m，宽度应不小于1m。

(2)需要补充拓宽路堤填筑前的施工技术要点，即应拆除原有水沟、隔离栅等设施。拓宽部分的基底清除原地表土不小于0.3m，清理后的场地应进行平整压实。老路堤坡面，清除的法向厚度应不小于0.3m等。

(3)关于路基强夯施工过程中的质量控制，主要控制项目包括夯点布置位置；低能量满夯的夯点布置满足搭接面积不小于加固面积的1/4；总夯沉量或最后两击平均夯沉量；加固地基承载力和有效加固深度等。

2. 在事件2中：

(1)路基填筑材料中，非适合材料包括：①沼泽土、淤泥、泥炭、冻土、生活垃圾、建筑垃圾。②含有树根和易腐朽物质的土。③有机质含量大于5%的土。④液限大于50%、塑性指数大于26的土。

(2)软土地基处理的方法包括：挖除换填、抛石挤淤；砂垫层或砂砾垫层；灰土垫层；预压和超载预压；袋装砂井；塑料排水板；粉喷桩；碎石桩；砂桩；铺设土工合成材料等。

3. 桥涵台背与墙背填筑的质量监理要点包括：

(1)检查施工单位是否按设计做好了过渡段，过渡段路堤压实度应不小于96%。

(2)督促施工单位尽量做到台背与锥坡的回填同步进行。

(3)对于台背与背墙1m范围内的回填，应督促施工单位采用小型夯实机具压实。

(4)检查分层压实厚度是否大于15cm，填料粒径是否小于10cm，涵洞两侧回填填料粒径是否小于5cm，压实度应不小于96%。

(5)部位狭窄时，可同意施工单位采用低强度等级混凝土、浆砌片石等材料进行回填。

(6)检查涵洞两侧是否对称分层回填压实。

(7)督促施工单位回填部分的路床宜与路堤路床同步填筑。

(8)台背与背墙回填时结构物强度，检查是否达到设计强度75%以上。

4. 土方路基的质量检测项目有压实度、弯沉、纵断高程、中线偏位、宽度、平整度、横坡、边坡。其中，压实度、弯沉为关键项目。

案例四十九

某工程分为土建工程和设备安装工程。业主分别与土建、安装单位签订了土建施工、设备安装工程施工合同。两个承包人都编制了相互协调的进度计划。进度计划已得到批准。

土建施工完毕后，设备安装单位按计划将材料及设备运进现场准备施工。经检测发现有近1/6的设备预埋螺栓位置偏移过大，无法安装设备，须返工处理。安装工作因土建返工而受到影响，安装单位提出索赔要求。

问题：

1. 安装单位的损失应由谁负责？为什么？

2. 安装单位提出索赔要求，监理工程师应如何处理？

参考答案：

1. 安装单位的损失应由业主负责，因安装单位和业主有合同关系，业主没能按合同规定提供安装单位施工工作条件，使安装工作不能按计划进行。业主应承担由此引起的损失（安装单位与土建承包人没有合同关系，虽然安装工作受影响是由于土建承包人施工质量问题引起的，但安装单位不能直接向土建承包人索赔）。业主可根据合同规定，向土建承包人提出赔偿要求或给予其处罚。监理工程师收到安装单位索赔要求后，应审核索赔要求，进一步核实由此引起的损失金额和延误的工期，并组织业主和安装单位进行协商，协商一致后形成文件报业主批准，监理工程师均需按签证批准的索赔补偿。如果业主对土建承包人提出赔偿要求，监理工程师应配合提供土建承包人违约证明。

2. 对于地脚螺栓偏移的质量问题，监理工程师应向土建承包人发出整改通知，要求承包人返工处理，对承包人提出的具体施工措施，监理工程师应进行审核，并严格监督检查施工处理情况，处理完成后，应进行检查验收，验收合格后，组织办理移交签证，交由安装单位进行安装作业。

案例五十

某公路工程有一分部工程为一人行天桥工程，施工中发现原设计图纸错误，监理工程师通知承包人暂停一部分工程，并下达了工程变更令，待图纸修改后再继续施工。另外，还由于增加额外工程，监理工程师又下达了变更令，承包人对此两项延误，提出索赔要求。

问题：

承包人应提出哪几种索赔？依据是什么？

参考答案：

承包人应提出两项索赔：一是延长工期的索赔；二是工程费用的索赔。由于业主提供图纸有误，及更正图纸等指示延误，对工程进度造成影响，根据《标准施工招标文件》及《公路工程标准施工招标文件》合同条款22.2条规定，属于发包人违约，承包人可依据23.2条规定，获得工期和费用的赔偿。同时，依据规定，由于增加额外工程的变更令，故应适当延长工期天数。又根据15.1～15.4条款规定，增加本合同的工程量，对增加工程量应以作价，给予一定的费用索赔认可。

案例五十一

某高速公路机电工程施工单位计划于2019年5月23日在W收费站进行综合接地线施工，施工完工后立即进行接地电阻检测，施工单位于2019年5月21日向监理机构提交了此施工计划。监理机构安排一名监理工程师进行旁站监理，此综合接地线施工如期顺利完成。

问题：

1. 简要说出监理工程师旁站接地线施工与接地电阻检测的过程，特别注意保证工程质量监理必须关注的环节。

2. 填写此综合接地线施工旁站记录。

参考答案：

1. 施工旁站：

(1)依据施工图确认施工位置正确，或施工位置符合施工图设计标定地址；

(2)接地极与接地材料符合设计要求；

(3)开挖深度或埋设深度符合设计要求；

(4)焊接施工与防腐处理符合设计要求或施工规范；

(5)回填压实或施工现场处理符合文明施工要求。

检测见证：

(1)地阻仪及接地极配套完整，且校准或检定证明显示有效；

(2)检测方法正确；

(3)检测记录表适用；

(4)检测记录数据与地阻仪检测数值一致；

(5)当检测结果没有达到设计值时，施工单位现场处理方法符合施工工艺要求，直至接地电阻值达到设计值。

2. 按《公路工程施工监理规范》(JTG G10—2016)附录 B. 2“旁站记录”填写(旁站记录样本)。

案例五十二

根据你自己从事公路机电工程监理的实践，请回答以下问题：

1. 公路隧道交通控制系统包括那些主要设备？

2. 公路双洞单向隧道的交通控制运行模式一般可分为哪几种？

3. 公路隧道交通控制系统中交通控制设施的主要功能是什么？

4. 公路隧道车辆检测器施工的质量控制要点有哪些？

参考答案：

1. 隧道交通控制系统包括车辆检测器、交通信号灯、车道指示器、可变限速标志、可变情报板等设备。中心计算机根据各区域控制器检测到的交通流量、隧道运行工况模式，通过车道指示器、可变限速标志、交通信号灯和可变情报板来处理各种交通模式。

2. 双洞单向隧道的运行模式一般可分为以下五种：

(1)双洞单向双车道运行模式(正常运行)；

(2)左洞单向单车道，右洞单向双车道；

(3)左洞单向双车道，右洞单向单车道；

(4)左洞双向单车道，右洞关闭；

(5)右洞双向单车道，左洞关闭。

3. 隧道交通控制系统中交通控制设施的主要功能如下：

交通控制设施主要用于收集和处理交通信息，根据车辆检测器数据分析、判断交通拥挤和阻塞等异常状况及其发生地点和时间，做出相应的报警处理，同时接收中央控制室计算机传来的有关信息和命令，按照选定的方案或控制命令，实现对隧道内交通流和交通状态的有效控制。

4. 车辆检测器施工中质量控制要点如下:

(1)检测器线圈的安装应符合下列规定:

①线圈不得跨伸缩缝安装,埋设位置应避开金属物体;切缝应干燥、清洁。

②环形线圈不应有接头、断裂、打结或外皮损坏现象。

③线圈敷设后测量线圈电感量,电感量应符合检测器要求。

④在250V直流电压测试条件下,线圈对地电阻应大于10MΩ。

⑤线圈敷设应留有余量;敷设完成后,宜采用环氧树脂进行封装。

⑥封装应避免产生气泡;馈线与环形线圈应为完整电缆;馈线应扭绞结花。

(2)微波车辆检测器的安装高度、倾斜角度应满足设备技术文件要求。

(3)控制箱安装应牢固,机箱表面应无损伤。

(4)控制箱强电端子对机壳的绝缘电阻不应小于50MΩ,接地电阻不应大于4Ω。

(5)控制箱内接线应布线平直、整齐、牢固可靠、标识清晰,插头牢固。

第三部分　往年考试真题解析

2011 年公路工程综合考试试题(A 卷)

案例分析题(按所给案例的背景材料,正确分析并回答问题,请将答案写在答题纸指定位置,每题 20 分,共 100 分。)

一、某高速公路工程开工里程为 24km,划分为二个施工合同段。建设单位通过施工监理招标,将该工程施工监理工作委托给某监理单位。监理合同签订后,监理单位立即着手组建项目监理机构。监理单位根据该工程特点设置了二级监理机构,即总监理工程师办公室(简称总监办)和驻地监理工程师办公室(简称驻地办)。

总监办配备 1 名总监理工程师和若干名监理员。驻地办配备 1 名驻地监理工程师和若干名专业监理工程师。总监办和驻地办的主要职责如下:总监办的主要职责有:(1)主持召开监理交底会;(2)审批施工组织设计;(3)签发支付证书;(4)签发合同工程开工令、单位或合同工程的暂停令和复工令;(5)审核变更单价和总额以及延期和费用索赔;(6)组织编写监理竣工文件及监理工作报告。

驻地办的主要职责有:(1)主持编制监理计划;(2)主持召开第一次工地会议;(3)审批总体进度计划、重要工程材料及混合料配合比;(4)审批分项工程开工申请,签发分项和分部工程暂停令和复工令;(5)日常巡视、旁站、抽检,并做好记录;(6)核算工程量清单,负责对已完工程进行计量;(7)组织分项、分部工程中间验收和质量评定,签发中间交工证书;(8)审查交工验收申请,评定工程质量;(9)组织编制监理月报。

建设单位和监理单位签订的监理合同由以下几部分组成:(1)监理合同协议书及附件;(2)中标通知书;(3)合同专用条款;(4)合同通用条款;(5)在本合同专用条款中约定的构成本合同组成部分的其他文件。

监理合同中有如下内容:(1)监理工作目标是确保工程获得“鲁班奖”;(2)建设单位有权要求监理单位更换不能按监理合同的约定进行监理服务的监理人员;(3)监理单位可以将监理服务的任何部分转让或分包;(4)监理单位不履行监理职责,或与承包人串通损害建设单位利益,给建设单位造成经济损失,应向建设单位赔偿,监理单位的累计赔偿限额为监理服务费总额;(5)建设单位应指定一名授权代表,与监理机构建立工作联系;(6)建设单位在监理合同约定的监理服务范围内对承包人的任何意见或要求可直接向承包人提出。

问题:

1. 监理单位设置二级监理机构是否合理? 为什么?

2. 总监办和驻地办配备的监理人员是否合理?若不合理,请说明理由。

3. 试说明总监理工程师、驻地监理工程师的任职条件。

4. 指出本题所述的二级监理机构中总监办和驻地办的职责有何不妥之处。

5. 本工程监理合同的组成是否完备?如不完备,还缺少哪几种文件?

6. 若监理合同签订后,监理单位发现监理合同协议书、合同专用条款、合同通用条款对某一问题的规定不一致,应以哪一个文件的规定为准。

7. 本题所述监理合同的内容中有何不妥之处?为什么?

答案:

1. 监理单位设置二级监理机构合理。

因为根据《公路工程施工监理规范》规定,高速和一级公路可设置二级监理机构,即总监办和驻地办。高速和一级公路开工里程在20km以下的,宜设置一级监理机构,即总监办。该工程开工里程为24km,且划分为二个施工合同段,符合设置二级监理机构的条件。(2分)

2. 总监办配备的监理人员不合理。

理由:总监办应配备1名总监理工程师和若干名专业监理工程师及监理员。

驻地办配备的监理人员不合理。(1分)

理由:驻地办应根据工程复杂程度配备1~2名驻地监理工程师和若干名专业监理工程师及监理员。(1分)

3. 总监理工程师应具有交通运输部颁发的监理工程师证书及相应专业的高级技术职称,五年以上的现场工程监理经历、担任过两项以上同类工程的驻地监理工程师或总监理工程师职务。(1分)

驻地监理工程师应具有交通运输部颁发的监理工程师证书及相应专业的中级或高级技术职称、同类工程三年以上的监理经历。(1分)

4. 本题所列总监办的各项职责是正确的。(1分)

本题所列驻地办职责中的(1)(2)(3)(8)(9)不妥,这些职责应是总监办的职责。(2分)

5. 本工程监理合同的组成不完备,还缺少以下几种文件:(1)监理投标文件;(2)工程专用规范;(3)监理规范;(4)技术规范。(2分)

6. 按监理合同文件的优先次序,监理合同协议书排在最前面,因此,应以合同协议书的规定为准。(1分)

7. 监理合同内容中的不妥之处如下:

(1)“监理工作目标是确保工程获得‘鲁班奖’”不妥。(2分)

因为“鲁班奖”是一种建筑业奖项,监理单位的产品是服务。确保工程质量是施工单位的职责,获得“鲁班奖”是建设单位与施工单位的合同约定。

(2)“监理单位可以将监理服务的任何部分转让或分包”不妥。(2分)

按照有关法律法规及规章的规定,监理单位不得转让工程监理业务,也不得将监理服务的任何部分分包。

(3)“监理单位的累计赔偿限额为监理服务费总额”不妥。(2分)

按照监理合同通用条款规定,监理单位的累计赔偿限额为监理服务费总额的30%。达到此限额时,建设单位有权单方面终止监理合同。

(4)“建设单位在监理合同约定的监理服务范围内对承包人提出的任何意见或要求可直接向承包人提出”不妥。

因为按监理合同条款规定,建设单位在监理合同约定的服务范围内对承包人的任何意见或要求应通过监理工程师提出。(2 分)

二、某施工单位与建设单位按《公路工程标准施工招标文件》(2009 年版)签订了施工承包合同,合同工期 400 天,合同总价 5000 万元。施工前监理工程师已批准了施工单位提交的施工进度计划,其中的网络计划图如图 2-1 所示。

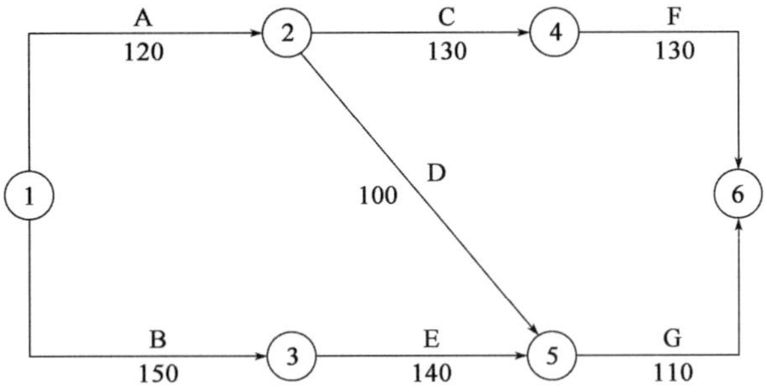

图 2-1　施工进度计划(单位:天)

该工程在施工过程中出现了如下事件:

事件 1:施工期间因下小雨,为保证路基施工质量,总监理工程师下达暂停施工指令,导致工作 A 持续时间延长 10 天,费用损失 6 万元。

事件 2:桥梁基坑开挖时因边坡支撑失稳坍塌,造成工作 B 持续时间延长 15 天,费用损失 8 万元。

事件 3:因不可抗力而引起施工单位的供电设施发生火灾,使工作 C 持续时间延长 10 天,费用损失 10 万元。

事件 4:因建设单位提出了工程变更,导致工作 E 持续时间延长 30 天,费用损失 20 万元。

问题:

1. 按照图 2-1 所示的施工进度图,确定该工程的关键线路和计划工期,并说明按此计划该工程是否能按合同要求的工期完工。

2. 对于施工过程中发生的事件,施工单位是否可以获得工期和费用补偿?分别说明理由。

3. 上述事件中施工单位可以获得的工期补偿是多少天?说明理由。

答案:

1. 该工程网络计划图中的关键线路是①→③→⑤→⑥;计划工期为 400 天,按此计划该工程可以按合同工期要求完工。(5 分)

2. 事件 1:施工单位不能获得工期和费用补偿。因为天下小雨是施工单位能预见的,属于施工单位应承担的风险责任。(3 分)

事件 2:施工单位不能获得工期和费用补偿。因为基坑边坡支撑失稳坍塌,属于施工单位施工方案有误,应由施工单位承担该风险责任。(3 分)

事件 3:不能获得工期补偿。虽然建设单位应承担不可抗力的工期风险,但工作 C 延误的

时间没有超过总时差，对工期没有影响，因此不能获得工期补偿。（3 分）

不能获得费用补偿，因为按公路施工合同条款规定，合同双方应分别承担不可抗力造成各自的费用损失。

事件 4：能获得工期和费用补偿，因为建设单位提出工程变更，建设单位应承担相应的风险责任，且该事件发生在关键线路上。（3 分）

3. 施工单位可获得的工期补偿为 30 天。

因为工作 E 可延长 30 天，因此新的计划工期为 430 天。（3 分）

三、某公路工程施工项目，合同的工程量清单中某一单项工程的工程量为 10000m^3，而施工中由于变更，该单项工程量实际完成数量为 7000m^3，合同约定，单项工程量变化超过 15% 时，单价做适当调整。

问题：

（1）承包人要求按原合同的工程量清单中的 10000m^3 计量，监理工程师如何处理？处理的依据是什么？

（2）《公路工程标准施工招标文件》专用合同条款对变更的估价是如何约定的？

（3）本单项工程的变更价格如何确定？

答案：

（1）承包人要求按原工程量清单中的 10000m^3 的数量计量，不能接受，应按实际完成的工程数量计量。（2 分）

依据是：《公路工程标准施工招标文件》通用合同条款规定，已标价工程量清单中的单价子目工程量为估算工程量。结算工程是承包人实际完成的，按合同约定的计量方法进行计量的工程量。（3 分）

（2）对于变更的估价，专用合同条款是这样约定的：

①如果取消某项工作，则该项工作的总额价不予支付；（2 分）

②已标价的工程量清单中有适用于变更工作子目的，采用该子目的单价；（2 分）

③已标价的工程量清单中无适用于变更工作子目的，但有类似子目的，可在合理范围内参照类似子目的单价，由监理人与合同当事人协商商定或确定变更工作的单价；（2 分）

④已标价的工程量清单中无适用或类似子目的单价，可在综合考虑承包人在投标时所提供的单价分析表的基础上，由监理人与合同当事人协商商定或确定变更工作的单价；（2 分）

⑤如何该工程的变更指示是因承包人过错、承包人违反合同或承包人责任造成的，则这种违约引起的任何额外费用应由承包人承担。（2 分）

（3）本单项工程的变更价格原则上应按以上②执行，（2 分）但考虑到工程数量变更（减少）较多，超过 15%，按合同约定，单项工程量变化超过 15% 时，单价做适当调整，因此可适当考虑调高单价。（3 分）

四、某路面工程项目，建设单位与施工单位签订了施工承包合同，合同中规定沥青材料由建设单位指定厂家，施工单位负责采购，厂家负责运输到工地。当第一批沥青运到工地时，发生如下情况：

1. 施工单位项目经理认为，沥青生产厂家由建设单位指定，材料进场后，施工单位只需检查出厂合格证明、出厂试验报告、装运数量、装运时间、订货数量等，不需重新进行检验。若沥青材料不合格导致质量问题，应由沥青生产厂家负责。

2. 监理工程师认为：每批沥青材料进场后，均应重新进行取样和试验，经检验合格后方可用于工程。

3. 建设单位代表认为：本项目工期紧张，施工单位意见可取。同时表示，如果监理工程师坚持要求取样和试验，一旦试验结果证明该批沥青材料合格，所有试验费用和工期延误导致的损失，由监理单位承担。

问题：

请对施工单位项目经理、监理工程师、建设单位代表三方意见分别作出判断，并说明原因。

答案：

施工单位项目经理的意见是不正确的（2 分），监理工程师的意见是正确的（2 分），建设单位代表的意见是不正确的（2 分）。

原因分析：

（1）《公路工程标准施工招标文件》《公路沥青路面施工技术规范》等明确规定，运到现场的每批沥青除应附有生产厂家的合格证明、出厂试验报告、装运数量、装运日期、订货数量等之外，还应重新进行取样和试验，且取样和试验应符合《公路工程沥青及沥青混合料试验规程》的规定。（5 分）

（2）施工单位应于施工开始前 28 天将拟用的沥青样品和上述证明及试验报告提交监理人批准。（3 分）

（3）沥青生产厂家虽由建设单位指定，但进场沥青材料的质量应由施工单位检验、把关，并承担相应的责任和费用。（3 分）

（4）工期紧张，不应成为放弃必要检验、放松质量要求的理由。如果因为必要的材料试验而影响了工期，其损失不应由监理单位来承担。（3 分）

五、《公路工程标准施工招标文件》（2009 年版）合同条款中，明确赋予监理人在质量、安全、环保、费用、进度等方面监理职权。同时，又对监理人在十种情况下行使权力作出了“需经发包人事先批准”的规定和限制。

问题：

1. 监理人在行使权力前需经发包人事先批准的十种情况分别是什么？

2. 如果属于上述十种情况，但事态紧急，有可能造成人员伤亡、危及本工程或邻近财产安全，监理人应该怎么做？

答案：

1. 这十种情况分别是：

①同意分包本工程的某些非主体、非关键性工作。（2 分）

②确定因不利物质条件产生的费用增加额。（1 分）

③发布开工通知、暂停施工指示、复工通知。（3 分）

④决定由于发包人原因、异常恶劣气候条件下的工期延长。(2分)

⑤审查批准技术规范或设计的变更。(1分)

⑥发出变更指示,其单项工程变更或累计变更涉及的金额超过合同规定额度。(2分)

⑦确定变更单价。(1分)

⑧决定有关暂时列金额的使用。(2分)

⑨确定暂估价金额。(2分)

⑩确定索赔金额。(1分)

2. 在此情况下,监理人应立即采取行动,有权在未征得发包人批准的情况下,发布处理紧急情况所必需的指令。(3分)

2012年公路工程综合考试试题(A卷)

案例分析题(按所给案例的背景材料,正确分析并回答问题,请将答案写在答题纸指定位置,每题20分,共100分。)

一、某高速公路一座跨线桥全长77.32m,上部构造为(20+32+20)m预应力混凝土现浇箱梁。施工单位拟采用满布支架法进行施工,支架最高点离地面为10.5m。

事件1:2011年7月15日,驻地监理工程师在审查该桥施工方案时,要求施工单位对支架施工单独编制专项安全施工方案,并组织专家对方案进行论证审查后再报送驻地办。

事件2:由于时间仓促,临近雨季,施工单位随即于7月16日开始支架施工。他们将另一项目中的支架施工方案(此方案支架最高点离地面为7.3m)仅修改了相关数据,但未进行专门验算,就于7月18日邀请三位专家进行了论证。专家提出应加强支架基础临时排水等五个问题。施工单位技术员根据自己记录的专家发言对方案进行了修改。项目经理审查后立即报送驻地监理工程师。驻地监理工程师审查后,于当日同意按此方案实施。

问题:

1. 针对以上事件,请分析驻地监理工程师的处理方式是否正确,并说明理由。

2. 驻地监理工程师在审查专项安全施工方案时应注意哪些问题?

答案:

1. 事件1中,监理工程师要求施工单位对支架施工方法单独编制专项安全施工方案,并组织专家对方案进行论证审查后再报,是正确的。因支架施工属于危险性较大的分项工程,应单独编制专项安全施工方案,并经专家进行论证后再报。事件2中,施工单位7月16日开始支架施工时,尚未编制专项安全施工方案和报审,而监理工程师未下达暂时停工指令,不妥,应立即下达暂时停工令,要求施工单位停止施工,待方案批准后按批准方案施工。另外,驻地监理工程师审查后即同意方案实施不妥。因为该方案未按本工程具体情况编制,只是将另一项目的支架施工方案(比本桥支架低了3m多)修改了相关数据,但未进行验算;只经过3位(应为5位)专家论证,且无专家书面审查意见;该方案无施工单位技术负责人签认,无专业监理工程师审查意见,不符合程序性要求。

2. 监理工程师在审批该桥支架施工方案时应注意:(1)施工单位应当分别编写各危险性较大的分部分项工程的专项安全施工方案,并在施工前办理监理报审。(2)监理工程师应按下列方法支持审查：①程序性审查，专项安全施工方案须经专家论证、审查的，是否执行，是否经施工单位技术负责人签认。不符合程序的应退回。②符合性审查，专项安全施工方案必须符合强制性标准的规定并附有安全验算的结果，须经专家论证，审查的项目应附有专家审查的书面报告，专项安全施工方案应有紧急救护措施等应急救援预案。③针对性审查，专项安全施工方案应针对本工程特点以及所处环境、管理模式，具有可操作性。(3)专项安全施工方案经专业监理工程师审查后，在报审表上填写监理意见，由监理工程师签认。(4)特别复杂的专项安全施工方案，项目监理机构应报请监理单位技术负责人主持审查。

二、某高速公路总监办管理范围包括四个施工合同段和四个驻地监理办。实施监理过程中发生如下事件：

事件1：因工期紧迫，建设单位要求对控制工期的关键工程提前开始施工。根据安排，1个长大隧道、2个特大桥合同段分别开始了洞口开挖和桩基施工。

不久，建设单位主持召开了第一次工地会议。参加会议的有建设单位的法定代表人，施工单位项目经理、技术负责人，总监办上级监理公司副总经理、总监理工程师、驻地监理工程师，工程所在市的质监站副站长，设计代表，还有路线经过的两个县的分管副县长、市纪检委副书记等。

会上，监理公司副总经理宣布了对总监理工程师的授权；设计代表进行了设计交底；建设单位对工程各阶段提出进度目标，并就本项目的重要性加以说明，对质量、进度、安全、监理、廉政等工作提出了要求。

会后，总监办完成会议纪要后发放各参会单位。总监理工程师主持、审批了项目监理细则，报建设单位批准后执行。

事件2：在隧道施工监理中，现场监理员发现：

(1)一名当地菜农被临时雇用，担任洞口值守员，且该人员同时还兼职其他工作；

(2)出入洞登记表记录进洞人数为8人，但现场检查发现洞内有6名掘进工人、7名杂工和2名技术员；

(3)现场还发现，装有炸药、雷管的车辆同时搭载着5名上班的工人。经询问，司机为临时工且无驾驶证件；该司机每天早晨一次性领出一天使用的炸药、雷管，拉至洞内并临时存放在一个铁皮柜内。

针对上述情况，监理员立即下发监理指令并报告总监理工程师。总监理工程师到现场后，指令施工单位暂停施工，并报告了建设单位。

问题：

1. 指出事件1中不符合《公路工程施工监理规范》(JTG G10—2006)要求的做法。

2. 事件2中有哪些做法不正确？请逐项指出并写出正确做法。

答案：

1. 事件1中，不正确的做法有：(1)1个长大隧道，2个特大桥合同段在第一次工地会议召开前施工。(2)建设单位主持召开第一次工地会议。(3)第一次工地会议参加人员中，路线经过的两个县分管副县长、市纪检委副书记参加。(4)监理公司副总经理宣布对总监理工程师授权。(5)设计代表进行设计交底。(6)建设单位对质量、进度、安全、监理、廉政等工作提出要求。(7)总监办完成会议纪要后发参会单位。(8)总监理工程师主持审批监理细则，直接报建设单位批准。

2. 事件2中，(1)洞口值守员为当地临时雇用且兼职人员不妥，应是专职的、经培训合格的安全员。(2)出入洞记录失真，应真实、准确记录出入洞人员姓名、人员类别、出入洞时间等。(3)炸药雷管混装且同时载人，司机为临时人员且无证驾驶不对，正确做法是炸药、雷管分别装载、运输，由经培训合格的押运员负责，不得搭载人员。驾驶员必须有驾驶证；(4)炸药、雷管一次性领出拉至洞内临时存放在一个铁皮柜内，不对。正确做法应该是领用一次爆破的用量，剩余的炸药、雷管要及时退库，不得在洞内临时存放。(5)监理员下发监理指令，并直接报告总监理工程师不对。正确做法：监理员应立即报告驻地监理工程师，由驻地监理工程师处理并报告总监理工程师。

三、某项高速公路工程桥隧相连，施工难度大。建设单位通过招标选择了监理单位和施工单位，施工合同确定的施工工期为30个月。其中一座长度为2360m的隧道施工任务由第一合同段承包人承担。隧道出口紧接一座高架桥，最高墩高为75m，其施工任务由第二合同段承包人承担。

在施工计划排列上，第一、二合同段是全线的控制工程。隧道施工中，由于洞口施工遇到了两次较大的塌方，整个隧道施工工期经过调整后将比原计划拖后3个月。桥梁基础施工时，施工单位采用了人工挖孔的施工方法，使其实际进度比计划进度提前了4个月。基础及桥梁下部完工后，桥墩及桩基工程通过了质量验收。

建设单位结合全线各标段的施工进度情况，对全线计划进度进行了调整，将原合同工期30个月调整为26个月，监理工程师未提出异议。架梁前，第二合同段在进行支座检测时，发现靠近隧道进口处的20、21号桥墩出现较大的偏斜，墩顶最大偏斜位移达40cm。经组织专家进行现场分析、调查，查验测量资料，最终确定20、21号桥墩的偏移是由于第一合同段没有按照施工组织设计要求弃碴，而是将隧道弃碴直接倾倒在隧道出口坡脚处。因弃碴对桥墩一侧产生侧向挤压导致桥墩偏斜。建设单位组织科研、设计单位制定了对20、21号桥墩纠偏、加固的处理方案。经过处理后恢复了墩顶支座的原设计位置。

问题：

此事件中，建设单位、施工单位（第一、二合同段）、监理单位各应承担什么责任？并说明理由。

答案：

(1)建设单位违反了招标承诺及签订的施工合同的规定，第一、二合同段是全线控制工程，应根据第一、二合同段施工进度情况对全线计划进度进行调整。将30个月的合理工期压缩成26个月，应当承担一定的管理责任。

(2)施工单位（第一合同段）施工组织设计对隧道弃碴地点做出了明确的规定，在对建设单位压缩工期没有提出异议的情况下，违背设计要求，随意倾倒弃渣，危及相邻工程，直接导致问题发生，故应承担主要责任。

(3)施工单位（第二合同段）依据《公路工程标准施工招标文件》规定，在整个施工期间施工单位应对其施工的工程质量负责，并对其承担照管责任和维护的责任。第一合同段隧道弃碴挤压第二合同段桥墩不是短时间的问题，第二合同段如果及早发现并向第一合同段、监理单位提出，事件本可避免或及时得到处理。因此，第二合同段在此事件中负有次要责任。

(4)监理单位负责审批施工组织设计及总体进度计划，对于全线控制工程的两个标段，按照建设单位的意见进行不合理的工期压缩，负有一定的监理失职责任。其次，监理工程师应当进行日常巡视检查，发现问题应当及时通知施工单位进行整改或停工，隧道弃碴挤压桥墩问题不是一天形成的，监理工程师没发现问题，或发现问题未要求整改，或要求整改但未督促落实，故负有一定的监理失职责任。

四、某高速公路隧道经过生态保护区。该项目合同工期为 21 个月(2007 年 10 月初 ~ 2009 年 6 月底)，在施工过程中受到征地拆迁、重大国际会议召开、围岩地质变化大等影响，工期拖延 2 年多，于 2011 年 8 月底建成通车。

施工单位就发生的下列事件，按规定的时间和程序先后向驻地办递交了索赔意向通知书和索赔通知书。

事件 1：因征地拆迁工作进展缓慢，不能按计划提供施工场地，影响施工达数月之久。据此，施工单位提交了要求费用补偿和延长工期的索赔通知书。

事件 2：由于重大国际会议召开，当地政府下达限制爆破作业的文件，影响了正常施工进度。据此，施工单位提交了要求延长工期的索赔通知书。

事件 3：隧道围岩资料与实际情况差别很大。

建设单位提供的初勘资料显示Ⅱ、Ⅲ级围岩占隧道总体的 77.2%，Ⅳ、Ⅴ级围岩占隧道总体 22.8%，且在下穿生态保护区段落无地质勘查资料，按Ⅱ级围岩考虑。但在实际开挖过程中，均为Ⅳ、Ⅴ级围岩，无Ⅱ、Ⅲ级围岩出现，并且涌水严重。实际围岩情况与投标时建设单位提供的围岩资料相差很大，不得不进行设计变更，施工成本和进度受到很大影响。据此，施工单位提交了要求费用索赔和延长工期的索赔通知书。

问题：

请分析以上 3 份索赔通知书，逐一写出驻地监理工程师的审批意见，并说明理由。

答案：

事件 1：施工单位该项费用补偿和延长工期的索赔成立(1 分)。合同专用条款第 2.3 条规定，建设单位负责办理永久占地的征用及与之相关的拆迁赔偿手续并承担相关费用(1 分)。由于建设单位未能按本项规定，按时办妥永久占地征用手续，影响施工单位及时使用永久占地造成的费用增加和工期延误应由建设单位承担(2 分)。

事件 2：重大国际会议的召开是施工过程中施工单位无法克服的社会性突发事件，是非施工单位原因导致工期拖后(3 分)。因此，该项延长工期的索赔成立(1 分)。

事件 3：隧道围岩资料与实际情况差别的情况，不能按索赔办理，只能按变更办理(3 分)。施工单位发现围岩与设计有差别时应及时通知驻地监理工程师，驻地监理工程师应及时报告建设单位，由建设单位组织设计、监理现场查看，核实后驻地监理工程师向施工单位发出变更指示(2 分)。施工单位在收到变更指示后规定的时间内，向驻地监理工程师提交变更报价书(2 分)；变更工作影响工期的，施工单位应提出调整工期的具体细节(2 分)。驻地监理工程师收到施工单位变更报价书和调整工期的申请后，驻地监理工程师应在规定的时间内提出审核意见(2分)，报建设单位批准后，确定变更价格和工期延长(1分)。

五、某施工单位与建设单位按《公路工程标准施工招标文件》(2009年版)签订了施工合同。合同工期800天，合同总价1.6亿元。施工前，监理工程师已批准了施工单位提交的施工进度计划，如图1-1所示。

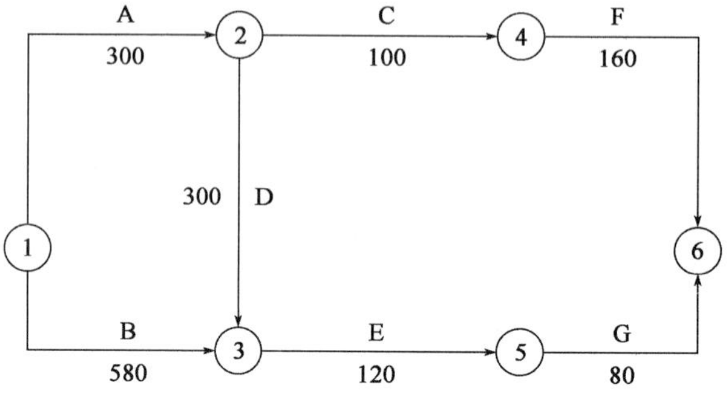

图1-1　施工进度计划

问题：

1. 请确定施工进度计划图1-1中的关键线路。

2. 由于异常恶劣气候造成A工作停工6天，现场劳动力不足造成E工作停工4天，图纸提供延误造成B工作停工5天(情况已经核实)，请问监理工程师在施工单位按规定时间和程序提出申请后，可批准合同工期延长几天？说明理由。

3. 为了保证安全生产，施工单位配备了2名专职安全员，妥否？说明理由。

4. 某桥墩基础钢筋绑扎后，未经监理工程师检查验收，施工单位就擅自安装了模板，正准备浇筑混凝土。如果你是现场专业监理工程师，应该如何处理？

答案：

1. 关键线路是A→D→E→G(2分)。

2. 监理工程师应批准合同工期延长6天(2分)。A工作位于关键线路上，异常恶劣气候造成的工期延误6天，工期索赔成立(2分)；E工作虽然也位于关键线路上，但现场劳动力不足停工是施工单位应承担的责任，工期索赔不成立(2分)；B工作没在关键线路上，其延误5天后，工作时间为585天，小于A + D = 600天，尽管停工是建设单位的责任，但对合同工期没有影响，因此工期索赔也不成立(5分)。

3. 施工单位配备2名专职安全员，不妥(2分)。按规定每5000万元合同额必须配一名专职安全员，故本项目应配不少于4名专职安全员(3分)。

4. 现场专业监理工程师应立即制止施工单位继续施工，并报驻地监理工程师(2分)。

2012年公路工程综合考试试题(B卷)

案例分析题(按所给案例的背景材料，正确分析并回答问题，请将答案写在答题纸指定位置，每题20分，共100分。)

一、某高速公路 LJ8 合同段签约合同价 3.83 亿元(人民币),施工单位配备了 5 名持证专职安全生产管理人员,该合同内一座特大桥桩基设计为钻孔灌注桩,分项工程开工报告已经监理工程师批准。该桥平均桩长 14m,最大桩长 18m,水文、地质情况良好,施工单位采用人工挖孔工艺组织施工。

在挖孔施工过程中,驻地监理工程师发现以下问题:

(1)孔口护圈用一层标准红砖并列平放在地面,坐浆砌成;

(2)孔口出渣作业工人未佩戴安全带;

(3)无送风管;

(4)提渣设备无转向限位装置;

(5)人工搅拌护壁混凝土,护壁表面蜂窝、麻面较多;

(6)现场未找到技术员和安全生产管理人员。

驻地监理工程师立即下达监理指令,要求项目部停止挖孔施工,并立即整改;认真履行三级安全交底制度,并上报专项安全施工方案。施工单位未按要求整改,继续进行挖孔作业,结果导致出渣作业工人掉入 12m 深的孔内,造成一死一伤的生产安全事故。

问题:

1. 按照签约合同价,施工单位应配备几名专职安全生产管理人员?请简述施工单位安全生产三类管理人员各自的职责。

2. 请逐一指出施工单位存在的问题。

3. 请指出驻地监理工程师在上述事件中存在的问题。

答案:

1. 按照签约合同价,施工单位应配备 8 名专职安全生产管理人员。

安全生产三类管理人员即施工单位的主要负责人,项目负责人和专职安全生产管理人员。施工单位主要负责人对本单位安全生产工作全面负责;项目负责人对所承包的项目安全生产工作全面负责;包括项目经理到和项目总工;专职安全管理人员直接、具体承担本单位日常的安全生产管理工作。包括企业安全生产管理机的负责人及其工作人员和施工现场专职安全人员。

2. 施工单位存在的问题:(1)未按监理工程师批准的施工方案实施;(2)孔口护圈未高出原地面 30cm;(3)孔口出渣作业人员未配载安全带;(4)无送风设备,部分桩长大于 15m,必须加强机械通风;(5)提渣设备无转向限位装置;(6)护壁用混凝土为孔口人工搅拌;(7)现场无技术员和安全生产管理人员;(8)驻地监理工程师指令不执行,未按要求整改;(9)未编制上报挖孔桩专项施工安全方案;(10)未进行三级安全交底制度。

3. 驻地监理工程师存在的问题:(1)承包人私自改变重大施工工艺时,未及时制止施工并书面报告建设单位;(2)下达监理指令后,未及时监督施工单位按指令整改。

二、某高速公路路基工程标段全长 6.5km,由某驻地办实施监理。施工过程中发生如下事件:

事件 1:该合同段的涵洞分布范围较广,施工位置、地势及施工条件差异很大,施工单位将 A 区域、B 区域内的涵洞施工交由两个作业队实施。在未履行开工手续的情况下,首先开始 A

区域涵洞的施工,驻地监理工程师发现后立即进行了制止,并责令施工单位履行开工手续。第二天,施工单位上报了《A区域涵洞工程分项开工申请》,该申请包括分项工程概况、方案陈述(包括主要施工工艺)、质量保证措施、安全保证措施及环境保护保证措施等五方面内容。驻地监理工程师审查后,于第三天上午电话通知施工单位可以施工。

事件2:为做好安全生产专项费用的专款专用,防止施工单位挤占、挪用安全生产专项资金,驻地办依据项目合同文件精神,通过制定安全生产专项资金计量支付细则,明确了计量范围和安全计量支付程序,其计量范围明确如下:

(1)通过统一制定表格,规定支出项目,规范安全防护、检测设施、设备,应急救援物资、器材、设备和现场作业人员安全防护物品等安全专项费用支出内容;

(2)为项目工程进行的重大危险源分析、风险评估、专项安全施工方案评审会以及安全培训与应急演练的相关支出,经审查后可以包括在安全专项费用之内。

问题:

1. 事件1中,施工单位上报的《A区域涵洞工程分项开工申请》内容是否全面,为什么?

2. B区域涵洞开工前是否需要再履行开工手续?为什么?

3. 事件2中,施工单位在工程报价中对安全生产费用如何确定?驻地办对安全生产专项费用计量范围的规定是否合理、全面?

4. 按照《公路工程标准施工招标文件》(2009年版)中技术规范要求,安全生产费用应如何支付?

答案:

事件1:

1. 施工单位上报的《A区域涵洞分项工程施工方案》内容不全面(1分)。分项开工申请中还应包括:(1)进度计划(1分);(2)质量控制指标及试验检测项目、频率和方法(1分);(3)施工组织、管理人员及施工人员的配备(1分);(4)人员、材料、机械设备等进场情况(1分);(5)测量放线成果等(1分)。

2. B区域涵洞需要履行开工手续(2分),A、B区域涵洞工程不属于同一个分项工程,故需分别履行分项开工手续(2分)。

事件2:

3. 施工单位在工程报价中应当包含安全生产费用,一般不得低于投标价的1%,且不得作为竞争性报价(2分);驻地办对安全生产专项费用计量范围的规定不全面,还应有安全专项用品的更新、维修(2分)。

4. 安全生产费由监理工程师发出开工通知后支付总额的50%(2分),在施工单位的施工进度计划和施工方案说明被监理工程师批复后支付总额的25%(2分),按规范要求及监理工程师的指示落实安全生产措施后支付剩余的25%(2分)。

三、某高速公路一座特大桥工程,原设计图纸中第17#墩盖梁顶部正确高程为17.000m,由于设计图纸标注错误,标注为17.300m。后因变更设计及桥改路等原因,该墩高程调整为16.800m。原设计图纸、变更图纸均由设计单位提供,经建设单位下发给驻地办、施工单位,并要求对图纸进行审核。收到图纸后施工单位及驻地办在审核中均未发现该墩高程的变化,随后按原高程 17.300m 施工完成该墩左幅盖梁，在检查支座垫石高程时才发现盖梁顶部高程问题。专业监理工程师没有将此情况及时报告驻地办及建设单位。后被人举报，经查证情况属实。事后，该墩盖梁拆除重建，直接损失 8.72 万元。建设单位根据项目质量管理办法的规定，除对该施工单位给予严厉处理外，对驻地办及驻地监理工程师进行了通报批评，并扣除质量违约金 1 万元，将专业监理工程师清除出场。

问题：

1. 请指出专业监理工程师在此事故中有哪些失职行为。

2. 该质量事件在公路工程质量事故等级划分中属于哪一类？事故发生后，事故发生单位应在什么时间向哪些单位报告？

3. 作为专业监理工程师，在收到该施工图纸后，应对设计图纸上的哪些重要数据进行复核？

答案：

1. 专业监理工程师在此次事故中的失职行为有：(1)图纸审核时，未发现设计错误；(2)施工单位未按变更设计图纸进行墩的施工未予制止；(3)发现盖梁顶部标高问题后未采取措施解决，也未向驻地办和建设单位报告。

2. 此次质量事件属于质量问题，事故发生后问题发生单位应在 2 天内书面上报建设单位、监理单位、质量监督站。

3. 作为专业监理工程师，在收到该桥设计图纸后，应对如下重要数据进行复核：(1)各结构部位的高程、坐标验算；(2)桥梁几何尺寸；(3)预应力孔道坐标；(4)主要材料用量；(5)基础、下部、上部结构工程数量。

四、某公路工程施工项目，建设单位通过招标，分别于 2008 年 1 月 10 日及 2008 年 4 月 25 日与某监理单位和某施工单位签订了委托监理合同和施工合同。在施工过程中发生了以下事件。

事件 1：路基工程施工时，施工单位无法在工程现场附近找到满足技术规范要求的施工料源，施工中所需砂石料严重缺乏。因此，施工单位只得到极远的地方去挖运这些大宗材料，导致成本费用增加。施工单位认为建设单位没有在招标文件中将这种情况预先告知，故应补偿施工单位由此而造成的工期和费用损失。施工单位在合同规定的时间内提出了工程延期和费用索赔的要求。

事件 2：在某小桥桥台基础施工时，施工单位为了保证工程质量，在专业监理工程师同意的情况下，将原设计要求的混凝土强度由 C20 提高到 C25，导致费用增加 6 万元。对此施工单位提出了费用索赔的要求。

事件 3：施工期间，施工单位发现位于施工网络计划图关键线路上的某分部工程施工图纸有误，立即报告驻地监理工程师和建设单位。由于等待图纸修改，造成停工 5 天，窝工费用损失 2 万元。对此，施工单位提出了工程延期与费用索赔的要求。

事件 4：某段路基基底强度不足，按合同规定应采用强夯法进行加固处理。在工程施工过程中，当进行到施工图所规定的处理范围边缘时，乙方在取得专业监理工程师同意的情况下，为了使夯击质量得到保证，将夯击范围适当扩大，施工完成后，施工单位就扩大的夯击范围内的工程数量向驻地监理工程师提出计量要求。

以上各项事件均发生在施工网络计划图中的关键线路上,施工单位在规定的时间内分别向驻地监理工程师提交了索赔意向通知书和索赔通知书。

问题:

上述事件中,施工单位提出的要求,驻地监理工程师应如何处理?为什么?

答案:

事件1,驻地监理工程师应拒绝施工单位提出的工程延期和费用索赔的要求。

因为根据《公路工程标准施工招标文件》(2009年版)合同条款的规定,应认为施工单位通过建设单位所提供资料及现场考察,已取得可能对投标有影响或起作用的风险、意外等的必要资料,并且在报价中考虑了这些因素的影响。同时,本题目中所述情况是一个有经验的承包人能合理预见到的。因此,施工单位应承担相关的风险责任。

事件2,驻地监理工程师应拒绝施工单位提出的费用索赔的要求。

因为提高基础混凝土强度是属于施工单位本身所采取的保证质量的技术措施,它既不是合同文件要求的,也不是工程变更导致的,监理工程师也没有对施工单位提出这样的要求。因此,所增加的这部分费用应由施工单位自行承担。

事件3,驻地监理工程师应同意施工单位提出的工程延期和费用索赔的要求。

因为施工图纸是建设单位提供的,施工图纸有误需要修改,并非施工单位的过错,该分部工程又位于关键路线上,建设单位应承担相应的风险责任。

事件4,驻地监理工程师应拒绝施工单位提出的工程计量要求。

因为扩大夯击部分的工程量超出了施工图的要求,也就超出了工程合同约定的工程计量范围,所以驻地监理工程师无权处理合同以外的工程计量内容,而专业监理工程师同意的是施工单位为保证质量而采取的技术措施。一般情况下技术措施费用应由施工单位自己承担。

五、某高速公路路基工程施工标段,合同工期为145天,驻地监理工程师批准的进度计划网络图如下图所示:

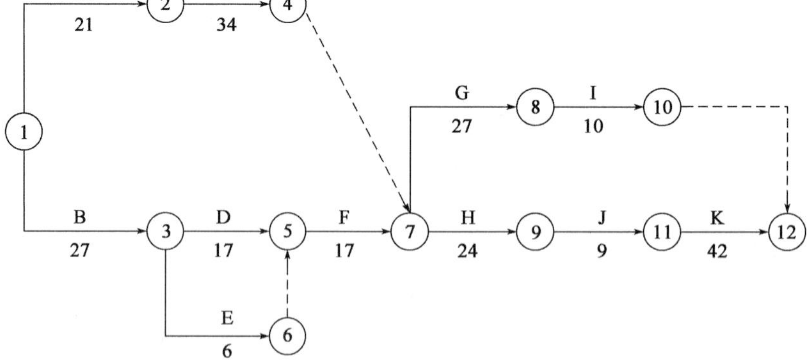

问题:

1. 驻地监理工程师批准的进度计划中,总工期是多少?是否符合合同工期的要求?

2. 工程施工两个月时，应当地村民出行要求，对 F 工作进行部分设计调整，使 F 工作的施工受到影响，停工 5 天。设计变更后，已完成(质量合格)价值 10 万元的工程因改线而废弃。请问施工单位可否向建设单位索赔工期及费用？为什么？

答案：

1. $\frac{TF}{FF}$，关键线路为：①—B→③—D→⑤—F→⑦—H→⑨—J→⑪—K→⑫　。

批准的总工期为 136 天，符合合同工期 145 天的要求。

2. 因 F 工作在关键线路上(2 分)，因此可以索赔工期和费用(3 分)。但延误天数 5 + 总工期 = 5 + 136 = 141 天，未超过合同工期 145 天(3 分)，所以不能给予工期延长(2 分)，只能索赔因变更设计而废弃的、质量合格的工程费用 10 万元(5 分)。

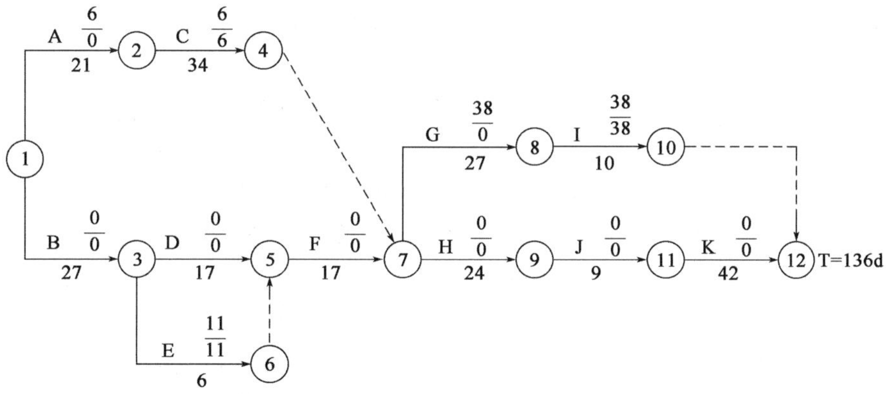

2013 年公路工程综合考试试题(A 卷)

案例分析题(按所给案例的背景材料，正确分析并回答问题，请将答案写在答题纸指定位置，每题 20 分，共 100 分。)

一、某高速公路工程项目，施工中发生了以下事件：

事件 1：施工合同签订后，施工单位按合同要求进场，进行开工前准备工作。在基准点复测时，因征地补偿问题，遭到当地村民的严重阻扰，使到场的人员无法工作，仪器设备闲置。为此，施工单位按规定向总监办提交了费用索赔和工期索赔通知书。

事件 2：监理工程师向施工单位书面提供了经监理工程师复核无误的测量基准点资料。施工时施工单位发现某中桥桥址旁有一初步设计时使用过的临时水准点，就向测量监理工程师索求该临时水准点的高程，测量监理工程师向设计单位询问后，口头告知了该高程数据。施工单位依据该临时水准点的高程进行中桥的施工控制，在墩柱分项工程验收时发现，中桥标高高于设计高程 1m。经检查，是临时水准点高程数据有误。施工单位不得不采取返工处理，降低该桥标高。因此，施工单位认为，由于该临时水准点的高程是监理工程师提供的，施工单位不应承担返工的损失，并按规定向总监办提出了费用和工期索赔要求。

事件3：某软基处理完成后，未经监理工程师检查验收，施工单位已进行了覆盖，监理工程师发现后要求揭开检查。施工单位认为，监理人员每天都在施工现场，情况非常了解，工期很紧，没有必要再通知监理工程师进行覆盖前检查，拒绝揭开。监理工程师坚持必须揭开检查，揭开检查后，质量符合要求。为此，施工单位按规定提出了费用和工期索赔要求。

问题：

1. 请分别说明事件1、事件2中，施工单位提出的费用和工期索赔要求是否合理？并说明理由。

2. 事件2中，监理工程师的做法存在哪些问题？正确的做法是什么？

3. 事件3中，监理工程师要求揭开检查是否合理？为什么？

4. 事件3中，施工单位提出的索赔要求是否合理？请说明理由。

答案：

1. 施工单位的费用索赔要求合理。因提供施工用地是建设单位的责任。施工单位的工期索赔要求不合理。因工程尚未正式开工，工期尚未起算。

施工单位提出的费用和工期索赔不合理。任何因该事件的责任应由施工单位承担，由施工单位自身原因造成。

2. 总监办向施工单位书面提供测量基准点资料的做法不正确。应由设计单位进行现场交桩，监理工程师应要求施工单位对控制点进行复测，对施工单位的复核结果进行抽检，无误后审批。

测量监理工程师口头询问设计人员后告知施工单位的做法不正确。应由设计单位现场移交该临时水准点。

监理工程师使用了未经复核的临时水准点的做法不正确。监理工程师应要求施工单位将该临时水准点与原控制网联网复测，并经监理工程师批准后方可使用。

3. 监理工程师要求揭开检查是合理的。施工单位在工程隐蔽部位覆盖前，经自检确认隐蔽部位具备覆盖条件后，应通知监理工程师在合同约定的期限内检查。通知中应附有自检记录和必要的检查资料。经监理工程师到场检查。检查确认质量符合隐蔽要求，并在检查记录上签字后，施工单位才能覆盖。

4. 不合理。尽管揭开检查后质量符合要求，监理工程师也不应同意施工单位的索赔要求。因为承包人未通知监理工程师到场检查，私自将工程隐蔽部位覆盖，监理工程师有权指示施工单位揭开检查，由此增加的费用和工期延误由施工单位承担。

二、某高速公路第3合同段，长13km，合同工期24个月，建设单位与施工单位、监理单位分别签订了施工合同和监理合同，并于2010年10月正式开工。工程施工中，发生以下事件：

事件1：专业监理工程师在巡视一处涵洞时发现，施工人员正在处理地下障碍物。经认定，该障碍物确属地下文物，总监办及时按有关程序进行了处理。

事件2：施工单位在基础工程施工时发现，现场条件与施工图不符，遂向总监办提出变更申请。总监理工程师指令施工单位暂停施工并立即与设计单位联系，设计单位同意变更，但同时表示无法及时提交变更后的施工图。总监理工程师将此事报告建设单位，建设单位随即要求总监理工程师修改施工图并签署变更指令，指示施工单位实施变更。

事件3：甲施工单位（为中标单位）将部分工程分包给乙施工单位。监理工程师巡视时发现，乙施工单位未按审查后的施工方案施工，工程存在工程质量安全隐患。监理工程师分别向甲、乙施工单位发出整改通知，甲、乙施工单位既不整改也未回函答复。

事件4：一座现浇连续箱梁桥，在支架预压作业时，临时抽调6名民工沿支架一侧排开，就近摆放预压砂袋，突然支架倾倒，其中3名民工坠落，并受重伤。

事件5：专业监理工程师在巡视一座通道桥工地时发现，施工单位在钻孔桩施工中，直接把泥浆排入附近的河道中，专业监理工程师立即责令施工单位停止作业，并要求按相关规定处理废弃泥浆。

事件6：某桥灌注桩清孔后沉淀层仍超过规定厚度，二次清孔后，孔深增加，浇筑混凝土的实际桩长比设计桩长增加0.9m。施工单位要求对增加的桩长给予计量。

问题：

1. 写出事件1总监办对地下文物的处理程序。

2. 事件2中，指出总监理工程师和建设单位做法是否正确？请说明理由。

3. 事件3中，监理工程师的做法是否正确？说明理由。在发出整改通知后，针对施工单位的反应，监理工程师应采取什么措施？

4. 事件4中，事故发生的主要原因是什么？

5. 事件5中，钻孔灌注桩施工，废弃泥浆应如何处理？

6. 事件6中，监理工程师是否应同意计量增加的桩长？并说明理由。

答案：

1. 监理机构通知施工单位采取措施保护现场。

监理机构及时通知建设单位，并报告文物管理部门。

2. 事件2中，总监理工程师和建设单位的不正确之处及变更的正确处理程序如下：

（1）总监理工程师做法的不正确之处：总监理工程师指令施工单位暂停施工后，立即与设计单位联系。

（2）建设单位做法的不正确之处：建设单位要求总监理工程师修改施工图并签署变更文件，指示施工单位实施变更。

（3）该设计变更的正确处理程序：

①施工单位向监理机构提出书面变更建议；

②监理工程师收到施工单位书面建议后，应与建设单位共同研究，确认存在变更的，应由建设单位转交原设计单位编制设计变更文件；

③监理机构向施工单位发出变更指令。

3. 向甲施工单位发出整改通知正确。

理由：甲施工单位属于总承包人，和建设单位存在合同关系，监理工程师的所有指令均可发给总承包人。

向乙施工单位发出整改通知不正确。

理由：乙施工单位与建设单位之间没有合同关系。

应采取的措施：

①监理工程师应下达工程暂停令,要求甲施工单位停工整改;

②整改完毕后经监理工程师复查,符合规定要求后,应及时签署工程复工通知。

4. 这起事故的主要原因:

(1)现场临时抽调民工,民工无支架预压施工的知识,不懂得此项作业的安全规定。

(2)现场没有技术人员指导和监督农民工作业。

(3)现场安全检查不到位。

(4)上岗前未进行安全技术交底,一字排开就近摆放砂袋,造成偏压。

5. 钻孔桩必须设置泥浆沉淀池,不得将泥浆直接排入河水或河道中,经沉淀后上清水排放,减小悬浮固体的排放量。

废弃的钻孔泥浆以及其他废弃物,应运至事先准备好的沉淀池临时储存,待吹干后运往指定的弃渣场进行永久处置,避免由于水土流失或可能的有毒盐土风化等因素导致造成农田和水系污染,弃渣不得弃于河道或河滩地。

6. 监理工程师应不同意对增加的桩长给予计量。

理由:施工单位应严格按合同设计图纸施工,由于施工单位的原因超过设计范围的那部分工程量不予计量,或工程量应以净值为准,或未经监理工程师批准,由于超钻而深于所需的桩长部分,不予计量。

三、某高速公路一施工合同段,主要工程有隧道2座、大桥3座(包括跨径为66m+120m+66m的预应力混凝土连续刚构大桥一座)。施工单位在开工前组织了公路桥梁和隧道工程施工安全风险评估;并根据要求开展了安全教育培训,同时制定了《项目负责人施工现场带班生产制度》。

在工程实施过程中,出现了以下事件:

事件1:隧道在洞口临时排水工程施工中,发现隧道存在偏压现象。

事件2:连续刚构大桥合龙前,施工单位向监理工程师提交了合龙方案,方案中的合龙顺序如下:

①全过程依据监控量测单位提供的数据,进行施工控制。

②合龙自边跨向中跨进行。

③两侧边跨合龙后,将跨中紧临合龙段两侧的悬臂段进行临时刚性连接,再在两悬臂端上配重至施工控制高程。

④进行合龙段立模、钢筋绑扎、预应力管道埋设。

⑤在一天中最低温度时,浇筑完合龙段混凝土,待混凝土强度达到设计要求时卸掉配重。

⑥解除临时刚性连接,完成张拉压浆。

问题:

1. 施工单位组织的针对合同段项目的施工安全风险评估,首先要进行的工作是什么?

2. 按照《公路水运工程安全生产监督管理办法》(交通部令2007年第1号)要求,施工单位应如何开展安全生产教育培训?

3. 按照《公路水运工程施工企业项目负责人施工现场带班生产制度(暂行)》(交质监发〔2012〕576号)要求,施工单位哪些人能担任带班人员?

4. 事件 1 中，发现隧道存在偏压现象，按照监理工作程序，现场监理工程师应如何处理？

5. 事件 2 中，指出合龙方案中合龙顺序①至⑥中的错误做法，并叙述正确的做法。

答案：

1. 开展总体风险评估。桥梁或隧道工程开工前，根据桥梁或隧道工程的地质环境条件、建设规模、结构特点等孕险环境与致险因子，估测桥梁或隧道工程施工期间的整体安全风险大小，确定其静态条件下的安全风险等级。

2. 施工单位应对管理人员和作业人员进行每年不少于 2 次安全生产教育培训，其教育培训情况记入个人工作档案。

3. 带班人应为项目经理、副经理、总工。

4. 监理工程师立即向总监理工程师汇报，并下发暂时停止进洞的指令，总监理工程师向建设单位汇报，建议由建设单位召集相关单位进行调查处理。

5. 合龙顺序中的③、⑤项不正确。

③应为：先在两端的悬臂上配重至施工控制高程，再进行两侧悬臂段临时刚性连接。

⑤应为：浇筑混凝土时间不符合要求，应为开始浇筑。在浇筑合龙段混凝土时，悬臂上的配重应在浇筑混凝土过程中逐步等量撤除。

四、通过公开招标，某施工单位与建设单位签订了施工承包合同，该工程合同工期 190 天，开工前施工单位向监理工程师提交了施工进度计划，其中的网络计划图如下：

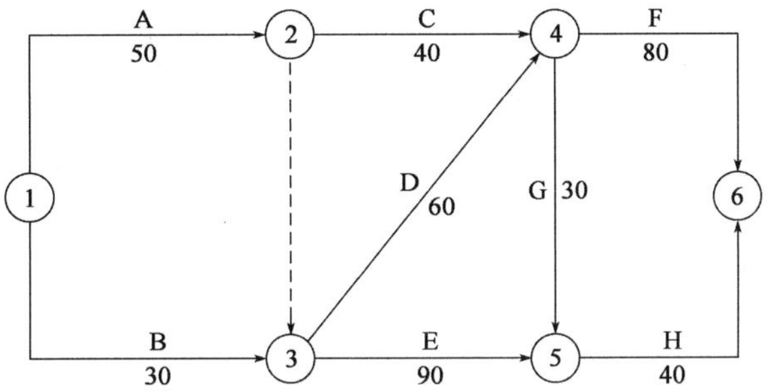

工程施工中发生了如下事件：

事件 1：由于施工单位前期进场设备不足，造成工作 A 持续时间延长 15 天，人员窝工损失 3 万元。

事件 2：由于监理抽查时发现钢筋不合格，造成返工处理，导致工作 B 停工 10 天，费用损失 5 万元。

事件 3：由于强暴雨影响，工作 C 持续时间延长 10 天，工作 D 持续时间延长 8 天、费用损失 20 万元。

事件 4：由于征地拆迁问题，工作 E 持续时间延长 20 天。

事件 5：由于设计单位优化设计，造成工作 H 停工 15 天；收到优化设计图纸后，由于施工单位设备故障停工 3 天。

问题：

1. 按照网络计划，确定该工程的关键线路和计划工期。

2. 事件1至事件4发生后，施工单位分别提出了工期延期索赔和费用索赔，监理工程师该如何处理？并分别说明理由。

3. 事件1至事件4发生后，经监理工程师审核批准的工程延期为多少天？

4. 事件1中，针对工作A持续时间延长的问题，监理工程师应如何处理？

答案：

1. 关键线路：A→D→F，计划工期190天。

2. 前期进场设备不足属施工单位原因，因此监理工程师不批准延长工期和费用损失。钢筋不合格属施工单位责任，因此监理工程师不批准延长工期和费用损失。由于强暴雨影响，且D工作处于关键线路，强暴雨属于不可抗力，因此监理工程师应批准延长工期8天，不批准费用索赔；C工作处于非关键线路，延长10天未超过其自由时差，因此监理工程师不予批准延期。

3. 关键线路：A→E→H。

工期为 $50+90+20+40+15-190=25$ 天。

4. 由于工作A处于关键线路上，且延期由施工单位自身原因造成，监理工程师应签发监理指令，要求施工单位采取措施加快后续工程进度。若监理工程师签发监理指令后，施工单位未有明显改进，致使合同工程在合同工期内难以完成时，监理工程师应及时向建设单位提交书面报告，并按合同规定处理。

五、某独立特大桥项目，主桥为独塔斜拉桥，施工中发生以下事件：

事件1：总监理工程师签发了合同段开工申请后，施工单位立即启动了主桥钻孔平台搭设和埋设钢护筒施工。监理工程师发现后立即进行制止，要求施工单位上报分项、分部工程开工申请，待批准后方可施工。施工单位认为合同段开工申请已得到批准，且钻孔平台及钢护筒施工属临时设施，属于桩基分项工程开工前的施工准备，施工继续进行。

事件2：在主桥灌注桩施工过程中，监理工程师安排监理员进行了全过程旁站。在灌注过程中发生了一起导管拔出混凝土表面的事件，事件发生后，监理员立即要求施工单位暂停施工。施工人员解释说凭经验可将导管重新插入混凝土表面继续灌注，不会造成质量问题，监理员予以了默认，该桩继续灌注至完成。事后监理员向监理工程师详细汇报了事件经过。

事件3：监理工程师收到第三方检测单位的检测报告，发现一根桩达不到质量验收标准，且无法采取返工补救措施。经查证系事件2中的桩。监理工程师通过建设单位请设计单位拿出处理方案，3天后设计单位提供了补桩设计文件。由于建设单位工程部负责人未及时将该设计文件下达，耽误了7天。施工单位收到设计文件后，完成补桩施工，经检测质量合格。该事件发生在关键线路上。事后，施工单位提出了10天的延期申请，并提出给予补桩工程进行计量。

问题：

1. 事件1中，监理工程师要求施工单位暂停施工的做法是否正确？为什么？

2. 事件2中，指出监理员的错误做法，并说明正确做法？

3. 事件3中，监理工程师对该质量事故的处理程序是否正确，为什么？

4. 事件 3 中，施工单位提出的延期申请和计量要求能否成立？监理工程师该如何正确处理？

答案：

1. 监理工程师的做法正确，施工单位的理由不合理。因为钢护筒施工属于桩基分项工程施工过程中的一道主要工序，钢护筒施工意味着桩基分项工程已开工，而监理工程师并未批准该分项工程开工。

2. 监理员的错误做法：①未及时向监理工程师报告，而是事后进行了汇报；②未坚持暂停施工的要求，放任了质量事故的发生。正确的做法是：①要求施工单位暂停施工；②立即将现场发生的情况向监理工程师汇报；③在旁站记录、监理日记中如实做好记录。

3. 监理工程师对该事件的处理程序不正确。

正确的程序应是：①监理工程师应要求施工单位尽快提出质量事故报告并报告建设单位。质量事故报告应翔实反映该项工程名称、部位、事故原因、应急措施、处理方案以及损失的费用等。②认定质量事故等级。③属于一般质量事故等级以上者，根据省级交通主管部门的有关处理决定，开展下步监理工作，属于监理单位可处理的质量事故，按有关监理程序开展下一步监理工作。

4. 施工单位提出的延期申请和计量要求均不成立。监理工程师正确的处理方法是：不批准延期 10 天的申请，原设计桩因质量不合格作为废弃桩，补救的桩不予进行计量。费用由施工单位承担。

2013 年公路工程综合考试试题（B 卷）

案例分析题（按所给案例的背景材料，正确分析并回答问题，请将答案写在答题纸指定位置，每题 20 分，共 100 分。）

一、某一级公路建设工程项目为公用事业的大型基础设施项目，建设单位决定利用社会资金作为该项目建设资金的补充部分，经招标后确定 E 工程总公司（以下简称 E 公司）作为出资方。E 公司具有施工总承包特级资质，建设单位没有进行施工招标就确定 E 公司作为施工单位。E 公司与建设单位达成口头协议后即进场施工，此时，双方尚未签订书面施工合同，也没有批复的工程量清单。监理单位中标并签约进场后，总监理工程师多次提醒建设单位应按法定程序与 E 公司签订书面施工合同，但未果。3 个月后，该施工单位提出工程量计量和费用支付申请，总监理工程师拒绝了施工单位的申请。

问题：

1. 建设单位确定施工单位的方式是否合法？请说明理由。

2. 考虑到本项目建设资金的特殊性，可否采用邀请招标方式进行施工招标？为什么？

3. 总监理工程师为什么拒绝施工单位的计量、支付申请？

4. 该施工单位提出工程计量申请时，应当满足哪些条件？

答案：

1. 不合法。按照招投标法属于公用事业的大型基础设施项目，应采用公开招标的方式确定施工单位。

2.不可以。

邀请招标项目的条件：

①项目技术复杂或有特殊要求，只有少量几家潜在投标人可供选择；

②受自然地域环境限制的；

③涉及国家安全、国家秘密或者抢险救灾，适宜招标但不宜公开招标的；

④拟公开招标的费用与项目价值相比，不值得的；

⑤法律、法规规定不宜公开招标的。

且邀请招标的项目必须经政府或项目审批部门批准。

3.因本项目尚不具备工程计量与费用支付的条件。主要是：施工合同尚未建立，且无经评审的工程量清单。

4.计量应满足的条件：

首先该施工单位应与建设单位签订施工合同，合同签订后符合下列4个条件后方可接收计量支付申请。

①计量的项目应符合合同要求；

②质量必须达到合同规范标准的要求；

③验收手续必须齐全；

④符合安全、环保要求。

二、某高速公路LJ8合同段签约合同价3.83亿元（人民币），施工单位配备了5名持证专职安全生产管理人员，该合同内一座特大桥桩基设计为钻孔灌注桩，分项工程开工报告已经监理工程师批准。因为该桥平均桩长14m，最大桩长18m，地质情况良好，施工单位改为采用人工挖孔组织施工。

在挖孔施工过程中，监理工程师发现以下问题：

(1)孔口护圈用一层标准红砖并列平放在地面，坐浆砌成；

(2)孔口出渣作业工人未佩戴安全带；

(3)无送风管；

(4)提渣设备无转向限位装置；

(5)人工搅拌护壁混凝土，护壁表面蜂窝、麻面较多；

(6)现场未找到技术员和安全生产管理人员。

监理工程师立即下达监理指令，要求施工单位停止挖孔施工，并立即整改；施工单位未按要求整改，继续进行挖孔作业，结果导致出渣作业工人掉入12米深的孔内，造成一死一伤的生产安全事故。

问题：

1.按照签约合同价，施工单位应配备几名专职安全生产管理人员？监理工程师审查施工组织设计中的安全技术措施的重点包括哪几项内容？

2.请叙述挖孔灌注桩专项安全施工方案应包括哪几项内容？

3.请指出监理工程师在上述事件中存在的问题。

4.判断该起安全事故等级。

答案：

1. 按照签约合同价，施工单位应配备 8 名专职安全生产管理人员。

审查重点是：

（1）安全管理和安全保证体系的组织机构，包括项目经理、专职安全管理人员、特种作业人员配备的数量及安全资格培训持证上岗情况。

（2）是否制订了施工安全生产责任、安全管理规章制度、安全操作规程。

（3）施工单位的安全防护用具、机械设备、施工机具是否符合国家有关安全规定。

（4）是否制订了施工现场临时用电方案的安全技术措施和电气防火措施。

（5）施工场地布置是否符合有关安全要求。

（6）生产安全事故应急救援预案的制订情况，针对重点部位和重点环节制订的工程项目危险源监控措施和应急预案。

（7）施工人员安全教育计划、安全交底安排。

（8）安全技术措施费用的使用计划。

2. 挖孔灌注桩专项安全施工方案应包括以下内容：（1）变更施工艺前应将施工组织设计方案报监理批准。（2）编制上报挖孔灌注桩专项施工安全方案，方案应包括以下内容：

①孔口护圈高出原地面 30cm；②挖孔深度大于 10m 时，必须采用机械通风；③护壁用混凝土若作为桩基一部分时，混凝土级别不能低于桩身，且振捣密实；④作业人员必须佩戴安全帽系安全带；⑤提渣设备应设转向限位装置；⑥尽量采用浅眼爆破；⑦安排专职技术员和安全生产管理人员。

3. 监理工程师存在的问题：施工单位私自改变重大施工工艺时，未及时制止施工并书面报告建设单位；下达监理指令后，未及时监督施工单位按指令整改。

三、某公路项目，建设单位通过公开招标确定了施工单位和监理单位并分别签订了合同。施工合同采用《公路工程标准施工招标文件》（2009 年版）合同条款。该工程合同工期 90 天，设计土方工程量为 $14000m^3$，土方单价为 19 元/m^3。合同中规定，土方工程量超出原设计工程量 15% 时，超出部分的土方单价应调整为 16 元/m^3。总监办批准的施工进度计划如下图所示，D、F 为土方工程，I 为路面工程；D 与 F 共用一套机械设备。各项工作均按最早时间安排，匀速进行。

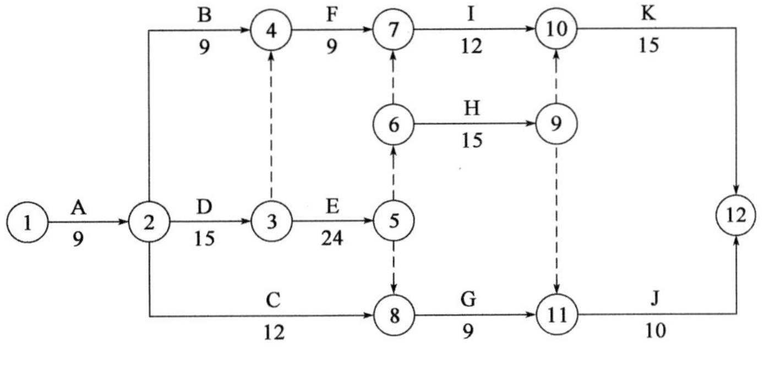

工程实施中发生如下事件：

事件1：施工准备完毕后，总监办审查“合同工程开工申请报告”及相关资料后认为，施工许可证已获政府主管部门批准，征地拆迁工作满足工程进度需要，设计交底已结束、质量安全环保保证体系已建立、地面线及土石方工程量已审核、工程分项分部已划分完成、场地占用计划已确认、按合同规定签发了开工预付款支付证书、召开了第一次工地会议，但其他开工条件尚不具备，总监理工程师不予批准。

事件2：工程开工满20天时，建设单位提出增加一项工作L（土方工程），经监理工程师确认工作L需持续16天。此时，施工进度完成情况：A、B工作已完成；C工作已完成6天的工作量；D工作已完成5天的工作量。

问题：

1. 事件1中，根据《公路工程施工监理规范》（JTG G10—2006）有关规定，该工程还应具备哪些条件，总监理工程师方可批准开工？

2. 根据上图计算该工程施工进度计划工期，指出关键线路，并分别计算D工作、C工作的总时差和自由时差。

3. 针对事件2，分析开工满20天时，施工进度计划的执行情况，并分别说明A、C、D对总工期及紧后工作的影响，预计总工期延长多少天？

4. 针对增加的工作L，从工期和资源优化的角度考虑，试画出调整后的网络图，指出关键线路，并计算调整后的计划工期。

5. 经监理工程师确认，工作L的土方量为6000m^3，计算该合同段土方工程总费用为多少？

答案：

1. 根据有关规定，该工程还应具备以下条件，总监理工程师方可批准“合同工程开工申请报告”。

（1）施工组织设计已获总监理工程师批准；

（2）工地试验室经审核已通过；

（3）基准点、基准线、基准高程复测结果已批准；

（4）工程量清单经复核批准；

（5）召开监理交底会。

2. 该施工进度计划的工期为78天，关键工作为A、D、E、H、K。

D工作为关键工作，因此自由时差为0，总时差为0。

C工作自由时差为$9+15+24-9-12=27$天，总时差为$78-9-12-9-10=38$天。

3. A工作已完成，对总工期及紧后工作无影响。

C工作已完成6天的工作量，拖延了5天，拖延的时间既没有超过总时差，也没有超过自由时差，对总工期及紧后工作无影响。

D工作已完成5天的工作量，拖延了6天，D为关键工作，预计会使总工期延长6天，也会影响紧后工作。

4. 调整后的网络图如下：

计划工期调整为84天。

关键工作：A、D、E、H、K。

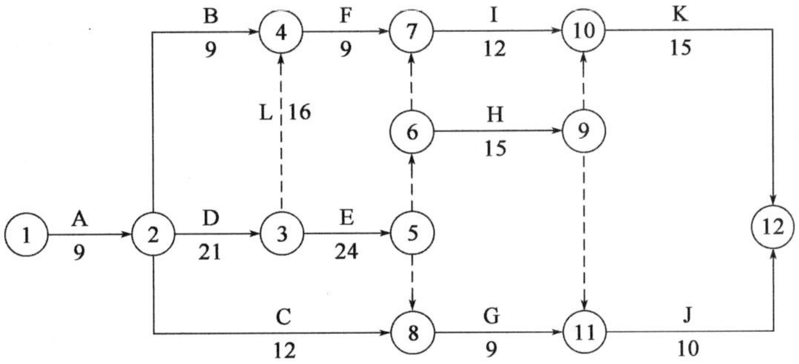

5. 土方总费用$(14000+14000\times 15\%)\times 19+(6000-14000\times 15\%)\times 16=368300$ 元。

四、某工程通过招投标确定了施工单位和监理单位并分别签订了合同。在施工过程中，发生了下列事件：

事件1：A桥为上跨高速公路的普通钢筋混凝土连续梁桥，上部构造采用满布支架施工，满布支架荷载设计计算时考虑了以下三类荷载：(1)模板和支架自重；(2)结构混凝土重力；(3)人员、机具荷载。按此计算结果进行预压加载后，恰逢连降阴雨，雨水使堆载土袋饱水，并在土袋凹陷部位囤积，导致支架坍塌。

事件2：监理工程师巡视时，发现路基施工中使用未经检验的土工格栅。若继续施工，该部位将被隐蔽。监理工程师立即向施工单位下达暂停该路基施工指令，要求对该材料进行检验，并在规定时间将上述情况报告建设单位。经检验，材料各项指标满足要求可以使用。监理工程师随即指令恢复施工。该事件(处于关键线路上)造成了停工损失及工期延长。由于材料检验合格，施工单位提出了延长工期与费用索赔要求。

事件3：B桥在梁板架设(处于关键线路)过程中，受宏观经济政策影响，建设单位资金未到位，已经有3个月未拨付施工单位计量款，导致施工单位赊欠工人工资，工人撤场，施工单位被迫停止了架梁作业。为了能按期完工，建设单位要求施工单位立即恢复架梁施工。

问题：

1. 事件1中，A桥满布支架荷载设计计算是否合理？请说明理由。
2. A桥支架预压的目的是什么？
3. 事件2中，监理工程师是否应同意施工单位提出的索赔，为什么？
4. 事件3中，按照合同规定施工单位应当采取哪些应对措施？
5. 事件3中，监理工程师如何协调、处理建设单位和施工单位的纠纷？

答案：

1. 不合理。有如下荷载未考虑到：

(1)振捣混凝土时产生的振动荷载；

(2)新浇筑混凝土对模板的冲击力；

(3)其他可能的荷载如风荷载、雪荷载、冬季保温设施荷载等；

(4)安全系数1.05～1.10。

2. 检验支架的安全性；消除支架地基的不均匀沉降和支架的非弹性变形并获取弹性变形

参数。

3. 不同意提出的延长工期索赔和费用索赔。因为属于施工单位自身的原因造成的。

4. 施工单位：此时可向建设单位发出通知，要求建设单位采取有效措施纠正违约行为。建设单位在收到施工单位通知后的28天内仍不履行合同义务，施工单位可以停工，并通知监理单位。施工单位暂停施工28天后，建设单位仍不纠正违约的，施工单位可发出解除合同通知。

监理单位：违约事件发生后，监理工程师应调查分析，掌握情况，依据合同规定和有关证据评估损失，提出处理意见。监理工程师应进行调解，使双方本着友好协商的态度解决好问题。

五、某高速公路经招标后签订了施工承包合同，于2010年9月开工，施工中发生了以下5个事件，施工单位均按规定提出了费用或工期索赔。

事件1：招标时，建设单位提供了砂石料料场。施工单位进场后，经检验发现该料场砂石料不合格。经监理工程师同意，施工单位重新选择料场，但运距有较大增加。

事件2：在某隧道一段仰拱施工中，施工单位在仰拱钢筋绑扎结束后通知监理工程师进行检查，经监理工程师检查后同意浇筑混凝土。两个月后，有人举报该段仰拱钢筋数量不足。建设单位指令监理工程师，要求施工单位对该段仰拱进行破体检查，检查后发现钢筋数量与设计相符，质量符合要求。该段仰拱重新施工。

事件3：2011年8月1日实施的《公路桥涵施工技术规范》（JTG/T F50—2011）中规定，后张法预应力孔道压浆，水胶比为0.26～0.28。为满足新规范的要求，建设单位要求施工单位更换设备和压浆料，为此施工单位增加了费用。

事件4：某桥进行桩基础施工，附近村民称桩机作业将房屋震裂，要求施工单位给予补偿。施工单位认为房屋产生的裂缝不是桩机振动引起的，不同意补偿。为此村民聚众阻止施工，造成停工7天。施工单位提出延长工期和费用索赔要求。

事件5：2011年6月10日，施工单位发现一座控制工期的大桥施工图有误，并经监理工程师确认。为此建设单位要求设计单位进行修改，并暂停该桥施工。6月25日，建设单位通过总监办将修改后的图纸提交施工单位；6月23日到6月29日，该地区连续下了几场罕见的特大暴雨；6月30日，施工单位准备施工时，发现拌和站出现故障，经维修于7月5日恢复工作。为此，施工单位提出延长工期24天和成本损失费2.5万元/天（此费率已经核准）和利润损失0.25万元/天的索赔要求，共计66万元。

问题：

1. 请分别说明事件1至事件5中，施工单位提出的费用索赔或工期索赔是否合理？说明理由。

2. 若事件5索赔成立，试计算延长工期天数和费用索赔额，并说明理由。

答案：

1. 事件1的索赔项是不合理的。

理由：因为，投标阶段业主提供的料场为参考资料，仅供参考。所以不是建设单位责任所至，施工单位自己负责。

事件2的索赔项是合理的。

理由：①承包人履行了报检程序，监理工程师已验收合格并签字同意转序。②破体检查合格。

事件 3 的索赔项是合理的。

理由:因国家法规、规范发生变化,导致工艺发生变化。

事件 4 的索赔项是不合理的。

理由:这是施工单位自身原因造成的停工,所以该项索赔不成立。

事件 5 的索赔项是合理的。

理由:这是业主方的原因造成的停工,监理工程师应同意承包人所出的索赔要求。

2. 事件 5 索赔成立。可批准延长工期 19 天,费用索赔额 35 万元。

理由:①图纸修改(6 月 11 日到 6 月 24 日),为业主应承担的风险,应延长工期 14 天,索赔金额 $14 \times 2.5 = 35$ 万元。但不应考虑承包人的利润要求。

②6 月 25 日 ~6 月 29 日的特大暴雨属于不可抗力,应延长工期 5 天,但不应考虑承包人的费用索赔要求。

③6 月 30 日 ~7 月 5 日,施工单位拌和站出现故障,为施工单位应承担的风险。不应考虑施工单位的延长工期和费用索赔要求。